快乐亲子活动课程

主编　李云翔

中国教育出版传媒集团
高等教育出版社·北京

内容提要

家庭教育是幼儿教育中的重要环节，如何实施科学有效的家庭教育，是家长一直思考探索并希望找到答案的问题。亲子活动课程是向家长分享科学家庭教育和有效育儿经验的多维"视窗"。本书运用了案例研究的方式，试图从家庭亲子活动和幼儿园亲子课程两个视角，全维度、综合性呈现家庭教育经验和实践操作方法。本书包含亲子生活游戏、亲子益智游戏、亲子运动游戏、入园体验课程、家园共育主题课程5个部分，共62个典型案例。通过多种类型、多元主题的亲子活动课程，启发带动读者获得直观的亲子互动路径和体验、汲取家庭教育的文化内涵，使家长承担起家庭教育、幼儿教育的责任，从而帮助每一位幼儿获得积极健康的身心体魄，养成乐观自主的能力习惯，塑造自尊自信的情感品格。

本书可以为幼儿家长、幼儿园教师提供亲子活动和亲子课程的范例，也可以供教育管理者和研究者作家庭教育研究时使用。

图书在版编目（CIP）数据

快乐亲子活动课程 / 李云翔主编 . -- 北京：高等教育出版社，2025.6. -- ISBN 978-7-04-062674-2

Ⅰ. G781

中国国家版本馆 CIP 数据核字第 2024XN6701 号

Kuaile Qinzi Huodong Kecheng

策划编辑	王文颖	责任编辑	栾少宁	封面设计	李沛蓉	版式设计	于 婕
责任绘图	裴一丹	责任校对	高 歌	责任印制	刘思涵		

出版发行	高等教育出版社	网　　址	http://www.hep.edu.cn
社　　址	北京市西城区德外大街4号		http://www.hep.com.cn
邮政编码	100120	网上订购	http://www.hepmall.com.cn
印　　刷	三河市骏杰印刷有限公司		http://www.hepmall.com
开　　本	787mm×960mm 1/16		http://www.hepmall.cn
印　　张	24.25		
字　　数	470千字	版　　次	2025 年 6 月第 1 版
购书热线	010-58581118	印　　次	2025 年 6 月第 1 次印刷
咨询电话	400-810-0598	定　　价	59.00 元

编 委 会

主 编：李云翔
副主编：潘丽新　毕　林　王晶波　牟雪元

作者名单：

潘丽新	毕　林	王晶波	牟雪元	王　美	丁　蔚	于　淼
马诗源	王悦铭	王　璐	代晓丽	吕　洋	刘　晶	刘嘉珺
那显婷	孙美玲	孙　琦	李　丹	李晓岸	李　超	李稚欣
杨　欢	杨　柳	沙　爽	范钰文	金　赫	赵　艳	郝微微
崔　越	蔡　畅	杨　帆	辛　乐	贾云玲	于画童	王文利
王兴连	王　倩	王晶晶	田　露	杨　莹	杨　蕊	张　涵
张翠静	陈思易	赵哲萱	崔钰玟	梁　波	牟力维	云翔宇
毕玲玲	乔玺如	刘亚楠	刘安琪	孙小茜	李瑾靓	吴　双
辛迟基	赵凡奇	赵良慧	赵婉茜	赵瑛秋	崔　琳	韩常瑜
牟雪元	柳　娜	李东昊	盛　燕	王　晶	李雨桐	周　琪
刘佳怡	陈寅寅	明延楠	付婷婷	董文娜	李秀莉	邢　囡
邓　红	李　贞	王　莹	王冠宇	袁　满	李晓霞	李春会

序

　　"人生百年，立于幼学。"幼儿教育是一个人全面发展的基石。家庭教育对幼儿影响的广度和深度是其他教育所达不到的。家庭是孩子成长的摇篮，父母则是孩子的第一任老师，可以说孩子身体的发育、知识的增长、智能的培养，尤其是品德的陶冶、良好行为习惯和个性的形成等都是首先在家庭中获得熏陶与启迪的。家庭教育贯穿幼儿教育的全过程，会影响幼儿的一生，需要引起幼儿家长的高度重视。在家庭教育的过程中，幼儿与家长之间会产生互动，而家庭成员中父母是子女成长的关键。在幼儿阶段，家庭教育主要是指在家庭的日常生活中，父母的一言一行对幼儿产生的潜移默化的影响。家庭教育具有灵活性，不受时间、地点等客观因素的限制，在日常生活的具体事件中促进幼儿的身心发展。父母与孩子存在着牢固的亲情关系，父母是孩子最为信任的亲人，彼此更容易深入、细致地了解。这种教育优势有利于父母根据孩子的实际情况因材施教、有的放矢。与幼儿园的集体教育相比，家庭教育具有先天的优势，对于幼儿来说家庭是熟悉、稳定的环境，有助于幼儿把已有的良好品德行为巩固成良好习惯。因此，家庭教育在幼儿教育中起着关键作用。

　　当今社会，人们越来越认识到家庭教育对幼儿发展的重要性，如何实施科学有效的家庭教育成为教育领域的重要研究课题。作为两种不同的教育模式，家庭教育和幼儿园教育都不能单独地完成幼儿教育的任务，需要家庭教育和幼儿园教育的合作和共同努力，才能实现幼儿教育的目标。家庭教育和幼儿园教育在内容上、形式上和环境上都有很大差异，充分利用两者的特点，发挥其协同作用，对幼儿的全面和谐发展起着至关重要的作用。

　　《中华人民共和国家庭教育促进法》的颁布，使家庭教育从"家事"上升为"国事"，中国的父母进入"依法带娃"的时代。其中第十七条提到了具体做法：亲自养育，加强亲子陪伴；共同参与，发挥父母双方的作用；相机而教，寓教于日常生活之中；尊重差异，根据年龄和个性特点进行科学引导。这足以说明家长在家庭教育中需要掌握科学育儿的方法。

　　习近平总书记强调："广大家庭都要重言传、重身教，教知识、育品德，身体力行、耳濡目染，帮助孩子扣好人生的第一粒扣子，迈好人生的第一个台阶。"2015年，教育部《关于加强家庭教育工作的指导意见》提出，"家庭教育工作开展得如何，关系到孩子的终身发展，关系到千家万户的切身利益，关系到国家和民族的未来""不断提升家庭教育水平""增强家庭教育本领""不断更新家庭教育观念""不断创造家庭教育机会"。2023年，教育部等十三部门《关于健全学校家庭社会协同育人机制的意见》指出，"提高家庭教育水平""要树立科学家庭教育观念""要掌握正确家庭教育方法，注重积极的亲子互动""要多引导多鼓励，注重加强素质培育和良好习惯养成"。家庭教育一直以来都是中华民族的优秀传统美德，对我们民族的发展和文明的延续具有重大意义。

在家庭中开展亲子活动是家庭教育的有效形式之一，有助于形成良好的家庭教育氛围。游戏是幼儿成长过程中不可缺少的一部分，也是亲子活动的重要组成部分。亲子活动，顾名思义是需要家长和幼儿共同配合完成的游戏。因此，家长要高效地陪伴幼儿，使得幼儿在亲子活动中感受到亲情的温暖，营造和谐的亲子关系，为幼儿良好人格的形成奠定基础。

家庭教育是幼儿园教育的有力互补，当幼儿进入幼儿园，就意味着幼儿将在幼儿园教育和家庭教育的双向教育中快速成长，同时家长和幼儿园教师也要相互配合，共同携手，一起承担家园共育、家园合作的教育工作。幼儿在园期间，教师会组织内容丰富、形式多样的活动，促进幼儿的能力发展，同时开展亲子游戏活动，向家长介绍科学的育儿方法，在家庭中实施亲子游戏，让家长了解幼儿教育需要以游戏为基础，鼓励家长积极地参与到幼儿的成长中，以陪伴的形式来满足幼儿在园阶段的发展需求。由于每个孩子的个性、学习能力等不同，家庭教育以其富有灵活性、目的性等特点，能够和幼儿园教育互补，确保幼儿的全面发展。

我国著名的儿童教育家陈鹤琴先生在《中国儿童教育之路》中指出：在儿童的教育过程中，要实现学校、家庭、社会三方的有效合作，把三者有效地结合在一起，才能更好地实现儿童教育的目标。因此，亲子活动对家庭和幼儿园来说都十分必要，不仅能够加强幼儿园和家庭之间的相互联系，还能更好地促进家庭、幼儿园两者之间的相互合作。

本书包含五个部分，用以帮助家长灵活掌握亲子活动的内容和方法，以便更好地陪伴幼儿学习与成长。

第一部分从家庭中最常见的亲子生活游戏入手，让家长和孩子在日常生活的点滴中感受到彼此的关爱和温暖。这些游戏不仅简单易行，而且能够增强孩子的动手能力和生活技能，同时也为家长提供了与孩子深入交流的绝佳机会。

第二部分介绍了多种亲子益智游戏，旨在通过富有挑战性的游戏任务，激发孩子的思维潜能和创造力。这些游戏将知识与乐趣相结合，让孩子在玩耍中不自觉地学习到新知识，提升自我能力。

第三部分精选了一系列能够锻炼孩子身体素质和协调能力的亲子运动游戏。这些游戏不仅有助于孩子的身体发育，还能增进亲子之间的默契和合作，让家庭氛围更加和谐融洽。

第四部分为入园体验课程。教育部印发的《幼儿园保育教育质量评估指标》在关键指标"家园共育"中提出，"家长有机会体验幼儿园的生活，参与幼儿园管理，引导家长理解教师工作对幼儿成长的价值，尊重教师的专业性，积极参与并支持幼儿园的工作，成为幼儿园的合作伙伴"。幼儿在入园时，幼儿园可以以综合活动的形式，让幼儿在家长的陪伴下逐步习惯园内的环境、人物以及生活模式等，进而帮助幼儿缓解刚入园时的焦虑情绪，使其短时间内能够适应园内的生活。在教师的指导下，家长在亲子活动中陪伴幼儿、亲近幼儿，提高亲子互动的品质，促进幼儿健康成长。

第五部分为家园共育主题课程，根据幼儿主题探究活动的需要，重视家长教育资源的挖掘和利用，让家长走进主题活动，与幼儿一起感受、体验、成长，以家长自身的参与支持幼儿的活动，支持主题活动的开展，有效提升家长的育儿理念，形成家园协同实施课程的共同体。

本书提倡在亲子互动的过程中，家庭和幼儿园以相互配合、相互尊重、相互理解为基础，共同承担起促进幼儿个性发展，满足幼儿认知需求的责任，开展帮助幼儿形成良好心态，塑造健全人格，培养良好习惯，获得健康成长的游戏活动。

幼儿是国家和民族的未来，幼儿的成长关乎社会的发展和进步，而家庭和幼儿园作为幼儿成长过程中的重要场所，肩负着不同的教育责任。亲子活动课程可以改变家长的教育观念，让家长重视亲子互动的重要性，正视亲子活动的教育价值。家长在为幼儿提供高质量陪伴的同时，可以通过游戏与幼儿建立亲密的亲子关系，并结合游戏对幼儿实施有效的家庭教育，让幼儿在亲子互动中获得更好的发展！

李云翔

2025 年 1 月

目录

第一部分

亲子生活游戏

　　亲子生活游戏是以日常生活中的自然现象、节日文化、生活场景等丰富的元素为主题，挖掘各类主题背景下多元的亲子互动资源，从而展开富有家庭场景化及育儿价值性的亲子体验活动。在日常生活中，家庭化的亲子互动场景无处不在，但要想创设适合宝宝且蕴含学习经验的互动，离不开有主题、有目的、有计划的亲子生活类游戏活动的支持与推动。

　　本章提供了包含传统节日文化、节气民俗特色、生活情绪情感、美食好物制作等的生活游戏方案。在亲子生活游戏过程中，家长可以观察和了解宝宝的表现和喜好，分析宝宝行为背后的原因，以及他们在遇到困难时会采取哪些方法解决问题。通过这样的观察，家长可以更好地了解宝宝，更有针对性地支持他们的成长。同时，取材于生活的亲子游戏活动，也为家长在与宝宝共同参与和体验游戏的过程中，提供了反思、积累育儿经验的机会，在不断学习、获取新知识、更新自身教育观和儿童观的过程中，和孩子共同成长。

亲子生活游戏

1. 巧手剪窗花

游戏价值

　　剪纸作为中国传统民间工艺的瑰宝，承载着悠久的历史，巧妙地融合了物质文明和精神文明。剪纸活动在培养幼儿动手能力、创造力、观察力、智力等方面都有很大作用。同时，由于剪纸活动材料易获取，剪纸的适应范围广，其样式千姿百态、形象栩栩如生，因此深受孩子们的喜爱。

　　贴窗花是中国传统的节日习俗，窗花不仅能烘托喜庆的节日气氛，也能为人们带来美的享受。宝宝大胆尝试自己动手设计窗花、剪窗花、贴窗花，不仅能掌握剪纸的一些基本技巧，还能了解贴窗花可以表达美好的愿望及新年的祝福。同时，剪纸还能促进宝宝手部小肌肉群的发展，对其之后学习其他艺术起到一定的推动作用。

　　对于家长而言，与宝宝一起剪窗花可以增进亲子之间的交流与沟通。同时，宝宝和家长可以通过剪纸活动了解博大精深的民族文化，弘扬民族精神，增强民族自豪感、自信心。

游戏目标

1. 感受中国传统民间艺术——剪纸的美，培养审美观。
2. 学习折、剪窗花的基本方法，培养手眼协调能力。
3. 大胆设计剪纸图案，培养创造能力。
4. 通过亲子互动增进情感交流，体验共同剪纸的乐趣。
5. 通过亲子共同贴窗花，感受中国传统节日喜庆的氛围。

游戏准备

铅笔、正方形彩纸、剪刀、胶棒。

 游戏玩法

1. 介绍窗花。

贴窗花是中国传统的节日习俗，人们喜欢在窗户上贴上各种剪纸窗花，贴窗花的意义是要表达美好的愿望、新年的祝福，有寄托吉祥之意。

2. 欣赏窗花。

宝宝通过仔细观察窗花作品，发现窗花左边和右边的图案大小、样子形状是相同的，初步感受剪纸艺术的美，了解窗花图案的含义，激发对剪纸的兴趣。

3. 制作窗花。

第一步：折。

可参考步骤图（图1-1-1）先进行折纸示范。首先将正方形的彩纸对角折，变成一个三角形；将三角形一角向前折，再对折，然后将右边的角向后折。家长可先进行示范，提醒宝宝折叠时要对齐边。

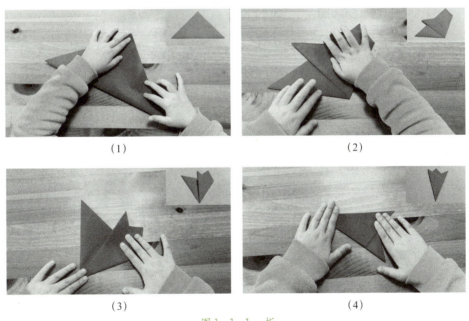

(1)　　　　　　　　　　　　　　(2)

(3)　　　　　　　　　　　　　　(4)

图1-1-1　折

第二步：画。

家长指导宝宝大胆设计窗花图案，用铅笔在折好的纸上画上喜欢的图案（图1-1-2）。家长要提示宝宝在画的过程中要连接图案之间的线条，把要剪去的地方画上阴影等记号。

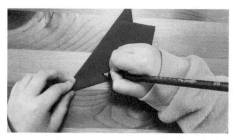

图1-1-2　画

第三步：剪。

沿着纸上画好的轮廓将标记的部分剪下来（图1-1-3），可以按照先内后外、先上后下、先左后右等顺序进行剪纸，注意不要将中心线剪断。

图1-1-3　剪

第四步：展。

将剪好之后的窗花一层一层轻轻展开，将所有的图案都展现出来（图1-1-4）。用手轻轻压平折痕，一幅漂亮的窗花就剪好了。

图1-1-4　展

4. 贴窗花。

用胶棒涂在剪好的窗花作品上，贴在家里需要装饰的位置。亲子共同欣赏剪好的窗花作品，体验通过亲子制作让家里变美的成就感。将剪好的窗花贴在窗户的玻璃上、门上、冰箱上、柜子上等，装饰家里的环境，一起来准备迎接新年。

🔒 游戏规则

1. 选择大小合适的正方形彩纸，由于需要多次对折，所以纸张不宜过厚。

2. 在对折的过程中，一定要将折线压实，注意不要折错方向。

3. 在画的过程中，把要剪除的部分用阴影标记出来。

4. 提示宝宝正确使用剪刀。沿着画线部分剪，剪的时候要慢一点，用剪刀将阴影部分全部剪掉。

📖 游戏延伸

1. 剪纸活动后，家长可以和宝宝一起学习儿歌《剪窗花》，增加亲子之间的互动，共同体验剪纸的乐趣。

剪 窗 花

小剪刀，手中拿，我学奶奶剪窗花。

剪梅花，剪雪花，剪对喜鹊叫喳喳。

剪只鸡，剪只鸭，剪条鲤鱼摇尾巴。

大红鲤鱼谁来抱？哦！再剪一个胖娃娃。

2. 家长可以引导宝宝思考除了剪窗花还可以剪什么，鼓励宝宝尝试更多折法的剪纸，可以由简单到难，如对边折、三折法、四折法、五折法、六折法、二方连续折、四方连续折等，感受更多有趣的剪纸形式。

3. 家长可以带领宝宝观看有关我国民间剪纸的图片、录像资料或实物作品，让宝宝欣赏、了解更多有关剪纸的民间艺术，激发宝宝的民族自豪感。

4. 宝宝还可以将剪好的窗花带到幼儿园，与小朋友们一起欣赏，装饰教室，共同分享剪纸带来的快乐，共同感受浓厚的节日氛围。

家庭教育指导建议

1. 家长鼓励宝宝在折好的纸上大胆画出自己喜欢的窗花图案，最好使用铅笔，可以随时修改。

2. 家长在宝宝使用剪刀时，及时关注，注意提醒宝宝安全使用剪刀；通过手指谣的方式教会宝宝使用剪刀的正确方法，平时可以多加练习。安全使用剪刀儿歌：小剪刀，向前伸，两个山洞竖起来。上面山洞爸爸钻，下面山洞妈妈和姐姐钻，小剪刀和宝宝乐开花。（大拇指表示爸爸，食指表示妈妈，中指表示姐姐。）

3. 剪好窗花后，家长提示宝宝将窗花轻轻地一层层展开，可以将剪好的窗花放到书本里压平。

4. 家长可以引导宝宝将窗花粘贴在家里的不同位置，除了窗户还可以粘贴在冰箱、门、柜子等地方，一起感受窗花带给人们喜庆的节日氛围。

5. 家长在剪窗花活动中可以进行示范，帮助宝宝掌握剪窗花的技巧。

6. 在活动中家长可以引导宝宝表达新年的美好祝福，体验中国传统文化。

宝宝成长评价参照表

评价指标	评价内容	家长评价
手部动作灵活协调	1. 能将正方形的彩纸对角折，折叠时边线基本对齐	
	2. 能用笔画出简单的图案，线条基本平滑	
	3. 能沿轮廓线剪出绘制的图形，边线基本吻合轮廓线且平滑	
	4. 能轻轻地一层层展开剪好的作品	
合作	1. 能与家长合作完成作品	
	2. 能与家长一起用窗花进行装扮，营造浓厚的节日氛围	
注意力	1. 能专注于剪纸活动，不受外界事物干扰	
	2. 注意力持久，能一直坚持做完剪窗花活动	
抗挫力	遇到难以完成的任务能积极努力地尝试	
感受与欣赏	1. 能感受和欣赏到窗花的特征、形态美	
	2. 在欣赏窗花作品时会产生相应的联想和情绪反应	
表现与创造	能大胆画出自己想象的窗花图案	
情绪状态	在活动中遇到困难，出现情绪波动时，能进行自我情绪调整	

注：家长可用符号☆进行评价。☆表示一般符合，☆☆表示比较符合，☆☆☆表示完全符合。

2.寻找夏天

游戏价值

　　幼儿艺术领域学习的关键在于为幼儿充分创造条件和机会，让幼儿在大自然和社会文化生活中萌发出对美的感受和体验。宝宝天生具有好奇心，他们喜欢在自然环境中探索不同的材料，进而更多地了解世界。丰富有趣的亲自然活动能够为宝宝提供更加理想的学习环境，最大程度地满足他们的探索需求，激发他们动手动脑的能力。在本活动中，宝宝与家长在大自然中一起玩耍，共同寻找和收集"夏天的礼物"，他们用视觉、听觉、味觉、嗅觉和触觉感受大自然。在游玩和欣赏的过程中，宝宝不断提高自己的审美能力，激发想象力与创造力，体验夏天的美好。

　　家长在与宝宝一起进行手工制作的过程中，也在不断学习与宝宝交流、交往的方式。在观察、了解宝宝的基础上，根据宝宝自身的学习能力和发展水平，家长可以不断支持和引导宝宝成长，逐渐转变教育理念，改进家庭教育方式。在游戏中，家长与宝宝彼此陪伴，相互合作，彼此成就，共同营造和享受温馨快乐的亲子时光，增强亲子关系。

游戏目标

1. 在大自然中认识夏天里的植物。
2. 感受夏天的特征，了解夏天的变化。
3. 收集大自然中各种花草植物，制作夏天的相框。
4. 体验手工制作带来的快乐，萌发对大自然的热爱。
5. 感受父母的关心和爱护，表达对父母的爱。

游戏准备

1. 卡纸、彩纸。
2. 剪刀、胶棒。
3. 采集到的各种各样的叶子与花朵。

游戏玩法

1. 游玩体验。

家长和宝宝在户外共同寻找夏天，发现夏天的印记。夏天在树叶上，夏天在海水里，夏天在鲜花中，夏天在草地上。

在游玩的过程中，家长和宝宝共同收集不同颜色、形状、大小的叶子、花朵和果实，将这些"夏天的礼物"带回家。

2. 整理"夏天的礼物"。

回家后，家长可以邀请宝宝将收集到的"夏天的礼物"按照颜色、形状等特征进行归类整理，让宝宝说一说都有哪些植物，这些植物都有什么特点。

3. 制作"夏天的礼物"相框。

家长和宝宝共同准备制作"夏天的礼物"相框所需要的工具（图1-2-1、1-2-2）。

图1-2-1

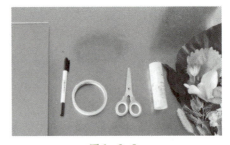

图1-2-2

首先，把"夏天的礼物"粘贴在彩纸上（图1-2-3），彩纸的边缘要为后面粘贴相框留出位置。

其次，选择另外一个颜色的彩纸，在彩纸上画出喜欢的形状（图1-2-4），既可以是简单的几何图形，也可以是复杂的动物图案，宝宝按照自己的想法进行绘画。

图1-2-3

图1-2-4

接着，根据所绘画的图案，家长和宝宝共同用剪刀沿着线的边缘，从彩纸上将图案剪下来（图1-2-5）。

图1-2-5

可以用同样的方法，制作各种不同图案的相框（图1-2-6）。

图1-2-6

最后，小朋友选择一个自己最喜欢的相框，将彩纸的背面粘好双面胶，粘贴到贴有叶子的彩纸上，一幅"寻找夏天"的作品就做好了（图1-2-7）。

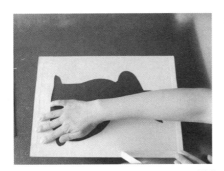

图1-2-7

🔒 游戏规则

1. 使用剪刀的时候要注意安全，不要让刀尖对着自己和他人。

2. 作品边缘要注意留出空白的位置，方便之后在上面粘贴相框（图1-2-8、1-2-9）。

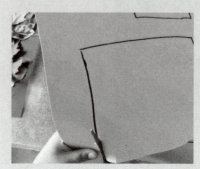 

图1-2-8   图1-2-9

3. 胶要均匀地涂抹到叶子的下面，粘贴时用小手轻轻按压固定（图1-2-10）。

图1-2-10

📷 游戏延伸

1. 更换"礼物"形式。

在本游戏中，使用的是夏天的叶子，但是也可以根据季节变化，将主题制作内容进行更改。例如在秋天收集落叶，制作"秋天的礼物"。

2. 变化游戏方式。

家长可以同宝宝在家制作形式多样的相框，然后带领宝宝一起到户外框住自然的景色，并用照片的方式记录自己的发现。

在游戏中，体验与动手制作是同样重要的，家长可以根据宝宝的兴趣爱好，有所增减地进行游戏活动。

3. 叶子对对碰。

在制作过程中剩下的叶子可以继续利用，家长可以鼓励宝宝说一说叶子的特征，根据不同的颜色、形状、大小等进行分类游戏，也可以探索叶子的叶脉，比较叶脉的不同。

4. 砸染游戏。

将叶子和花朵平铺并固定在白色的布料或废旧的布包、衣服上，用锤子进行砸染，将叶子或花朵的形状及颜色印在布料上，从而达到废旧材料再利用的目的。

5. 分享夏天的故事。

在寻找夏天的过程中，可以利用视觉、听觉、味觉、嗅觉和触觉等多种感官感受夏天，通过用手机拍照、录音、录像等多种形式记录下来，把自己的发现分享给其他小朋友或家人。

家庭教育指导建议

1. 在本游戏中，家长要引导宝宝正确使用剪刀，强调安全性。

2. 在手工制作的过程中，家长要尊重宝宝的想法和意愿，充分发挥宝宝的自主性，积极鼓励宝宝大胆创作。

3. 家长要在活动中关注宝宝的兴趣，尊重和理解宝宝的想法，并且和宝宝进行沟通交流，感受夏天带给我们的喜悦。

4. 当宝宝在操作过程遇到困难时，家长应给予适当的帮助。

宝宝成长评价参照表

评价指标	评价内容	家长评价
手的动作灵活协调	1. 能沿着边线画出简单的图形	
	2. 能沿着轮廓线剪出简单的图形	
感受与欣赏	1. 能感受、发现和欣赏自然环境中美的事物	
	2. 能发现美的事物的特征，感受和欣赏美	
表现与创造	1. 喜欢并能参与到艺术表现和创造中	
	2. 能用绘画、捏泥、手工制作等方式，表现自己的所见所闻	

续表

评价指标	评价内容	家长评价
同伴交往	1. 能积极参与合作性的游戏活动	
	2. 能掌握与他人合作开展游戏的方法	
倾听与表达	1. 喜欢和家人进行交谈、分享自己感兴趣的话题	
	2. 能清楚表达自己的想法	

注：家长可用☆符号进行评价。☆表示一般符合，☆☆表示比较符合，☆☆☆表示完全符合。

3. 儿童节纪念卡

♻ 游戏价值

　　3～6岁是宝宝成长的关键期，家长需要和宝宝保持良好的亲子关系，促进宝宝的身心全面健康发展。艺术是人类感受美、表现美和创造美的重要形式，也是表达自己对周围世界的认识和情绪态度的独特方式。形式多样的美术活动具有重要的教育价值，近年来也得到越来越多家长的重视。

　　本游戏活动结合六一儿童节这个主题进行设计，家长要和宝宝共同搜集六一儿童节的资料，通过多样的艺术表现形式带领宝宝制作贺卡，陶冶宝宝的艺术情操，探索美术游戏的奥秘。

　　宝宝在活动中通过粘贴、装饰等方式进行创作，提高动手能力、想象力与创造力。通过互动，不仅能增进亲子关系，家长还可以了解宝宝的学习轨迹和发展水平，进而提升亲子教育的效果，提高自己的美术教育理念和美术指导能力。

◉ 游戏目标

　　1. 尝试运用不同的工具和材料制作贺卡，促进手部精细动作的发展，培养动手能力。

　　2. 能够发挥想象力和创造力，大胆进行创作。

　　3. 在动手制作和欣赏贺卡的过程中，体验六一儿童节的欢乐氛围。

🔧 游戏准备

　　硬卡纸（或者硬纸壳）、彩色纸，可以作为装饰的橡皮泥、吸管等，不同颜色的颜料、一盒彩笔，一把剪刀、一个胶棒，宝宝的照片。如图1-3-1所示。

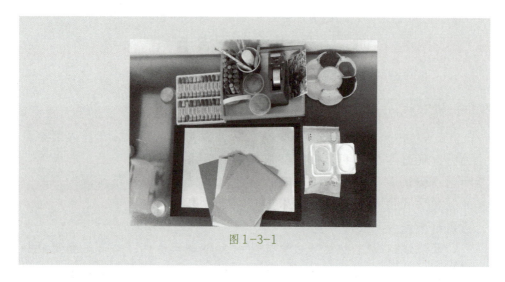

图1-3-1

🍃 游戏玩法

1. 制作底板。准备一张硬卡纸或硬纸壳放在最下面，选择自己喜欢的彩纸粘贴到硬卡纸上作为背景，粘贴的时候注意在四周留出一定的边白（图1-3-2）。

2. 设计并制作主题名。家长和宝宝共同为纪念卡起一个好听的主题名，如"快乐六一"，用彩笔把文字写好，将主题名一个一个用剪刀剪下来（图1-3-3）。

图1-3-2

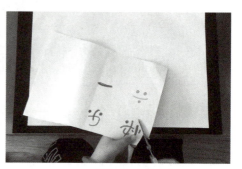

图1-3-3

用胶将字粘贴到背景纸上（图1-3-4）。

3. 制作"小相机"。

在一张纸上画一个卡通"小相机"（图1-3-5）。

宝宝可以用彩笔在"小相机"上涂上自己喜欢的颜色（图1-3-6）。

用剪刀把"小相机"剪下来，粘贴在彩纸上，也可直接将"小相机"画在彩纸上（图1-3-7）。

图1-3-4

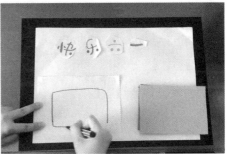

图1-3-5

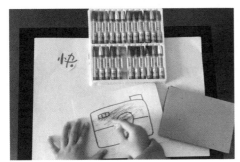

图1-3-6

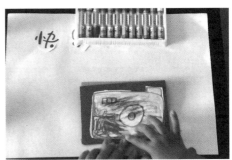

图1-3-7

4. 宝宝和家长一起来做热气球（图1-3-8、1-3-9）。选择四张同样大小的彩纸分别进行对折，家长在每张纸上画一个热气球。

宝宝进行对折剪，将热气球剪下来，并把所有剪好的热气球粘贴起来（图1-3-10）。

图1-3-8

图1-3-9

5. 宝宝用两个小纸条将热气球与之前做好的"小相机"连接起来（图1-3-11）。

图1-3-10　　　　　　　　　　图1-3-11

6. 宝宝选择漂亮的吸管，在底板空白的位置围出一个方形的小相框（图1-3-12）。

7. 宝宝选择喜欢的颜色进行手指点画（图1-3-13）。

图1-3-12　　　　　　　　　　图1-3-13

家长协助宝宝用彩笔添画，把它们变成各种图案（图1-3-14）。

8. 宝宝用橡皮泥做个"小太阳"，把它粘到题目旁边（图1-3-15）。

图1-3-14　　　　　　　　　　图1-3-15

9. 家长和宝宝一起将废弃的彩纸撕成小纸片，装饰在底板边框里（图1-3-16）。

10. 家长和宝宝一起把照片贴到"小相机"折页里以及吸管边框里（图1-3-17）。

图1-3-16　　　　　　　　　　　　图1-3-17

🔒 游戏规则

1. 在制作底板过程中，注意底板四周要留边白，边白的空间要对称，后期家长和宝宝一起进行装饰。

2. 制作"小相机"的过程中需要手工绘制，需要将其剪下粘贴到彩纸上或者直接将"小相机"画在彩纸上。

3. 宝宝涂色时尽量保证颜色饱满，涂色均匀，不要涂出线外。

4. 家长提醒宝宝使用剪刀时注意安全，引导宝宝沿着边线剪。

5. 家长鼓励宝宝用绘画、捏泥、手工制作等多种形式对纪念卡进行装饰。

6. 在制作过程中，家长要充分尊重宝宝的兴趣和独特感受，理解宝宝欣赏和制作的行为，耐心倾听宝宝的想法，并给予积极回应和鼓励。

🌿 游戏延伸

1. 可挖掘更多的美术创作形式，引导宝宝装饰纪念卡，如纽扣粘贴、剪纸等。

2. 和宝宝说一说六一儿童节快乐的事情，共同回忆、感受节日的快乐时光。

3. 在其他的节日里制作内容丰富、不同样式的纪念卡，增强节日仪式感，共同感受节日氛围。

4. 把制作好的纪念卡分享给家人和幼儿园的小朋友，鼓励宝宝根据纪念卡上的内容大胆表达自己的想法，分享自己的故事。

家庭教育指导建议

1. 在制作前，家长可以引导宝宝理解制作六一纪念卡的意义。
2. 家长可以带着宝宝捕捉节日里的快乐画面，拍成照片粘贴在纪念卡中。
3. 家长尊重宝宝的创作想法，根据宝宝的设计，选择适宜的制作材料。
4. 宝宝在进行美术活动时，请家长尽量让宝宝独立完成。
5. 当宝宝在操作过程中遇到困难时，请家长给予适当的帮助。
6. 在作品完成后，请家长和宝宝一起说一说我们做了什么，由此感受六一儿童节的快乐。

宝宝成长评价参照表

评价指标	评价内容	家长评价
动作协调	1. 能画出简单的图形，并能基本对齐边线进行折纸	
	2. 能充分利用各种废旧材料和常见物品进行画、剪、折、粘等美工活动，手部动作灵活协调	
欣赏与表现	1. 喜欢欣赏美好的事物，并会产生相应的联想和情绪反应	
	2. 能经常用绘画、捏泥、手工制作等方式表现自己的所见所想	
	3. 能用自己喜欢的方式大胆地表现和创造	
社会交往	1. 知道6月1日是国际儿童节，是宝宝自己的节日	
	2. 能主动亲近家人，感受与家人交往的快乐，建立亲密的亲子关系	
交流表达	1. 喜欢和家人进行交谈、分享自己感兴趣的话题	
	2. 能清楚地表达自己的想法	
	3. 在别人讲话时能积极主动地回应	
探索发现	1. 能感知和发现常见材料的特征和用途	
	2. 喜欢动手动脑探索物体和材料，并乐在其中	

注：家长可用☆符号进行评价。☆表示一般符合，☆☆表示比较符合，☆☆☆表示完全符合。

4. 豆芽的生长旅程

游戏价值

　　宝宝天生具有亲近自然的本能，"豆芽的生长旅程"亲子活动源于宝宝的日常生活，能为宝宝提供认识、探索自然的窗口。《指南》提出：幼儿的学习是以直接经验为基础，在游戏和日常生活中进行的。宝宝在观察感知豆芽生长变化的过程中，通过亲身体验和实际操作，产生对生命的好奇，体验生命的蓬勃与顽强，同时能提升观察、记录的能力，培养耐心、专注等学习品质，为未来的学习和生活奠定基础。

　　陪伴是最好的教育，家长除了是宝宝生活中的照料者，还是其成长道路中的情感支持者和引路人。家长和宝宝共同培育豆芽，不仅能为宝宝提供种植豆芽所需的生活经验，也能使宝宝对家长产生更多的信任感，促使亲子关系更加和谐。

游戏目标

　　1. 能细心观察豆芽的生长变化，尝试用自己的方式记录豆子到豆芽的变化过程。

　　2. 发现豆芽生长所需要的环境因素和材料因素，并能根据豆芽的生长需求及时调整。

　　3. 感受豆芽顽强的生命力，产生对生命的好奇和尊重。

　　4. 体验照顾者的辛劳，增强责任意识。

　　5. 体会食物的来之不易，产生对食物的珍惜之情。

游戏准备

　　豆芽种植托盘（可用盘子代替），绿豆若干，一块深色的布，干净的温水，纸和笔。

游戏玩法

　　1. 将洗好的绿豆放入干净的盘子里，在盘子里倒入干净的温水，水的高度要超过绿豆的高度（根据需要及盘子大小放入适量的绿豆，保证绿豆可以接触到水）。

2. 第一天（图1-4-1）：用温水泡过的绿豆更容易发芽。经过一天的浸泡，看一看绿豆发生了什么变化（绿豆略微变大，破皮开一个小口）。

拿出纸和笔，记录绿豆当下的样子（豆芽生长记录单可由宝宝及家长自主设计，记录单上要有豆芽当下的样子以及观察日期或标注培育的第几天）。

将盘子里的水倒掉，换上新的温水。新倒入的水要和绿豆一样高，同时要确保绿豆接触到水。

将深色的布盖在盘子上，创造绿豆喜欢的避光环境。

3. 第二天：经过一天的浸泡，观察绿豆的变化，并且记录绿豆当下的样子（绿豆长出了小小的嫩芽）。

将盘子里的水倒掉，再次换上新的温水，水位不要超过绿豆，再次将深色的布盖在盘子上。

4. 第三天（图1-4-2）：又经过一天，观察豆芽的生长变化情况，记录当下的样子（豆芽变长了）。

图1-4-1　　　　　　　　　　　　　　　图1-4-2

不用倒掉盘子里的水，再加入一点水，水位和豆芽一样高，盖上深色的布。

5. 第四天（图1-4-3）：又经过一天，观察豆芽的生长变化情况，记录豆芽当下的样子（豆芽继续变长，逐渐变直）。

不用倒掉盘子里的水，再加入一点水，盖上深色的布。

6. 第五天（图1-4-4）：又经过一天，观察豆芽的生长变化情况，记录豆芽当下的样子（豆芽已经变得又长又直）。

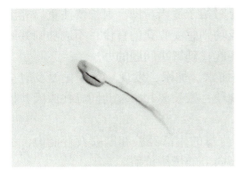

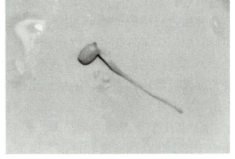

图1-4-3   图1-4-4

🔒 游戏规则

1. 每天观察水量，按照需要加入适量温水，水位不要超过绿豆。

2. 每天观察、记录豆芽的生长变化情况，直到豆芽长大。

3. 种植豆芽时要避光，豆芽如果长期见光就会变成绿色，这样炒出来的豆芽就会变苦。

🌱 游戏延伸

1. 豆芽种植成功后，可以多次种植。豆芽长大后，家长可以将宝宝亲自种植的豆芽做成美味的菜肴，一起体验收获的喜悦。

2. 尝试用这种方法培育不同的豆芽，如黄豆、红豆、黑豆等，观察比较不同的豆子是否都能长出豆芽，长出的豆芽是否一样。

3. 改变生长环境，观察豆芽的生长变化情况。例如，尝试和宝宝一同在土里种植豆芽，观察比较和在水里种植豆芽的异同。

4. 尝试探索种植更多植物的方法，如生菜、土豆等，体验植物生长所需要的不同环境，感受大自然的丰富多彩。

5. 当豆芽干枯或腐烂时，家长可以以此为契机，引导宝宝感受生命从无到有再到无的循环过程。

家庭教育指导建议

1. 在正常室温（20℃左右）下，绿豆五天左右可以长出成熟的豆芽。如果温度过低，可能会影响豆芽的生长速度，可将豆芽移至相对温暖的环境。

2. 在照顾豆芽的过程中，家长要以宝宝为主，自己作为支持者和陪伴者，在宝宝遇到解决不了的困难或者经验缺乏时给予适当帮助。家长要注重培养宝宝在种植过程中的体验感和探索意识，成功则感受收获的喜悦，不成功则共同探寻其原因，不气馁、不放弃，与宝宝一起找到解决问题的办法。

3. 家长要引导宝宝每日观察，定期换水、加水，发现豆芽变化要及时记录。如果豆芽出现发黑、干枯、腐烂等现象，家长要和宝宝共同寻找原因并探索出解决办法。

4. 家长作为活动的参与者，要凭借自身的生活经验和家庭教育能力，引导宝宝感受生命的意义和价值，提供积极向上的情绪价值。

宝宝成长评价参照表

评价指标	评价内容	家长评价
探究能力	1. 探究、发现豆芽的生长与温度、光线、湿度的关系	
	2. 能在种植豆芽的过程中发现问题，并用自己的方法验证猜想	
	3. 能掌握一些基本的种植方法，并应用在其他种植活动当中	
观察发现	1. 能感知和发现豆芽的生长变化和不同阶段的特征	
	2. 能耐心持续地进行每日观察	
	3. 能发现豆芽不同阶段的生长需要	
知识经验	1. 了解豆芽生长所需要的条件，并能营造适宜豆芽生长的环境	
	2. 知道豆芽是蔬菜，有营养，养成爱吃蔬菜的好习惯	
记录表征	1. 能用语言、图案或其他符号记录豆芽的生长变化情况或种植过程中遇到的问题和解决办法	
	2. 能用语言完整描述种植过程	
情感萌发	1. 能积极主动地照顾豆芽，知道照顾豆芽是自己的责任	
	2. 有初步关心、爱护豆芽的意识	

续表

评价指标	评价内容	家长评价
情感萌发	3. 喜欢接触大自然，对豆芽和种植豆芽活动感兴趣，经常问各种问题	
	4. 遇到困难，在鼓励下能继续进行活动	
	5. 感受收获的快乐	
	6. 喜欢参与探究活动	

注：家长可用☆符号进行评价。☆表示一般符合，☆☆表示比较符合，☆☆☆表示完全符合。

5. 多彩的大自然

游戏价值

　　《多彩的大自然》是根据安安的生活故事原创的电子图画书，故事讲述了安安对于大自然中颜色的好奇与向往，通过安安的口吻带着疑问展开叙述。现在的大自然是什么颜色的？想不想去看一看多彩的大自然？图画书从我们身边的世界出发，以自然图片和人物为主，引导宝宝对感兴趣的主题展开阅读和想象，在生动、温暖、充满美感的故事和画面中，走进图画书中的大自然。

　　自然界中看似不起眼的小花朵、小昆虫，通过图画书中的画面，都呈现出细腻和震撼的风采。通过观察和感受多彩的自然界，宝宝在欣赏自然界多样性的同时，也在感受着生命存在的深刻意义。宝宝走进、观察和探索自然界的过程，也是一种难得的童年乐趣。

　　通过阅读《多彩的大自然》图画书故事，宝宝能认识自然、了解自然，进而热爱自然，主动去触摸、拥抱自然，积极探究自然界的奥秘。

游戏目标

　　1. 能安静倾听故事，观察画面、理解图画书的内容。
　　2. 从找寻大自然中的颜色出发，学会观察大自然的色彩。
　　3. 感受大自然的勃勃生机，激发对大自然的热爱之情。

游戏准备

　　1. 原创《多彩的大自然》图画书故事。
　　2. 安静适宜的阅读环境。
　　3. 阅读图画书的前期经验。

游戏玩法

　　1. 读一读图画书封面。
　　"你从封面上看到了什么？"

"都有什么颜色？"

"你猜这会是一个什么故事？"

家长可以和宝宝一边观看图画书的封面，一边讨论类似以上的问题，激发宝宝的阅读兴趣，并养成仔细观察的好习惯。

2. 读一读图画书的环衬。

图画书的前环衬（前环衬即翻开封面的第一页）和后环衬（后环衬即封底的前一页），通常隐藏着书内的一些信息。家长可以和宝宝一起看一看，找一找藏在环衬中的秘密。

3. 阅读图画书中的文字和图画。

图画书由文字和图画组成，图画也会讲故事。家长可以尝试先看看手里的图画书，不看文字，只看图画，是否可以讲一个完整的故事。很多有趣的图画书故事，会在图画中出现不同于文字表达的特殊线索，可以讲出很多不同的故事，家长和宝宝不妨试一试。

4. 在翻页中感受书的魅力。

在阅读图画书故事时，家长可以通过设置悬念将宝宝带入下一个情节。例如，在翻页前提出问题："宝贝，你猜一猜接下来会发生什么呢？"或者放慢翻页速度、设置悬念等。

5. 寻找画面中的细节。

图画书故事中常常藏着许多细节，需要宝宝仔细地观察才能发现。在《多彩的大自然》中，安安来到草莓园，看到绿油油的草莓叶子，在这个画面中还有白色的草莓花，这也是宝宝可能会忽视的细节。以此为基础，家长可以进行知识拓展，如展开"我们吃的草莓和这朵草莓花有什么关系？""草莓是草莓花的果实吗？"等讨论。宝宝在感兴趣的情况下，可进一步了解相关知识。

🔒 游戏规则

1. 引导宝宝有序观察图画。

宝宝在阅读图画的过程中，往往容易被图画中颜色最显眼、构图最明显的内容吸引，而忽略画面中的其他细节信息。家长在陪伴宝宝阅读的过程中，要有意识地引导宝宝从上到下、从左到右整体观察图画，尽量不遗漏图画所传达出的信息，这对培养宝宝的整体阅读能力很有帮助。

2. 鼓励宝宝整体阅读。

宝宝刚开始阅读图画书时，很容易被某一页的画面吸引，仅仅去关注某几页的画面信息。在激发宝宝阅读兴趣阶段，家长可以引导宝宝着重观察画面的某一方面。但当宝宝到中、大班以后，家长就可以引导宝宝对故事性的图画书尽量做整体性阅读，提示他们先把整本书都看完，再仔细欣赏自己感兴趣的部分。这样更容易让宝宝发现每一页画面间的联系，对画面进行逻辑性解读。

游戏延伸

1. 亲子讨论。

在阅读图画书故事后，家长和宝宝可以一起进一步讨论宝宝感兴趣的、符合宝宝年龄特点的问题。例如，你想去哪里感受大自然？在大自然中，你会看到什么呢？大自然中还有哪些颜色？

2. 亲子游戏。

基于对图画书故事内容的兴趣，家长和宝宝可以到户外去寻找自然界中的颜色，并尝试用自己的方式记录下来，形成自己的《自然颜色记录册》。

宝宝也可以根据自己的发现，制作不同种类的记录册，如《自然感官集》《自然植物收集册》等。

3. 制订并开展亲子阅读计划。

经过一段时间的图画书阅读后，宝宝已经有了丰富的阅读体验和经验，家长可根据宝宝的阅读习惯和兴趣，与宝宝共同制订、实施符合宝宝实际水平的阅读计划，并尝试绘制阅读图册等。

家庭教育指导建议

1. 家长与宝宝沟通，合理制订并实施亲子阅读计划。

2. 家长多创造亲子共读的机会，了解宝宝的阅读习惯和阅读兴趣。

3. 家长可以带宝宝到大自然中去观察树木、花草，感受季节变化的同时感知自然的多样性。

4. 年龄较小的宝宝可在家长的帮助下进行绘画和制作记录册。

宝宝成长评价参照表

评价指标	评价内容	家长评价
阅读习惯	能按照一页一页的顺序来阅读，有良好的、井然有序的阅读习惯	
倾听与表达	1. 能用清晰的语言，完整描述图画书的故事内容	
	2. 能积极猜测与想象故事情节，并大胆地表达自己的想法	
	3. 能安静地倾听故事，观察画面，理解图画书的内容	
观察与发现	能观察大自然中的色彩，并与生活中的事物相联系	
合作	1. 能积极参与亲子共读活动	
	2. 掌握与他人合作共同阅读的方法	
注意力	1. 能专注于阅读游戏活动	
	2. 不受外界事物的干扰	
创新	1. 在熟悉故事的基础上，对故事进行改编或续编	
	2. 在原有游戏的基础上，尝试创新游戏玩法	
情绪状态	1. 保持良好的情绪状态，以积极、愉快的情绪参与图画书阅读	
	2. 能结合图画书情境感受不同语气、语调所表达的不同意思	

注：家长可用☆符号进行评价。☆表示一般符合，☆☆表示比较符合，☆☆☆表示完全符合。

6.美味比萨

游戏价值

　　食育，即关于食物的教育、关于吃的教育。"食"是宝宝身心健康成长的基础，幼儿时期是塑造宝宝良好饮食习惯的关键期，会影响宝宝的一生。本活动的开展能够使宝宝深刻认识到健康饮食的重要意义，从一定程度上改善宝宝挑食、偏食的不良习惯。在与宝宝一同制作美食的过程中，家长也可以不断地增进亲子关系，在互动中让宝宝获得更多成就感。同时，亲子制作美食活动的开展更能提高家长的教育能力。家长是宝宝的第一任老师，通过亲子间的互动，家长可以更好地了解宝宝的心理需求和学习方式，及时发现问题，营造出和谐的家庭教育氛围。

游戏目标

　　1.了解比萨中的多种营养能满足人体的营养需求，如蛋白质、维生素等。

　　2.感受动手制作的兴趣和辛苦，养成不浪费的好习惯。

　　3.培养独立自主的良好品质。

　　4.在制作美食过程中提高动手能力和协调能力。

游戏准备

　　1.材料准备：刷子、比萨饼底、番茄酱、芝士、火腿、菠萝、香蕉、火龙果、黄桃罐头。

　　2.经验准备：宝宝了解比萨的制作过程，知道使用烤箱需要家长帮忙。

游戏玩法

　　1.家长和宝宝讨论吃过哪些水果，最喜欢吃的水果是什么。宝宝大胆表达，可以描述自己喜欢的水果的味道、形状、颜色，调动宝宝参与美食活动的积极性。

　　2.提问交流。询问宝宝是否吃过水果做的比萨，激发宝宝的好奇心，提高宝宝制作比萨的兴趣。

3. 宝宝认识、了解并介绍制作水果比萨需要的材料。

4. 家长与宝宝共同制作水果比萨，将水果和火腿切成小块备用，宝宝在比萨饼底上涂好番茄酱后，依次将水果、火腿、芝士放到比萨饼底上。

5. 家长将摆好食材的比萨放入烤箱，调好温度和时间，开始烹饪。

6. 比萨出锅（图1-6-1）。

图1-6-1

7. 家长和宝宝可以先闻一闻香喷喷的比萨，享受美食的味道带来的幸福。接下来家长可以和宝宝一起分享美味，体验自己动手制作美味比萨的快乐。

🔒 游戏规则

1. 将水果和火腿切成小块备用。

2. 将番茄酱涂在比萨饼底上，注意要用刷子涂抹均匀。

3. 在比萨饼底上依次放入准备好的食材，如菠萝、火龙果、香蕉、黄桃、火腿等，要放得均匀一些。

4. 最后把芝士撒在最上面，芝士要多一些，撒得均匀一些。

5. 请家长先将烤箱预热，把比萨放进去，在200℃的温度下烤15分钟。

🎬 游戏延伸

1. 将食育文化融入家庭活动。

家长可以利用图画书进行饮食习惯教育，如《美味的朋友》《妈妈宝宝食育绘本》《大自然中的美食》等，这些图画书不仅能够引导宝宝认识一些基础的食物及其作用，还可以使宝宝通过图画书中拟人化的食物的描述，了解食物从清洗、加工、烹饪到装盘的过程。图画书中的内容富有趣味性，将吃饭甚至是准备食物的过程都变成了十分有趣的游戏，宝宝可以从中找到吃饭的乐趣，并且懂得众多健康食品的制作过程，培养健康的饮食习惯。

2. 了解不同节日和节气的饮食风俗，尝试制作相应美食。

我国有着丰富多样的传统饮食文化，家长可根据宝宝的年龄特点、季节、节日和节气的特点，以及食材的生长环境、外形特征、营养价值等，带宝宝了解不同节日和节气的饮食习俗，如端午节包粽子，冬至吃饺子等。这些活动能够引起宝宝较高的兴趣和热情，让宝宝在活动过程中认识各种食材、了解食物的营养价值和多种食用方法，并愿意动手去制作简单的食物，品味食物的美好和享受自己的劳动成果，感受劳动的快乐。家长要学会收集信息，利用多种资源。例如，2016年，中国"二十四节气"被列入联合国教科文组织人类非物质文化遗产代表作名录，家长可以引导宝宝认识每个节气，了解其特点，给宝宝讲解相应的食物背后的秘密，了解如何播种、施肥、收割……让宝宝了解食物来之不易，从而引导宝宝养成珍惜食物、尊重大自然的生活习惯。

家庭教育指导建议

1. 在育儿的过程中家长要注重营养搭配以及对宝宝进行食育。

2. 家长可以通过在家庭中不断开展食育，真正实现食育覆盖宝宝成长的各个方面，促进宝宝的进一步发展。

3. 在操作过程中，家长需注意培养宝宝的卫生习惯，如制作之前，宝宝和家长一起洗手；同时，也需要引导宝宝注意电器使用安全，如家长使用烤箱时，也要提示宝宝注意安全。

宝宝成长评价参照表

评价指标	评价内容	家长评价
生活习惯	1. 知道食物有丰富的营养，不挑食、不偏食	
	2. 具有良好的卫生习惯，饭前洗手，方法正确	
	3. 了解动手制作食物的辛苦，养成不浪费的好习惯	
	4. 具有基本的安全知识，知道使用烤箱和刀具需要家长帮助	
语言表达	喜欢和家人进行交谈，能清楚表达自己的想法	

续表

评价指标	评价内容	家长评价
合作	1. 能和家长合作完成比萨的制作	
	2. 能专注于活动，不被外部事情干扰	
	3. 在活动过程中，遇到困难愿意多次尝试	
	4. 保持良好的情绪状态，以积极、愉快的情绪参与游戏	
创造力	1. 具有初步的创造能力，可以通过水果的不同摆放位置来表现	
	2. 在水果比萨的基础上，选择不同材料制作不同口感的比萨，也可以制作一些其他烘焙类的食物	

注：家长可用☆符号进行评价。☆表示一般符合，☆☆表示比较符合，☆☆☆表示完全符合。

7. 美味的糖葫芦

游戏价值

糖葫芦是中国传统美食，有着悠久的历史和文化寓意，也是一种老少皆宜的美味食品。"美味的糖葫芦"亲子美食活动，通过谜语引发宝宝的猜想，激发其对糖葫芦这一传统美食的探究兴趣。本活动使用了一些常见的制作材料，方便家长和宝宝进行制作，发展宝宝的手部操作能力；通过制作不同口味的糖葫芦、运用不同的装饰方式，充分激发宝宝的创造力和想象力。家长和宝宝一同制作美味的糖葫芦，不仅能让宝宝深入了解传统美食，同时，还能在亲子互动过程中增进亲子感情，营造和谐的家庭氛围。

游戏目标

1. 了解关于糖葫芦的传统文化，获得制作传统美食的相关经验。

2. 通过自己动手串糖葫芦，提升劳动技能，增强动手能力和手眼协调能力。

3. 培养独立自主的良好品质，体验亲子制作糖葫芦的快乐。

游戏准备

山楂若干，白砂糖、芝麻，洗干净的筷子若干，盘子、油纸、刀、湿巾、小盆、平底锅和锅铲等。

游戏玩法

1. 家长先请宝宝猜谜语："糖是皮儿，果是馅儿，一串一串红艳艳，冬天吃它不难买，夏天和它难见面。"宝贝你猜到是什么食物了吗？（谜底是糖葫芦。）

2. 家长向宝宝介绍制作糖葫芦所需要的材料。

3. 家长和宝宝一起洗手，培养宝宝良好的卫生习惯。家长可以给宝宝讲解洗手的重要性，并示范正确的洗手方法。

4. 正式开始制作时，家长先和宝宝一起将山楂清洗干净，家长用刀抠掉山楂蒂（图1-7-1），以免影响糖葫芦的口感。家长用干净的筷子去除山楂的核。

图1-7-1

5. 家长同宝宝一起将山楂一个个地串在洗干净的筷子上（图1-7-2）。筷子的一头比较尖，串山楂时要注意安全。

图1-7-2

6. 准备熬糖，为了避免熬热的糖烫伤宝宝，这一步由家长来操作。先将适量水倒入锅中，等待水烧开，水沸腾后加入适量白砂糖，用锅铲快速搅拌，直到糖完全溶解（图1-7-3），然后转小火慢慢熬煮，直到将糖熬至黏稠状。

图1-7-3

7. 将熬好的糖均匀地浇在山楂上（图1-7-4）。可根据个人口味在糖中放入适量的芝麻（图1-7-5）。

图1-7-4　　　　　　　　　　　图1-7-5

8. 将做好的糖葫芦放入盘子中冷却（图1-7-6）。

图1-7-6

9. 糖葫芦做好了，家长同宝宝一起品尝美味的糖葫芦。

🔒 游戏规则

1. 清洗、处理山楂的时候需要确认里面是否有虫子。

2. 用普通的筷子制作，一根筷子大概可以串5个山楂，注意不能让山楂松动。

3. 关键步骤是熬糖。半斤糖只够浇十几串糖葫芦，要根据糖葫芦串的数量来增减糖量。在锅中加入水和糖，比例为2∶1或者3∶1，水越多越容易成功，但是需要的时间更长。要先开大火熬，开始一定不要翻搅，以免返砂。当糖熬到出现大泡时转小火，直至大泡变成小泡就差不多熬好了。判断糖是否熬制成功，可以蘸一点糖迅速放入冷水中，如果变硬，咬一下感觉脆脆的，就是成功了。

4. 裹糖浆时，将山楂串轻轻靠在锅沿，匀速转动，注意不要蘸过多糖浆。

5. 冷却时，在盘子上刷上油或垫一张油纸，再放置糖葫芦，耐心等待，直至糖葫芦冷却。

 游戏延伸

1. 在等待糖葫芦冷却的过程中，可以准备一些亲子游戏来增强家庭成员之间的互动，如水果猜猜乐，家庭糖葫芦大赛等。

2. 糖葫芦制作完成后，家长可以引导宝宝描述糖葫芦的口感和味道，让宝宝谈谈自己在制作过程中的体会，学会用语言表达自己的感受，增强家庭成员之间的交流和互动。

3. 家长可以鼓励宝宝尝试用其他水果制作糖葫芦，如草莓、蓝莓等，激发宝宝的创造力和想象力。

4. 活动结束后，家长可以和宝宝一起整理、清洁工具和场地，培养宝宝的协作能力和责任感。

家庭教育指导建议

1. 将抽象的知识和理念自然又赋予趣味地介绍给宝宝，帮助其了解美食蕴含的传统文化。

2. 培养宝宝对传统美食的积极态度和情感，尊重和爱惜食物。

3. 促进亲子交流，增进亲子感情。

4. 注意卫生习惯。制作之前，宝宝要和家长一起洗手。

5. 注意安全。去山楂核和熬糖与挂糖等步骤要请家长来完成。

6. 鼓励宝宝选择自己喜欢的水果制作多种糖葫芦。

7. 在熬糖过程中加一点柠檬汁可以防止糖浆氧化，保证糖浆不变色，糖浆酸酸甜甜口感更好。

8. 鼓励宝宝大胆尝试，积极参与亲子美食的制作。

宝宝成长评价参照表

评价指标	评价内容	家长评价
操作能力	1. 有解决问题的意识	
	2. 尝试独立思考，有能力解决问题	
	3. 能运用多种策略解决问题，有目的、有步骤、有效地解决问题	
专注力	1. 在提醒下能坚持活动	
	2. 不受周边影响与干扰	
	3. 能够按照计划、有步骤地持续研究	
分工	1. 主动参与分工	
	2. 会担当分工的角色与工作	
合作	1. 有合作的意识和意愿	
	2. 能根据情境与问题解决的需要与家长灵活配合	
沟通能力	1. 有沟通的意愿	
	2. 能表达自己的想法	
	3. 能根据对象和需要调整沟通策略	
忍耐力	1. 有克服困难的意愿	
	2. 能运用多种方法，尝试独立解决问题	
创造力	尝试用其他水果制作糖葫芦	

注：家长可用☆符号进行评价。☆表示一般符合，☆☆表示比较符合，☆☆☆表示完全符合。

8. 我的第一本小画册

🍀 游戏价值

　　工具在我们的生活中无处不在，随着年龄的增长，宝宝开始对身边的工具感兴趣。本活动以亲子共同制作第一本小画册的形式，引导家长与宝宝一起探索工具的使用方法，引导宝宝学会正确使用订书器、剪刀等工具，了解不同工具的作用和功能，学会选择合适的工具解决生活中的问题，拓展生活经验，同时在使用工具的过程中锻炼手部的精细动作。

⚙ 游戏目标

　　1. 知道生活中常用的工具有哪些，学习安全地使用工具。

　　2. 能运用生活中常见的工具制作小画册，体验使用工具的便利。

　　3. 知道制作小画册的方法，培养动手操作的能力。

　　4. 能用工具解决生活中遇到的问题，体验亲子共同制作小画册的快乐。

🔧 游戏准备

　　订书器一个、订书钉若干，宝宝的绘画作品若干，彩纸若干、胶棒、彩笔、剪刀。

🌱 游戏玩法

　　1. 引出问题。

　　家长和宝宝共同收集宝宝的绘画作品，让宝宝自己思考怎样将这些作品整理到一起，提出可以使用不同的工具来制作一本小画册的建议。

　　2. 制作封面。

　　选择和宝宝作品大小相同的彩纸作为封面，家长帮助或指导宝宝在封面上写上"我的第一本小画册"，写上制作的日期、作者等信息，然后用剪刀剪一些漂亮的图案装饰小画册的封面（图1-8-1）。

图1-8-1

3. 整理画册。

家长和宝宝共同给每一幅作品起一个好听的名字，并写在作品上，然后在每一页适当的位置标注页码。

4. 装订画册。

家长介绍订书器的使用方法：将订书钉放入订书器，将封面放在作品最上面，封面边与作品边对齐，将需要装订的位置塞到订书器出钉子的部位，用手掌心用力按下手柄（图1-8-2）。家长先进行示范，再让宝宝进行操作。

图1-8-2

5. 讲述画册。

制作好小画册后，家长可以和宝宝共同翻看，请宝宝自己讲述画册里作品的内容，提升宝宝的成就感。

6. 活动总结。

家长与宝宝共同总结本次活动的劳动成果，巩固工具的使用方法和安全注意事项。同时，家长鼓励宝宝在日常生活中勇敢尝试使用更多的工具，增强宝宝的主动性和实践能力。

 **游戏规则**

1. 家长和宝宝一起探讨如何制作小画册，可以先引导宝宝观察图画书都有哪些部分组成，封面都有哪些内容。在家长的指导下，宝宝尝试制作封面、装饰封面、整理画册、写页码、装订画册等几个步骤。

2. 在使用订书器前，家长演示正确的使用方法：先将订书钉整齐地放入订书器，找好画册上装订的位置，双手用力按压，听到"咔嚓"一声，将画册正反面订透即可。注意不要订到手指。

3. 在制作小画册的过程中还会使用到剪刀、胶棒等工具，家长要注意提醒宝宝正确的使用方法，并强调注意使用安全。

游戏延伸

1. 宝宝除了使用订书器、剪刀外，还可以尝试学习使用生活中常见的其他工具来解决生活中的问题，如锤子、螺丝刀、钳子等。家长要让宝宝知道这些工具是我们生活的好帮手，并指导宝宝掌握安全使用方法。

2. 家长与宝宝一起将家中的各种常用工具进行分类，如做饭用的炒勺、漏勺等；修理用的螺丝刀、锤子、钳子等；清洁用的刷子、扫把等；学习用的橡皮、尺子等。家长帮助宝宝更好地认识工具，区分它们的不同用途和功能，感知工具与人们生活的关系。

3. 家长可以布置一些小任务，鼓励宝宝找到合适的工具完成任务。例如，把豆子装进瓶子里，把玩具螺丝拧上去，把瓶子里的棉花取出来等，让宝宝找到合适的工具解决实际问题。

4. 家长鼓励宝宝分享自己的第一本小画册，将制作好的小画册带到幼儿园，和其他小朋友一起分享交流画册内容，分享制作中需要用到的工具，培养宝宝的语言表达能力和自信心。

5. 家长和宝宝一起制作不同主题的小画册，也可以尝试不同的创作方法，如照片剪贴、版画、剪纸粘贴、拓印画、布贴画等，宝宝依据自己的生活经验和对事物的理解来想象设计画面，并在家长的帮助下丰富画册内容，如附文字说明，图文并茂；也可以尝试不同的画册装订方式，如使用打孔器、线绳装订，充分体会亲子创作图书的乐趣。

家庭教育指导建议

1. 家长帮助宝宝了解生活中常见的工具有哪些。宝宝在使用新工具之前，请家长先正确示范，指导宝宝学会正确地使用工具，最好能拆分成几个步骤，便于宝宝掌握正确的使用方法，引导宝宝使用工具解决生活中的实际问题。

2. 家长要耐心回答宝宝在操作过程中的疑问，给予鼓励，直到宝宝能独立完成。

3. 家长向宝宝介绍工具的安全使用方法，提醒宝宝不要在没有成人监护的情况下，随意用、随意玩工具，帮助宝宝养成安全使用工具的好习惯，引导宝宝知道使用工具后要放到安全的地方。

宝宝成长评价参照表

评价指标	评价内容	家长评价
小肌肉动作	1. 手指灵活取拿物品，能完成捏、按、贴和压等动作	
	2. 能较为熟练地使用剪刀剪出基本图形	
	3. 能结合实际情境使用生活中常见的工具	
抗挫力	1. 在难以完成操作时，愿意多次尝试活动	
	2. 愿意接受他人的建议，并作出修正	
情绪状态	1. 保持良好的情绪状态，以积极、愉快的情绪参与活动	
	2. 在难以完成操作等情况下出现畏难情绪时，能在家长的引导下调整自己的情绪状态	
	3. 在难以完成操作等情况下出现畏难情绪时，能进行自我调节	
艺术表现	能根据小画册的篇幅内容设计版面和有创意的装饰	
注意力	1. 能以较高的专注度参与活动	
	2. 有外界事物干扰时能较快调节注意力，重新专注于活动	
创造力	1. 对活动或作品有独特的想法和建议	
	2. 能创造性地完成活动的主要环节及体现作品的独特价值	

续表

评价指标	评价内容	家长评价
合作	1. 能根据情境问题解决的需要与他人灵活配合	
	2. 有主动与他人或外界共同协作的意识及行为	

注：家长可以用☆符号进行评价。☆表示一般符合，☆☆表示比较符合，☆☆☆表示完全符合。

9. 我 的 心 情

游戏价值

　　"我的心情"是一个生活类亲子游戏，主要通过家长对宝宝的引导，丰富宝宝对情绪的认识，使宝宝了解人的喜、怒、哀、乐等基本情绪，学会正确地表达情绪以及用正确的方式调节不良情绪。宝宝通过制作表单记录自己当日的心情，并主动向家长表达自己的内心想法。家长能够从中更好地了解宝宝的情绪，有效激发宝宝的自尊心，培养宝宝的自信心，进而帮助宝宝正面认识和管理情绪。

游戏目标

　　1. 了解人的喜、怒、哀、乐等基本情绪。

　　2. 初步养成良好的情绪调控能力。

　　3. 愿意用积极乐观的情绪进行体验与表达。

游戏准备

　　彩笔、剪刀、胶棒、白纸、彩纸。

游戏玩法

　　1. 制作心情记录单（图1-9-1）。记录单中包含喜、怒、哀、乐等不同情绪，并记录日期，可进行个性化设计。（如果宝宝太小，可以由家长帮忙制作。）

图1-9-1　心情记录单示例

2. 宝宝记录每天的心情，并与家长进行分享。

 游戏规则

宝宝将一天的心情如实记录在记录单上，家长可以通过宝宝的记录了解宝宝当日的心情，有针对性地与宝宝进行沟通。

当宝宝记录开心的表情时，家长可以问："宝宝今天有什么开心的事情？"让宝宝分享开心的事情。当宝宝记录困惑的表情时，家长可以问："宝宝今天遇到了什么问题？"适当地对宝宝提供帮助，帮助宝宝用正确的方式排解不开心的情绪。

游戏延伸

1. 家长可以引导宝宝用不同的颜色表达心情，丰富宝宝对情绪的理解。

2. 家长也可以与宝宝分享自己的心情，适当寻求宝宝的"帮助"，有助于宝宝产生共情的情绪，也能帮助宝宝积累调节情绪的方法。

家庭教育指导建议

1. 清楚直观地了解宝宝的情绪，并对宝宝的情绪做出正确的指导。

通过游戏，家长可以更好地了解宝宝的情绪状态，进而能够更好地指导宝宝如何识别和理解自己的情绪；引导宝宝表达自己的情绪，同时也可以让宝宝通过观察家长的反应来更好地理解情绪。

2. 根据宝宝的情绪进行有效的情感沟通。

在记录心情时家长多与宝宝互动和沟通，建立更好的情感连接，可以交换心情，讨论排解坏情绪的方法，如进行户外锻炼、看有趣的图画书等。同时，家长可以通过沟通更好地了解宝宝的需求和想法，进而能够更好地满足宝宝的需求。

3. 帮助宝宝认识、了解和控制自己的情绪，学会理解他人。

当宝宝面临情绪问题时，家长可以通过游戏的方式帮助宝宝表达和处理情绪。这种方式可以让宝宝更好地理解自己的情绪，同时也可以帮助宝宝学会有效地处理情绪。

宝宝成长评价参照表

评价指标	评价内容	家长评价
语言表达	1. 讲述比较连贯	
	2. 能主动使用礼貌用语，不说脏话、粗话	
	3. 能基本完整地讲述自己的所见所闻和经历的事情	
	4. 在倾听过程中能使用恰当的语言进行交流，如在别人难过时会用恰当的语言表示安慰	
持久力	1. 能持久地进行游戏活动	
	2. 愿意制订并完成记录单	
手部动作	1. 能用笔画出简单的图案，线条基本平滑	
	2. 能沿轮廓线剪出图形，边线与轮廓线基本吻合且平滑	
艺术表现	1. 通过绘画大胆表现自己的情感和体验	
	2. 大胆创新心情记录单，愿意用不同符号记录自己的心情	
情绪状态	1. 保持良好的情绪状态，以积极、愉快的情绪参与游戏	
	2. 喜欢和家长交谈，有事愿意告诉家长	
	3. 能主动向家长说出自己的情绪，独立地对自己做一个大致的评价	
	4. 愿意遵守游戏规则	
	5. 能注意到家长的情绪，并有关心、体贴的表现	
	6. 经常保持愉快的情绪，知道引起自己某种情绪的原因	
	7. 愿意把自己的情绪告诉家人，一起分享快乐或寻求安慰	

注：家长可用☆符号进行评价。☆表示一般符合，☆☆表示比较符合，☆☆☆表示完全符合。

10. 雨水节气撑雨伞

 游戏价值

　　二十四节气是我国传统文化的瑰宝，以节气为载体的游戏活动有利于增强宝宝对中华传统文化的了解，激发宝宝对中华传统文化的热爱。"雨水节气撑雨伞"是以二十四节气中的雨水为基础拓展的美术手工活动。节气与自然息息相关，宝宝在活动中可以关注自然，关注周围的环境，对自然感兴趣，对周围生活感兴趣。从文化视角来说，本活动也能够让宝宝从小受到传统文化的熏陶，在潜移默化中感知节气文化，了解中华传统文化的博大精深。以家园共育的形式开展与节气相关的活动，有利于引导宝宝了解节气的意义，调动家长参与传统文化的相关活动，让宝宝更深刻地认识节气对人们生活的意义。

游戏目标

1. 了解雨水节气的由来和特点。
2. 能够在家长的帮助下手工制作小雨伞。
3. 体验美术手工活动的乐趣。
4. 能够进行自由创作，表现生活中的情境。

游戏准备

　　剪刀、胶棒、筷子1根、白纸6张、彩笔。

游戏玩法

　　1. 将制作雨伞所需材料一一准备好，从左到右摆放在桌子上。材料分别为剪刀、胶棒、筷子1根、白纸6张、彩笔（图1-10-1）。家长可以与宝宝一起说说都有哪些材料，锻炼宝宝的语言表达能力。

　　2. 制作伞面（图1-10-2）。在一张白纸上画一个半圆，将三张白纸整齐地摞在一起，用一只手捏住，另一只手用剪刀沿着半圆线剪开。用这个方法可以得到三个一模一样的半圆形。将剪好的半圆纸向内对折，做成小扇子的形状。将这些小扇子背靠背排好，用胶棒粘贴在一起，就做成了好看的伞面。

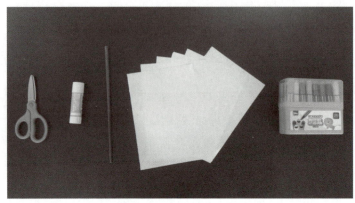

图1-10-1　材料准备

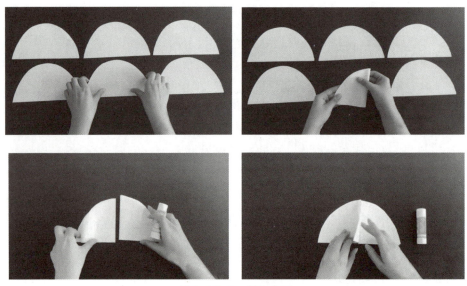

图1-10-2　制作伞面

3. 请宝宝按照自己的想法在半圆形的白纸上画出想要的图案，可以是笑脸、花朵、彩虹等美丽的图案（图1-10-3）。

4. 制作伞柄。用筷子制作伞柄，将伞面翻到空白的两页，将胶棒均匀地涂抹在空白的白纸上，将筷子粘上去，小雨伞就做好了（图1-10-4）。

图1-10-3   图1-10-4

5. 展示美丽的小雨伞，用双手转动筷子，将小雨伞转起来。

🎮 游戏延伸

1. 雨伞绘画。

家长可以让宝宝使用彩纸、彩笔等，画出自己喜欢的有关雨伞的图案和场景，制作有不一样图案的小雨伞。

2. 雨伞装饰。

为宝宝提供各种装饰材料，如丝带、珠子、贴纸等。让宝宝将不同的装饰材料点缀在小雨伞上，自由地装饰自己的小雨伞。

3. 雨伞故事。

让宝宝发挥想象力，创编关于雨伞或下雨的小故事，让宝宝将故事画到伞面上，制作雨伞故事，引导宝宝大胆讲述故事。

4. 雨伞儿歌。

家长带领宝宝表演手指谣《小雨伞》，玩手指谣游戏。家长可以面对面和宝宝做手指谣游戏，也可以用一人说、一人做的方式表演。

小　雨　伞

小雨伞，真淘气，爱和雨滴玩游戏。

转一转，滴一滴，小雨小雨淅沥沥。

5. 观察天气。

在雨水节气时观察天气，并进行天气记录，家长可以辅助宝宝制作天气记录表，宝宝自己制作天气小图标，记录每日天气。

家庭教育指导建议

1. 在操作过程中，家长要指导宝宝用正确的方法使用剪刀，注意安全，不要让剪刀伤到自己的小手。如果宝宝使用剪刀有困难，家长可以帮忙。

2. 家长引导宝宝根据自己的喜好，结合生活经验，大胆地在伞面上进行创作，画上自己喜欢的图案，画好后讲讲画的内容或自己的想法。家长在互动中了解宝宝的认知水平、认知阶段和动手能力。

宝宝成长评价参照表

评价指标	评价内容	家长评价
手部操作	1. 能手眼协调地完成操作	
	2. 能灵活使用各种工具	
艺术表现	1. 画面内容丰富，主题明确	
	2. 绘画构图和谐，造型合理	
	3. 绘画颜色种类丰富，色彩表现力强	
合作	能积极与父母合作制作雨伞	
注意力	1. 能专注于手工制作活动	
	2. 在活动中不受外界干扰	
抗挫力	1. 能坚持完成作品的制作	
	2. 在遇到困难时，愿意进行多次尝试	
创造力	1. 能根据自己的经验创作美丽的雨伞画	
	2. 图画或雨伞造型有创新，有艺术感	
	3. 在原有作品的基础上，尝试创新制作其他与雨伞相关的手工作品	
情绪状态	1. 保持良好的情绪状态，以积极、愉快的情绪参与游戏	
	2. 在遇到困难出现情绪波动时，能在家长的引导下调整自己的情绪状态	
	3. 在难以完成作品时，能自我调整情绪	

注：家长可用☆符号进行评价。☆表示一般符合，☆☆表示比较符合，☆☆☆表示完全符合。

游戏价值

　　"立春美食蹲蹲乐"亲子游戏将立春节气中的咬春习俗和萝卜蹲等传统体育运动以游戏形式相融合。游戏活动引入立春节气南北方文化中有代表性的美食，通过制作咬春的春饼、春卷和萝卜的头饰，以图文并茂的方式进一步了解立春节气中食用某种食物的寓意，感受通过吃健康食物解春困的文化，并在游戏中通过体育锻炼强健身体，更好地顺应节气，拥抱春天。同时，游戏也能帮助宝宝和家长在轻松愉快的亲子氛围中，共同认识立春节气的传统美食，增强身体的灵活性和协调性，强身健体，增强亲子之间的交流，增进亲子感情。

游戏目标

　　1. 认识我国立春节气中的咬春民俗及有代表性的传统美食，如春饼、春卷和萝卜。

　　2. 通过游戏锻炼下肢力量和肢体动作的灵敏协调性，发展反应速度和能力。

　　3. 感受亲子互动游戏的乐趣，获得快乐的情绪体验，增进亲子之间的感情。

游戏准备

　　1. 宽敞的地面游戏场地：可以选择家中的客厅，也可以在户外进行。

　　2. 制作立春美食头饰：

　　（1）材料准备（图1-11-1）：剪刀、彩纸、水彩笔和胶水。

　　（2）具体制作方法（图1-11-2）：使用水彩笔在彩纸上画出咬春美食春饼、春卷和萝卜的图案轮廓；用剪刀沿着图案的轮廓将其图案完整地剪下来；将彩纸剪成若干条宽窄相同的细长纸条，并用胶水将纸条的两端固定住形成圆形的纸环，纸环的内径大致与头部的外轮廓大小相同；最后用胶水将春饼、春卷和萝卜的图案粘贴在纸环上。

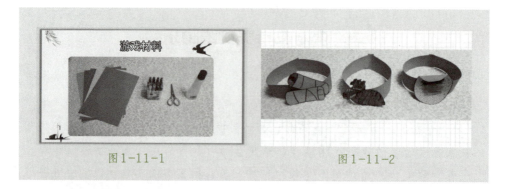

图1-11-1　　　　　　　　　　　　　　图1-11-2

游戏玩法

1. 宝宝和家长参与游戏（以三人为例）。每个家庭成员选择一个头饰戴在头上，并记住自己头上的美食图案和名称，三个人站成一排。

2. 用手心手背的方式选出第一个游戏的人，获胜者最先发言，一边说出自己头上美食的口令，一边做蹲起的动作。如果获胜者头上戴的头饰是春饼，正确的口令便是："春饼蹲，春饼蹲，春饼蹲完春卷蹲。"接着，头上戴有春卷头饰的成员要立即做出反应快速完成下一组口令和动作，游戏依次进行。

3. 家庭成员之间可以互相交换彼此的头饰，通过观察另外两个人的头饰来判断自己的头饰是什么，增加游戏的趣味和难度。

游戏规则

1. 在游戏过程中，每个成员都要认真倾听其他成员说出的口令并快速地做出反应，如果叫到自己，却没有及时地反应过来，则视为游戏失败，要表演一个节目作为"惩罚"。

2. 在游戏中，如果说错口令的句式，如说出的美食并不是传统的咬春美食，则是游戏犯规；如果没叫到自己却站出来说出口令，同样视为游戏犯规，要接受其他两位成员的"惩罚"。

3. 在游戏中要牢记自己的头饰是什么，如果忘记，要通过观察另外两个人的头饰来推测自己的头饰是什么，不能将头饰摘下来偷看，否则视为游戏犯规。

4. 鼓励宝宝自己以图文并茂的方式制作头饰，大胆记录对二十四节气中多元文化元素的感知和理解。

游戏延伸

1. "立春美食蹲蹲乐"是用图文表征立春美食的方式进行的亲子互动游戏。立春节气中的咬春习俗是品尝美食，因此在亲子游戏之后，建议家长在家中烹饪制作立春节气美食，与宝宝共同品尝美食，将亲子游戏与品尝美食相融合，进一步增强宝宝对立春节气文化的感受。

2. 立春是二十四节气中的第一个节气，宝宝可以将另外二十三个节气仿照"立春美食蹲蹲乐"的亲子游戏形式，依据不同节气的民风民俗和传统文化特点，将传统节气文化元素自主设计成多样化的头饰，并以此组织不同主题、种类丰富的蹲蹲乐游戏。

3. 随着家庭成员对游戏熟悉程度的提升，可通过增加手势动作的方式来提升游戏的难度和挑战性，如当说出的口令是"春饼蹲"的时候，游戏成员不仅要做蹲起的动作，同时两手要比画出春饼的轮廓，以此来锻炼身体的协调性和灵活性。具体的动作鼓励家庭成员大胆创编，自信地表现。

家庭教育指导建议

1. 家长根据宝宝的年龄特点和能力水平，调整游戏的时间和游戏的强度，包括灵活调整说口令的语速、节奏和进行肢体动作的速度，既要充分调动宝宝参与游戏的积极性，帮助宝宝体验游戏的乐趣和达到锻炼身体的目的，又要避免宝宝在游戏中过于疲劳。

2. 在游戏前，建议家长和宝宝共同做简单的热身运动，轻轻活动关节，从身心上做好游戏准备，避免拉伤；在游戏中家长要提醒宝宝做下蹲动作时要轻柔，注意保护膝盖；游戏结束后做肢体部位的放松运动，促进血液循环。

3. 在制作咬春美食头饰的过程中，家长要提醒宝宝使用剪刀时应注意安全。此外，可以根据家庭成员的数量灵活调整立春美食的种类和数量，鼓励更多的家庭成员共同参与到亲子游戏中。

宝宝成长评价参照表

评价指标	评价内容	家长评价
运动	1. 能肢体灵活地做蹲起的动作	
	2. 能一边说口令一边协调地做肢体动作	

续表

评价指标	评价内容	家长评价
运动	3. 在游戏前能和家长一起做简单的热身运动	
	4. 游戏结束后能做肢体部位的放松运动	
语言	1. 能正确地使用"x蹲x蹲，x蹲完y蹲"的句式说出游戏口令	
	2. 能说出立春节气的咬春美食，如春饼、春卷和萝卜	
情绪	1. 保持良好的情绪状态，以积极、愉快的情绪参与游戏	
	2. 在未成功完成游戏任务时，能调节和控制情绪	
规则	1. 能认真倾听其他成员说出的口令，不分神	
	2. 在听到指令后能快速地做出反应，无需提醒	
	3. 在游戏过程中，不做大幅度的危险动作，注重保护膝盖	
创新	1. 能在游戏中创编手势动作	
	2. 能创编不同主题、种类丰富的蹲蹲乐游戏	

注：家长可用☆符号进行评价。☆表示一般符合，☆☆表示比较符合，☆☆☆表示完全符合。

12. 我的老师像妈妈

游戏价值

　　音乐是宝宝成长环境中必不可少的部分，也是他们表达自己对周围世界的认识和情绪态度的独特方式。音乐教育对宝宝开发智力、陶冶情操、培养自信、锻炼意志起着举足轻重的作用。歌曲《我的老师像妈妈》节奏欢快，歌词贴近生活，能够激起宝宝参与活动的欲望，使其产生积极、愉快的情绪，有助于宝宝大胆表现对歌曲的理解和感受。此外，将有趣的游戏融入歌曲中，更能激发宝宝参与活动的积极性和主动性，充分发挥宝宝的想象力和创造力。在亲子音乐活动中，家长通过让宝宝充分地感受音乐旋律，和宝宝一起愉快地进行音乐游戏互动，促进亲子关系。

游戏目标

1. 感受音乐的节奏，理解歌曲内容。
2. 能够用肢体动作表现音乐节奏。
3. 在游戏中感受妈妈和老师对自己的爱。
4. 能够与家人进行良好沟通，促进良好亲子关系的形成。

游戏准备

1. 不同的玩偶若干。
2. 音乐《我的老师像妈妈》。

游戏玩法

　　1. 家长与宝宝进行亲子交流。

　　家长请宝宝回忆在幼儿园都有哪些老师，请宝宝说一说老师的名字，说一说老师做过的令人印象深刻的事，唤起宝宝对老师的喜爱之情。接着家长邀请宝宝将家中的毛绒玩具当作幼儿园的小朋友，请这些"幼儿园的小朋友"参与到音乐游戏中。

2. 进行游戏场景布置。

准备好需要的毛绒玩偶，邀请宝宝根据游戏的内容，将玩偶摆放成一个圆形（图1-12-1），宝宝和家长站在圆的中心，同时准备好音乐。

图1-12-1

3. 播放音乐。宝宝和家长跟着节奏一边唱"我的老师像妈妈，像呀像妈妈"，一边互相拍手游戏。

当唱到"宝宝们热爱她，热呀热爱她"时，宝宝和家长跟着节奏上下握手进行律动。

当唱到"妈妈，妈妈放心吧"时，宝宝和家长互相牵着手转圈圈。

当唱到"幼儿园就像我的家"时，家长拥抱宝宝，宝宝把离自己最近的毛绒玩具放到圆圈的中心。

音乐继续播放，宝宝和家长反复进行游戏，直到所有的毛绒玩具都来到圆卷中心，游戏结束。

4. 家长和宝宝进行情感交流。老师就像妈妈一样在幼儿园陪伴着宝宝，加深宝宝对幼儿园和老师的感情。

🔒 游戏规则

1. 根据音乐的节奏，进行亲子音乐游戏动作的表现。

2. 一段音乐结束后，宝宝要把离自己最近的毛绒玩具放到圆圈的中心，不可以随意选取毛绒玩具。

📖 游戏延伸

1. 尝试不一样的音乐动作。在带领宝宝进行音乐游戏的过程中，家长可以根据宝宝的喜好，自创音乐游戏动作，让宝宝更愿意用动作表现音乐，感受音乐带来的不一样的快乐体验。

2. 家长可以更换不同的贴近宝宝生活的音乐，带领宝宝尝试利用其他音乐进行音乐律动游戏，发挥宝宝的想象力和创造力。

家庭教育指导建议

1. 宝宝在美妙的歌曲中可以做拍拍手、交叉握手、转圈圈、抱一抱、取玩具、放玩具等动作，感受歌曲的节奏，回忆幼儿园的美好生活。

2. 宝宝在摆放玩具前，可以在地板上做好标记，按照标记摆放。

3. 起初可以由家长引领宝宝有意靠近某一玩具转圈圈，熟悉游戏后，家长可询问宝宝想请哪个"伙伴"，有目的和方向地转圈圈。

4. 家长多与宝宝进行交流合作，在音乐中创意不同的游戏方式，体验亲子游戏的快乐。

宝宝成长评价参照表

评价指标	评价内容	家长评价
健康	1. 能保持愉快的情绪	
	2. 能分享自己的情绪，并告诉家人，一起分享快乐	
	3. 能恰当表达和调控自己的情绪	
艺术	1. 经常唱唱跳跳，愿意参加歌唱、律动、舞蹈等活动	
	2. 能倾听各种好听的声音，同时用自己的方式表达对音色、强弱、快慢的感受	
	3. 能用律动或简单的舞蹈动作，表达自己的情绪	
	4. 能够积极参与到喜欢的音乐活动中	

续表

评价指标	评价内容	家长评价
社会	1. 能积极参与合作性的游戏活动	
	2. 掌握与他人合作开展游戏的方法	
语言	1. 喜欢和家人进行交谈，分享自己感兴趣的语言	
	2. 能够清楚地表达自己的想法	

注：家长可用☆符号进行评价。☆表示一般符合，☆☆表示比较符合，☆☆☆表示完全符合。

第二部分
亲子益智游戏

　　亲子益智游戏是增进亲子关系、培养宝宝智力、情感、品质等的有效途径。在亲子日常互动中，开展益智游戏能够让家长根据宝宝年龄和身心特点，引导他们认识理解游戏的玩法、规则，启发智力、丰富认知、促进能力、提升品质。

　　本章包含了数学、科学、棋类等多种类型的亲子益智游戏活动方案，通过亲子间的共同探索和体验，可以激发宝宝主动学习的兴趣，实现更加有效的思维与智力开发。在完成游戏时，宝宝需要遵守相应的游戏规则，使其养成讲文明、讲规矩的良好习惯，形成自律的意识。在开展益智游戏的过程中，宝宝也需要一定的与家长协作的意识，会通过一定的语言、肢体等交流，进一步拉近亲子之间的距离，长此以往可以增进宝宝的沟通、合作等社会性交往能力和品质。此外，益智游戏内容和元素的设定会有意识地融入人文资源内涵，支持宝宝进一步了解民族文化、地域文化、生活常识等认知经验，并且还能在原有基础上对益智游戏的玩法进行创新，提升游戏力和创造力。

亲子益智游戏

1. 智慧双色棋

游戏价值

　　"智慧双色棋"是一款亲子棋类游戏，它以传统的棋类游戏为基础，融入亲子互动及体能游戏等创新元素，不仅有助于增进亲子间的感情，还能锻炼宝宝的思维能力、判断能力和动手能力，为宝宝的全面发展打下坚实的基础。此外，亲子棋类游戏更是一种非常有益的活动，家长和宝宝可以培养共同的爱好和兴趣，增加亲子间的互动和交流。

游戏目标

　　1. 知道并能理解智慧双色棋游戏的规则和玩法。
　　2. 能够遵守棋类游戏规则，与家长完成双色棋的对弈。
　　3. 感受数学思维在棋类游戏中的应用，喜欢棋类游戏。

游戏准备

　　1. 白纸；
　　2. 水彩笔；
　　3. 两种颜色的瓶盖，每种颜色各3个（或积木、雪花片等小物品）；
　　4. 两种颜色的纸杯，每种颜色各3个（或纸盘、水瓶等大物品）。

游戏玩法

　　玩法一：双人对弈
　　1. 先在白纸上画一个大大的正方形，然后取各边的中点进行连接，再把对角进行连接，画成一个大大的米字形（图2-1-1）。宝宝可以尝试独自完成，家长在一旁进行指导和协助。
　　2. 准备两种颜色的瓶盖，每种颜色各3个。如果家中没有瓶盖，可以用生活中其他常见的物品代替，如积木、雪花片等。
　　3. 家长和宝宝分别选择不同颜色的瓶盖作为棋子（图2-1-2），用"石头剪刀布"的方式决出先后手。
　　4. 胜方先出棋。每次只能沿棋盘上的线移动一步棋。

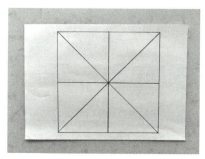

图2-1-1

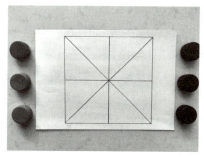

图2-1-2

5. 率先把三枚同色的棋子移动到一条直线（横向、竖向、斜向都可以）上的一方获得胜利（图2-1-3）。

玩法二：户外双色棋

1. 家长和宝宝可以选择在户外或宽阔的场地上进行游戏。

2. 在地上绘制一个米字形棋盘，用纸杯当棋子。共需两种颜色的纸杯，每种颜色的纸杯各三个。然后距离棋盘30 cm～80 cm处画一条直线，规定为游戏的起始点（图2-1-4）。

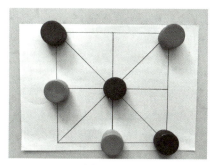

图2-1-3

图2-1-4

3. 家长和宝宝分别手持棋子一同站在起跑线上准备。游戏开始后，两人从两侧出发，向棋盘跑去。

4. 每人每次可将一枚棋子放入棋盘内，完成后折返跑回起点处，继续转身拿起下一枚棋子运送到棋盘中，以此反复，直至三枚棋子都放置在棋盘内。率先把三枚棋子放在一条直线上的一方获胜。

5. 若三枚棋子放完后没有人胜出，则继续折返至起点线，再跑回棋盘处调整自己其中一枚棋子的位置，重复上述动作，直到某一方胜出。

玩法三：多人接力

1. 需选择户外较为宽阔的活动场地开展游戏。在地上绘制米字形棋盘，用纸杯当棋子。共需两种颜色的纸杯，每种颜色的纸杯各三个。

2. 可以多人参加游戏，分成数量相同的两队。每队选手各排成一队站在起点，采用接力的形式进行双色棋游戏。

3. 游戏开始后，两队第一名选手一起出发。每队选手轮流上场摆放、挪动棋子。

4. 游戏采用双色棋规则，每名选手摆放棋子或走完一步后必须立刻离场，折返回自己队伍的最后。然后，下一名选手进入游戏区域继续游戏。

5. 若棋子放完后没有胜出方，则需继续接力调整本队棋子的位置。但是每人每次只能移动一步棋子。两队接力游戏，直到其中一方把三枚棋子连成一线获得胜利，才可结束游戏。

🔒 游戏规则

1. 每人选择一种颜色作为自己的棋子。
2. 每次只能出一枚棋子，两方交替出棋。
3. 一个交叉点上只能放一枚棋子。
4. 每次出棋子，只能沿棋盘线移动一步。
5. 最先把自己的三枚棋子连成一条线的为获胜方。
6. 不能悔棋。

🎮 游戏延伸

1. 可以通过增加棋盘大小和棋子的数量（图2-1-5），增加游戏的难度。

2. 可以通过变换棋盘的形状（图2-1-6），加大游戏的难度，增强游戏的趣味性，从而也能激发宝宝的兴趣和挑战欲。

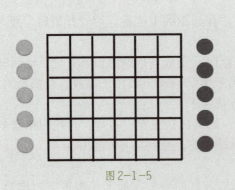

图2-1-5

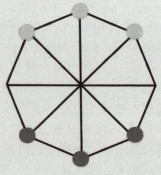

图2-1-6

家庭教育指导建议

1. 家长可以在游戏开始前与宝宝一起讨论并制定双色棋的规则，如双方轮流出棋、不能悔棋等，通过这种方式可以强化宝宝遵守规则的意识，帮助他们在游戏中学会遵守规则，从而培养良好的行为习惯。

2. 家长可以和宝宝一起收集各种材质的物品作为棋子，如塑料瓶盖、木块等，同时还可以协助宝宝绘制不同类型的棋盘，让宝宝在实践中培养收集和动手的能力。

3. 家长可以在棋子上绘制各种动物、植物的小标识，然后将它们粘贴在棋子上，融入故事情节，增强游戏的趣味性。此外，家长还可以绘制垃圾分类图标、食物链图标等，让宝宝在游戏中学习认知类常识，掌握各类知识。

4. 在游戏结束后，家长应该及时带领宝宝复盘游戏过程，如对弈双方都要想办法让自己的三枚棋子连起来，同时还要阻止对方的棋子连起来等。总结游戏经验，可以帮助宝宝提升逻辑能力和思维品质，有利于其养成良好的思维习惯。此外，复盘过程还可以帮助宝宝理解自己的错误并加以改正，从而在以后的游戏中获得成功。

5. 家长可以在游戏中教授宝宝一些社交礼仪，如在游戏中尊重对手、不轻易放弃、输赢不抱怨等。通过这种方式，家长可以让宝宝在游戏中学会尊重他人、调节情绪，从而培养良好的社交习惯。

宝宝成长评价参照表

评价指标	评价内容	家长评价
认知与思维	1. 感知棋盘形状，能完整地画出棋盘	
	2. 感知物体基本的空间位置和移动方位，能按棋类的某一特征进行分类	
	3. 知道并能理解游戏的规则和玩法	
	4. 能根据整体与局部的关系，进行简单推理，并根据棋局变化调整自己的棋子布局	
	5. 能通过不断尝试和反思，学习总结经验教训，从而改进自己的技术和策略	
倾听与表达	1. 能主动与游戏伙伴沟通、交流	
	2. 能倾听他人话语，并敢于表达自己的想法	
	3. 在游戏中能够积极回应他人的需求和请求，表现出积极的社会交往态度和行为	

续表

评价指标	评价内容	家长评价
规则与秩序	1. 能够主动遵守游戏规则	
	2. 与游戏伙伴发生冲突时，能相互倾听、积极思考，用协商的方式解决矛盾和冲突，使游戏顺利进行下去	
坚持与抗挫力	1. 能坚持完成游戏	
	2. 遇到困难或比赛失败后，能主动尝试想办法，并乐于再次开始游戏	
	3. 在游戏中遇到困难时，能主动寻求帮助，并尊重他人的建议，以达成共识	
主动参与	1. 熟练掌握游戏玩法，能独立地进行游戏	
	2. 能主动发起活动，并且愿意自主选择游戏的地点，能按照自己的意愿使用游戏材料，制订游戏规则	
	3. 能运用自己的知识和技能，发挥想象力和创造力，创造出独特的游戏内容和玩法	
专注	1. 情绪稳定、自然，能积极专注地投入活动中	
	2. 能够专注地完成游戏，并不受外界干扰	

注：家长可用☆符号进行评价。☆表示一般符合，☆☆表示比较符合，☆☆☆表示完全符合。

游戏价值

　　本游戏聚焦图形及其对应、创意拼摆、小肌肉发展等技能，在满足宝宝学习与发展规律的基础上，以趣味性、互动性、游戏性为主，通过层次递进、亲子互动、多维并进的方式，帮助宝宝感知形状与空间的关系，锻炼手部动作的灵活协调，并感受家庭生活的温暖。

　　良好的亲子关系是家庭教育的核心目标，有助于宝宝更好地挖掘和发挥自己的潜能。本游戏帮助家长了解宝宝对图形的理解并感知宝宝小肌肉的发展情况，便于家长在今后的家庭教育中开展针对性的指导和帮助，促进宝宝全面均衡的发展。同时，趣味的活动给家长提供了启发式、鼓励式、引导式等有效的教育方法，以及由简到难、层层递进、关联生活等适宜的教育策略，为家长建立科学合理、符合宝宝发展与需求的教育理念打下基础。

游戏目标

　　1. 知道生活中的每种物品都有不同的形状。
　　2. 通过图形配对游戏，认识不同图形。
　　3. 尝试应用各种图形进行创意拼摆。
　　4. 通过剪纸游戏，锻炼小肌肉动作能力并增强手眼协调能力。
　　5. 体验亲子游戏的快乐，增进亲子感情。

游戏准备

　　生活中形状比较明显的物品若干，记号笔、白纸，剪刀、画笔、胶棒。

游戏玩法

玩法一：有趣的图形
1. 寻找生活中形状特征明显的物品，如香水瓶、牙签盒、遥控器等。

2. 将物品平放在白纸上，一只手按住物品，保持物品的稳定，另一只手用记号笔沿着物品外轮廓进行描画，将物品轮廓描画在白纸上（图2-2-1）。

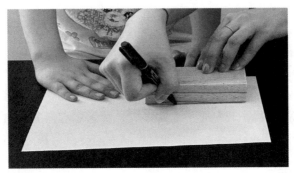

图 2-2-1

3. 家长指导宝宝辨识白纸上的图形，了解图形的名称及特征。

玩法二：图形配对

1. 准备生活中3个或3个以上形状特征明显的物品。

2. 将物品的外轮廓描画在一张白纸上。

3. 家长指导宝宝观察图形的外部特征，寻找与图形相符的物品，并进行配对（图2-2-2）。

玩法三：涂色游戏

1. 准备生活中形状特征明显的物品若干。

2. 将物品的外轮廓描画在一张白纸上。

3. 家长指导宝宝选择自己喜欢的画笔颜色，为图形涂上不同的颜色（图2-2-3）。

图 2-2-2

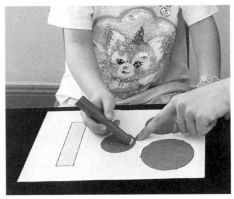

图 2-2-3

玩法四：创意拼摆

1. 准备涂好颜色的图形若干。

2. 用剪刀沿图形外轮廓将图形剪下来（图2-2-4）。

3. 想一想这些图形像什么，可以变成什么图案，将不同的图形进行拼摆，创意拼摆出新的图案。

4. 用胶棒将新的图案粘贴在白纸上（图2-2-5）。

5. 形成完整的作品。

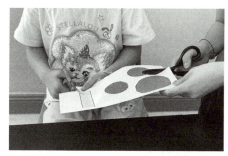
图2-2-4

图2-2-5

🔒 游戏规则

1. 描画物品外轮廓时，要保证线条均连接在一起，图形外轮廓清晰。

2. 开展涂色游戏时，颜色要均匀不留白，并且不能将颜色涂到轮廓外面。

3. 图形的拼摆必须在一个平面进行（图2-2-6），不可以通过叠放、遮挡部分图形组成新图形（图2-2-7）。

图2-2-6

图2-2-7

4. 可以拼搭成立体图形（图2-2-8）。

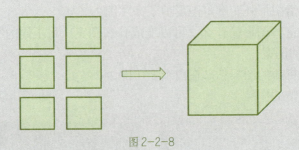

图2-2-8

5. 所有游戏均为亲子游戏，需要家长的陪同与配合，促进宝宝能力的培养与提升。

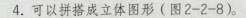 游戏延伸

1. 很多物品的外形包含多个形状，可以描画物品的不同面，感受图形的组成与变化，为感知立体图形做好基础。例如，笔记本的正面是正方形，侧面是长方形，等等。

2. 同一个形状有大小的区别，可以先描画出不同大小的同一图形，再将图形剪下来，通过比较的方法，感知图形的大小。例如，盘子、碗、碟子都是圆形的，将它们的图形描画出来，剪下来后得到三个大小不一的圆形，通过观察比较，按照大小顺序排列。

3. 开展分类游戏，按照图形、颜色、大小开展分类游戏。例如，宝宝在涂色时，涂了红色、绿色、黄色的图形，按照颜色将图形进行分类。

4. 开展找相同游戏。例如，一维游戏，找相同，找到符合图形、颜色、大小其中一种条件的相同的图形；二维游戏，找到符合图形+颜色、图形+大小、颜色+大小的两种条件的相同的图形；三维游戏，找到符合图形、颜色、大小所有条件的相同的图形。

5. 开展规律排序游戏。例如，一维游戏，找相同，以图形、颜色、大小其中一种条件开展排序游戏；二维游戏，以图形+颜色、图形+大小、颜色+大小的两种条件开展排序游戏。

家庭教育指导建议

1. 生活中物品的准备要选择宝宝熟悉且形状规则的，如圆形的牙签筒、长方形的遥控器等。

2. 物品的准备要考虑到宝宝的前期经验，以递进式的形式指导宝宝对图形的感知。例如，先从常见的圆形、三角形、正方形开始，然后是长方形、梯形、椭圆形，最后是有难度的心形、扇形、多边形等。

3. 涂色游戏需要考虑到宝宝的前期经验，年龄较小的宝宝可以选择蜡笔，并且在比较大的图形中进行涂色游戏。

4. 家长要正确掌握多种游戏的玩法，尝试应用启发式、鼓励式、引导式的教育方法使宝宝持续进行游戏。

5. 使用剪刀时要注意安全。

6. 游戏结束之后，要整理工具，将垃圾清理干净，保持卫生和整洁。

宝宝成长评价参照表

评价指标	评价内容	家长评价
认知与思维	1. 认识常见的几何图形	
	2. 能利用常见的几何图形有创意地拼搭新图形	
精细动作	1. 能用正确的姿势握笔	
	2. 熟练使用剪刀	
	3. 能在线内均匀涂色，且不涂到轮廓线外	
	4. 能沿轮廓线剪出边线吻合平滑的图形	
观察与比较	能通过观察、比较，将立体的物品与平面图形相对应	
卫生习惯	能在游戏后整理材料，清理垃圾	
注意力	1. 能专注于游戏活动	
	2. 不受外界事物的干扰	
情绪状态	1. 保持良好的情绪状态，以积极、愉快的情绪参与游戏	
	2. 在难以完成目标等情况下出现情绪波动时，能在家长的引导下调整自己的情绪状态	
	3. 在难以完成游戏时，愿意多次尝试	

注：家长可用☆符号进行评价。☆表示一般符合，☆☆表示比较符合，☆☆☆表示完全符合。

3. 沉浮小游戏

🔄 游戏价值

　　科学学习的核心是激发探究欲望，培养探究能力，宝宝通过直接感知、亲身体验和实际操作来探索发现生活和周围的事物与现象。利用常见的水来进行探究沉浮现象的科学游戏，可以建立亲子沟通和科学教育的双向桥梁。宝宝在玩水过程中会发现很多有趣的现象。探究过程中，宝宝自主建构知识经验，在实验操作前运用已有经验进行猜想和判断，再通过操作验证自己的想法，通过亲身体验沉浮实验，运用多种方式进行探索，有利于培养科学探究能力和表达能力，促进全面发展。

　　科学实验是家长与宝宝平等交流、共同成长的典型亲子游戏类型。家长在陪伴宝宝进行科学实验的探究过程中，既能丰富宝宝对科学现象的认知，增长宝宝的科学经验，同时还能与宝宝一起发现身边的科学现象，让宝宝在信赖、信任与安全的亲密环境中，更加认真专注地进行科学探究，增加亲身体验，激发探索兴趣。同时，亲子科学实验游戏能增加家长与宝宝有效的对话和沟通，通过科学提问、有效回应和亲密合作，宝宝会对家长产生更多健康的依赖和信任，使亲子关系更加紧密和谐。

◎ 游戏目标

1. 感知物品在水中的沉浮现象。
2. 能大胆猜想实验结果，并画出猜想的结果。
3. 能自主操作进行实验，并记录下观察到的实验现象。
4. 体验自主动手进行科学实验游戏的乐趣，对科学实验感兴趣。

🔧 游戏准备

1. 积木、钥匙、乒乓球、泡沫、瓶盖、汤勺等材料。
2. 装满水的透明水箱或透明水盆。
3. 彩笔、记录纸。

游戏玩法

1. 家长引导宝宝在家里自主寻找积木、钥匙、乒乓球、泡沫、瓶盖、汤勺等相关材料，帮助宝宝共同准备好透明水箱（图2-3-1）。

图2-3-1

2. 在透明水箱中装满水，让宝宝先观察感知材料，然后猜想每一种材料投入水中会出现什么现象。是沉下去还是浮上来。宝宝用自己的语言向家长描述，最后，按照自己的想法画出猜想结果（图2-3-2）。

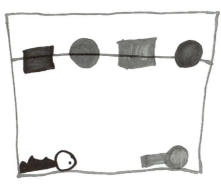

图2-3-2

3. 宝宝将材料逐一轻轻地放入装满水的透明水箱中。

4. 材料被全部投放后，家长引导宝宝仔细观察透明水箱中每一种材料的沉浮现象，然后说一说"结果和猜想的一样吗？哪里一样？哪里不一样？"宝宝根据实验结果验证自己的猜想。

5. 最后，家长引导宝宝将观察到的沉浮现象用自己的方式记录在画纸上。

🔒 游戏规则

1. 在操作前，先要提出自己的猜想，并画出猜想结果，再进行验证。

2. 在操作过程中，材料需逐一放入水中，进行观察记录，不可同时同步倒入水中。

3. 操作完成后，再一起记录不同材料的沉浮现象，避免实验中途画纸被水打湿。

📖 游戏延伸

1. 探索多种不同材质的材料。

家长可引导宝宝探索不同材质的实验材料，并将实验材料按沉浮特征进行分类整理，总结沉浮规律，丰富宝宝的游戏经验。

2. 探寻沉浮实验的科学原理。

家长可根据宝宝的兴趣继续进行该沉浮现象的科学原理的学习。

3. 挑战改变物体原有沉浮状态的实验游戏。

家长可引导宝宝在原有沉浮实验的基础上继续激发宝宝对浮力的兴趣与探索，通过挑战改变物体原有沉浮状态的实验游戏，让宝宝明白改变物体形状、重量或水的密度都可以改变物体的沉浮状态，帮助宝宝进一步了解浮力的科学知识。

家庭教育指导建议

1. 家长可在满足宝宝兴趣需要的基础上帮助宝宝准备实验材料，注意控制好水箱中的水量，以保证实验安全。

2. 在游戏的过程中，家长应多关注实验过程中宝宝的行为表现，培养宝宝的科学探究精神，在充分猜想、专注实验、清楚表达、清晰表征方面对现阶段宝宝科学能力的发展情况进行观察了解。

3. 家长要充分给予宝宝亲身实践、体验、表达的机会与时间。鼓励宝宝大胆猜想并画出结果，操作时注重宝宝自己的观察发现与记录，支持其如实地记录实验的过程，验证自己的猜想，不要急于给予帮助。

4. 鼓励宝宝寻找其他不同的材料进行实验，发现更多沉浮的秘密。

宝宝成长评价参照表

评价指标	评价内容	家长评价
科学兴趣	1. 乐于探究科学现象，对科学探究充满热情和积极性，有探究精神	
	2. 对发生的科学现象充满好奇，能主动提问	
表达表征	1. 大胆发表自己的猜想	
	2. 探究中，能描述自己发现的现象和结果，愿意分享交流自己的观点	
观察记录	1. 仔细观察，并通过观察比较，发现物体在水中的变化	
	2. 用适宜的方式记录探究过程和发现	
主动探究	1. 能主动进行猜想推理	
	2. 能提出值得继续探究的问题，并设法验证	
实验操作	1. 能动手动脑探索材料，并乐在其中	
	2. 实验有所发现时感到兴奋和满足	
专注力	1. 能耐心地对待实验的过程	
	2. 在游戏过程中，能专注于研究实验	

注：家长可用☆符号进行评价。☆表示一般符合，☆☆表示比较符合，☆☆☆表示完全符合。

4. 纸杯对对碰

游戏价值

纸杯对对碰是一款益智类游戏，能促进家庭成员之间的互动和合作，适合家长和宝宝一起玩耍。在游戏中，宝宝通过观察和比较画有不同形状的纸杯，从而提高空间感知能力和视觉辨别能力。游戏涉及图形、颜色等元素，有助于锻炼和提高宝宝的记忆力和注意力，提升想象力和创造力，培养创新思维和解决问题的能力。

游戏目标

1. 知道并理解纸杯对对碰游戏的规则和玩法。

2. 能遵守游戏规则，在规定时间内将相同图形的纸杯进行匹配和交换。

3. 体验按图形分类的乐趣，敢于大胆表述自己的发现。

游戏准备

纸杯若干，彩色笔，皮筋制作的拉力器一个。

游戏玩法

玩法一：纸杯图形回家

1. 在纸杯底面画上三角形、圆形、正方形等宝宝熟悉的形状，每种形状画两个（图2-4-1）。

2. 把其中一个纸杯放在桌子上，让宝宝尝试将另一个画有相同形状的纸杯放到第一个纸杯前并对齐。如果成功，则宝宝获得一分。

3. 如果宝宝失败了，家长可以引导宝宝重新摆放纸杯的位置，直到他们正确放置纸杯的位置为止。

4. 继续玩下去，直到所有纸杯都被放置在正确的位置上。

图2-4-1

玩法二：纸杯不见了

1. 将四个相同形状、不同颜色的纸杯摆放在桌面上（图2-4-2）。

2. 宝宝闭上眼睛，家长随机拿走一个纸杯。

3. 宝宝睁开眼睛，通过观察说出家长拿走的是哪个纸杯。可以引导宝宝观察纸杯上的图案或颜色来判断。

4. 宝宝找出正确的被拿走的纸杯即为胜利。

玩法三：纸杯图形接龙

1. 分别在纸杯底面画上几个不同的形状（图2-4-3）。

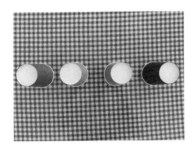
图2-4-2

图2-4-3

2. 宝宝选择一个纸杯作为游戏起点。

3. 宝宝找到与纸杯底端相同形状的纸杯进行接龙。

4. 宝宝继续观察纸杯底端的形状进行接龙，直至纸杯全部被接龙。

玩法四：纸杯对对碰

1. 将纸杯画上大小、形状各不相同的图形，散落放置在桌子上（图2-4-4）。

2. 宝宝通过观察，发现大小、形状都相同的纸杯，家长与宝宝用拉力器将纸杯套住，共同将相同的纸杯套在一起（图2-4-5）。

3. 直至将散落的纸杯都套在一起，游戏即为结束。

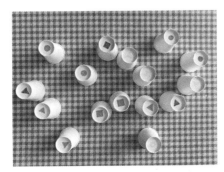
图2-4-4

图2-4-5

🔒 游戏规则

1. 每次游戏只能拿一个纸杯。

2. 当纸杯选择不正确时，需要回到原来的位置，重新进行游戏。

3. 家长与宝宝共同拉拽拉力器时，如果纸杯掉落，则回到游戏起点，重新拉拽拉力器拿起纸杯。

4. 纸杯被放置到正确的位置上即为游戏胜利。

📖 游戏延伸

1. 增加难度：在游戏中加入更多的挑战元素，如时间限制、障碍物等来增加游戏的难度和趣味性，让宝宝能更好地投入到比赛中去。

2. 手工制作：鼓励家长和宝宝一起动手制作不同颜色的纸杯，然后进行对对碰游戏。这不仅可以锻炼手部精细动作，还可以培养宝宝的创造力和合作精神。

3. 角色扮演：让每个家庭成员都扮演一个角色，如爸爸负责指挥，妈妈负责运送纸杯等，然后进行游戏，看看谁能出色地完成任务。这样可以让宝宝更好地理解游戏规则并提高他们的团队协作能力。

家庭教育指导建议

1. 家长可以在游戏前与宝宝一起讨论并制定纸杯图形对对碰的游戏规则，如每次只拿一个纸杯、要轮流进行游戏等，通过让宝宝参与游戏规则的制定，帮助宝宝建立规则意识，更好地提醒宝宝遵守游戏的规则，形成良好的行为习惯。

2. 家长可以和宝宝共同制作所需的游戏材料，如用剪刀剪出各种形状的纸杯等，提升宝宝参与游戏的体验感。最大限度地支持和满足宝宝通过直接感知、实际操作和亲身体验获取经验。

3. 家长可以在游戏中对宝宝提供帮助和指导，如提示宝宝如何寻找合适的配对或者鼓励他们坚持不懈地尝试不同的组合方式，更好地构建家长与宝宝之间的亲子关系。

宝宝成长评价参照表

评价指标	评价内容	家长评价
科学探究	1. 能通过观察、比较与分析，发现不同的形状	
	2. 能在观察和探索的基础上，尝试进行简单的分类	
	3. 能将图形进行正确的配对	

续表

评价指标	评价内容	家长评价
科学探究	4. 能根据图形、颜色等特征进行配对	
精细动作	1. 手的动作灵活协调	
	2. 能控制自己的手部动作	
语言表达	1. 能简单描述图形的基本特征	
	2. 能运用词汇描述图形的特征	
合作	1. 能积极参与游戏活动	
	2. 学习合作的技巧，会在游戏中与他人合作	
注意力	1. 能专注于游戏活动	
	2. 不受外界事物的干扰	
创新	1. 能尝试创新更多的纸杯图形玩法	
	2. 敢于大胆创造不同形式的游戏玩法	
情绪状态	1. 在游戏过程中始终保持心情愉悦	
	2. 在难以完成的情况下出现情绪波动时，能在家长的引导下调整自己的情绪状态	

注：家长可用☆符号进行评价。☆表示一般符合，☆☆表示比较符合，☆☆☆表示完全符合。

5. 水果配颜色

游戏价值

　　亲子游戏"水果配颜色"通过将不同颜色的水果与相应的颜色相匹配，帮助宝宝更好地理解和区分各种颜色之间的差异，有助于发展宝宝对色彩的敏感度和分辨能力。游戏中，宝宝需要根据提示来选择正确的颜色，并尝试用不同颜色的水果进行搭配，这种自由发挥的空间可以激发他们的想象力和创造力。通过参与游戏，家长和宝宝之间可以建立更紧密的联系，这个过程不仅可以让宝宝感受到家长的关爱和支持，还可以让家长了解宝宝在成长中的兴趣爱好和能力水平。

游戏目标

　　1. 了解不同水果的颜色特征，增加对水果的认知。

　　2. 提高对色彩的辨识能力，培养对颜色的敏感度。

　　3. 在活动中锻炼动手能力和创造力。

游戏准备

　　矿泉水瓶4个，白纸4张，剪刀，双面胶，各色颜料。

游戏玩法

　　1. 首先把准备好的矿泉水瓶里装满水。

　　2. 在白纸上画出水果宝宝的图案，家长可以帮助宝宝一起完成。家长用铅笔画出水果的轮廓，宝宝用彩笔把水果的图案描出来（图2-5-1）。

　　3. 把画好的水果一个一个沿着轮廓剪下来（草莓、鸭梨、橘子、葡萄等），其他的部分不要破坏。宝宝可以和家长合作，宝宝画家长剪。

　　4. 把剪好的水果贴到瓶子上。

　　5. 在瓶盖里涂上颜料（图2-5-2）。

　　6. 涂好瓶盖后，把它们盖在对应的瓶子上。家长与宝宝进行互动提问。

　　家长：你知道草莓是什么颜色的吗？宝宝：草莓是红色的。宝宝将有红色颜料的瓶盖盖在贴着草莓图案的水瓶上。

图2-5-1

图2-5-2

家长：你知道鸭梨是什么颜色的吗？宝宝：鸭梨是黄色的。宝宝将有黄色颜料的瓶盖盖在贴着鸭梨图案的水瓶上。

家长：葡萄又是什么颜色的呢？宝宝：葡萄是紫色的。宝宝将有紫色颜料的瓶盖盖在贴着葡萄图案的水瓶上。

家长：橘子又是什么颜色的呢？宝宝：橘子是橙色的。宝宝将有橙色颜料的瓶盖盖在贴着橘子图案的水瓶上。

7. 将瓶盖盖好，摇摇瓶子，观察颜色的变化。

🔒 游戏规则

根据宝宝对水果颜色的认知，将水瓶和瓶盖进行正确地配对。例如草莓是红色，鸭梨是黄色，葡萄是紫色，橘子是橙色。也可以通过儿歌记忆或验证水果的颜色。

水 果 歌

什么水果红红的？草莓草莓红红的。

什么水果黄黄的？鸭梨鸭梨黄黄的。

什么水果紫紫的？葡萄葡萄紫紫的。

什么水果橙橙的？橘子橘子橙橙的。

🌱 游戏延伸

1. 制作水果拼图。将不同颜色的水果切成小块，然后将这些小块拼成一个完整的新的图案。家长和宝宝一起完成拼图，通过观察水果的颜色和形状来找出合适的搭配。这个活动可以帮助宝宝锻炼手眼协调能力和空间想象力。

2. 手工制作水果画。使用彩色纸、剪刀和胶水等材料，让宝宝自己动手制作一幅水果画。家长可以提供一些简单的指导和建议，帮助宝宝发挥创造力和想象力来创作自己的作品。

3. 做一份水果沙拉。准备各种水果，如苹果、香蕉、草莓等，切成适当大小的块或片混合在一起做成水果沙拉。家长可以给宝宝示范如何切水果，并引导宝宝尝试不同的搭配方式，培养宝宝的色彩感知能力。

4. 进行水果拼图比赛。将水果拼图分成相同的若干组，家庭成员平均分成相应的组。组员需要合作完成拼图，并在规定时间内找到最多的配对。最后比较各组的得分，看哪一组获胜。这个活动可以促进亲子之间的互动和合作，同时也能够增强宝宝的竞争意识和团队合作能力。

家庭教育指导建议

1. 增强亲子之间的互动和沟通，促进家庭和谐。家长和宝宝可以共同参与，分享彼此的想法和观点。同时，家长可以通过亲子互动来了解宝宝的兴趣爱好和想法，从而建立更好的亲子关系。

2. 家长应该给予积极的鼓励和支持，使宝宝感到自己的能力得到了认可。同时也要注意不要过于苛刻，以免打击宝宝的自信心。

3. 在活动中，宝宝使用剪刀时要注意安全，也可以让家长协助完成，要注意确保宝宝的安全。避免使用尖锐物品作为道具，以免造成伤害。同时还要注意保持室内环境的整洁和安全卫生。在使用颜料时，可以准备一条毛巾，方便擦手。

4. 家长可以和宝宝探讨其他水果的颜色，也可以继续给香蕉、苹果、西瓜等水果配颜色。

宝宝成长评价参照表

评价指标	评价内容	家长评价
科学	1. 能在游戏中认识身边常见的水果	
	2. 具有初步的探究能力	
动作	1. 手部动作灵活协调	
	2. 能用剪刀沿轮廓线剪，边线基本吻合	
语言	别人对自己说话时能注意倾听并作出回应	
对应	能将水果和颜色进行正确的配对	

续表

评价指标	评价内容	家长评价
合作	1. 能积极地参与需要合作的游戏活动	
	2. 学习协作的技巧，能在游戏中与其他人协作	
	3. 愿意与熟悉的长辈一起活动	
注意力	1. 能专注于游戏活动	
	2. 不受外界事物的干扰	
创新	能在原有游戏的基础上，尝试创新更多的水果和颜色配对的玩法	
情绪状态	1. 能在游戏中始终心情愉悦地积极参与	
	2. 在难以完成的情况下出现情绪波时，能在家长的引导下调整自己的情绪状态	

注：家长可用☆符号进行评价。☆表示一般符合，☆☆表示比较符合，☆☆☆表示完全符合。

6. 有趣的静电小游戏

游戏价值

"有趣的静电小游戏"是一个教育与娱乐相结合的亲子游戏,通过一系列有趣的科学实验引导宝宝了解和探索静电现象。宝宝不仅能够理解静电是如何产生的,还能发现科学原理在日常生活中的应用,从而激发对科学的好奇心和兴趣。

在家长的引导和参与下,宝宝将通过实际操作和观察,学习静电的基本知识和原理。例如,通过摩擦气球和头发来产生静电;观察气球如何吸引轻质物品等。这些实验有利于增强宝宝的观察力和实验操作能力,发展他们的逻辑思维能力和问题解决能力。

游戏目标

1. 理解静电的基本原理和日常生活中的静电现象。
2. 学习观察静电效应并能够进行简单的实验操作。
3. 提升科学探究的兴趣和实验技能。
4. 与家长一起进行亲子交流,增强合作与沟通能力。

游戏准备

1. 气球、塑料勺子、毛巾。
2. 细线、胡椒粉、盐、深色卡纸。
3. 玻尿酸纸片、剪刀、彩笔、纸巾。
4. 塑料杯、牙签、吸管等其他简单的日常用品。

游戏玩法

玩法一:气球与牙签的静电实验

1. 家长先帮宝宝准备好透明杯子和牙签(图2-6-1)。家长负责将细线的一头粘在牙签上,然后把细线的另一头固定在杯中底部。

2. 家长倒扣杯子,确保牙签悬空(图2-6-2)。让宝宝轻轻地触碰牙签,感受其摆动。

图2-6-1

图2-6-2

3. 家长拿着气球在自己的头发上蹭，直至产生静电（图2-6-3）。引导宝宝观察气球靠近牙签时牙签的反应。

图2-6-3

玩法二：胡椒粉的静电舞蹈

1. 家长和宝宝一起在卡纸上撒上胡椒粉和盐（图2-6-4），宝宝可以轻轻混合它们。

2. 家长用干净的塑料勺子在混合粉末上方移动（图2-6-5），然后让宝宝自己尝试，看看粉末是否有反应。

图2-6-4

图2-6-5

3. 接着家长将勺子在毛巾上摩擦产生静电，宝宝再将勺子放在粉末上方，观察胡椒粉的变化。

玩法三：纸恐龙的静电舞蹈

1. 宝宝在白纸上画出小恐龙，家长帮忙剪下，然后一起将恐龙粘贴在卡纸底部（图2-6-6）。

2. 宝宝可以用手摸摸恐龙，感受它的纹理，家长则展示如何将吸管在头发上摩擦（图2-6-7）。

图2-6-6

图2-6-7

3. 家长让宝宝尝试用摩擦后的吸管靠近小恐龙，观察小恐龙是不是像在跳舞（图2-6-8）。

图2-6-8

🔒 游戏规则

1. 共同参与：家长应与宝宝一起参与每个实验的准备和操作。例如，家长可以负责准备材料，与宝宝一起操作，而宝宝主要负责观察和描述实验结果。

2. 安全第一：所有实验操作都必须在家长的监督下进行。尤其在使用剪刀或其他可能存在安全风险的工具时，家长应亲自操作或确保宝宝能安全使用。

3. 观察记录：家长应鼓励宝宝对每个实验的观察结果进行描述，并记录下来。这有助于培养宝宝的观察能力和表达能力。

4.互动交流：实验过程中，家长应与宝宝进行交流，鼓励宝宝提问和分享自己的想法，同时家长可以提供解释和引导，增强亲子间的沟通。

5.轮流操作：在实验中，家长和宝宝应轮流进行操作，如轮流摩擦气球或勺子，这样每个人都有机会感受静电的产生。

游戏延伸

本游戏可以通过一些创意方法进一步延伸。例如，家长可以引导宝宝探索家中的其他物品，如塑料梳子、尼龙衣物等，来观察它们在摩擦后能否产生静电效应。宝宝可以尝试用这些物品接近小纸片或轻质物体，看看能否引起类似的反应。这种探索活动不仅增加了实验的趣味性，还能让宝宝了解静电现象。

家庭教育指导建议

第一，家长应该在游戏开始前向宝宝解释静电的基本概念和实验的目的，帮助他们初步建立科学认知。在实验过程中，家长应鼓励宝宝自己观察和操作，同时提供必要的安全指导和技术帮助。

第二，家长在实验中的角色不仅是指导者，还应是激励者。当宝宝对实验产生兴趣或提出问题时，家长应给予积极的反馈和解答，激发他们的好奇心和探究精神。

宝宝成长评价参照表

评价指标	评价内容	家长评价
科学探究能力	能够对静电现象表示好奇，主动探索不同物品的静电效应，提出问题和假设	
观察能力	在实验中能仔细观察静电效果，如气球吸引牙签或胡椒粉的细微变化	
实验操作技能	能够按照指导正确操作实验，如正确摩擦气球产生静电，小心精准地进行实验操作	
思维和解析能力	能根据观察结果提出自己的解释，如解释为何气球能吸引牙签，以及胡椒粉对塑料勺子发生反应的原因	

续表

评价指标	评价内容	家长评价
沟通和表达能力	在实验过程中能够清晰地表达自己的观察结果和想法，与家长进行有效沟通	
创新和尝试精神	愿意尝试不同的实验材料和方法，展现出创新思维，如尝试不同物品的静电效果或探索静电的其他用途	
合作和参与度	能积极参与，与家长合作完成实验任务，表现出良好的合作态度和参与兴趣	

注：家长可用☆符号进行评价。☆表示一般符合，☆☆表示比较符合，☆☆☆表示完全符合。

7. 小积木找家

🔄 游戏价值

　　"小积木找家"是一个亲子互动的记忆游戏，该游戏可以调动宝宝的视觉记忆，加速大脑运动；也可以提高宝宝的听觉记忆能力，让宝宝专注于倾听并记住复杂的指令，通过大脑反馈连接语言系统，激发宝宝的表达欲望，有利于促进和提升观察、倾听、记忆、表达、专注等能力，同时也能在游戏互动中增进亲子沟通交流，建立良好的亲子关系。

◎ 游戏目标

　　1. 知道并能理解游戏的规则和玩法。

　　2. 能够遵守游戏规则，通过空间记忆将家长拼摆的图形在格子中找到准确位置并放置。

　　3. 感受空间记忆在游戏中的应用，喜欢参与记忆游戏。

🔧 游戏准备

　　1. 分别画有6格的白纸（图2-7-1）。

　　2. 两组相同颜色和形状的积木（图2-7-2）。

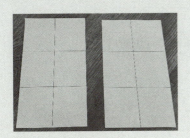

图2-7-1

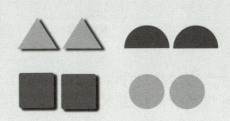

图2-7-2

🎺 游戏玩法

玩法一：6格3记忆拼摆

1. 先在白纸上画一个包含6格的长方形。年龄较大的宝宝可以尝试单独进行绘制，家长在一旁进行指导。对于年龄小的宝宝，家长可以协助宝宝画好6格。

2. 准备三组颜色形状相同的积木块
（图2-7-3）。如果家中没有积木块游戏材料，
可以用生活中其他常见的物品代替，如瓶盖、
雪花片等。

图2-7-3

3. 家长先在6格中放入3块积木，宝宝在
家长拼摆过程中需要闭眼安静等待，在拼完成后才可以进行观察。

4. 宝宝进行瞬间记忆后拼摆积木块到正确位置（图2-7-4），拼摆过程中
家长可以计时记录。

5. 宝宝拼摆完毕后，家长将拼摆的格子进行位置对比（图2-7-5），共同
查看是否一致，一致为成功。

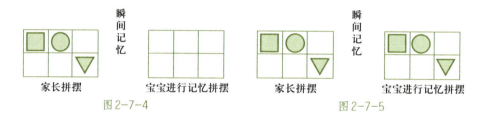

图2-7-4　　　　　　　　　　　　　　　图2-7-5

玩法二：6格4块积木记忆拼摆（图2-7-6）

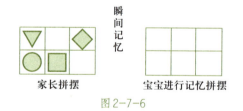

图2-7-6

玩法三：9格3块积木记忆拼摆（图2-7-7）
玩法四：9格4块积木记忆拼摆（图2-7-8）

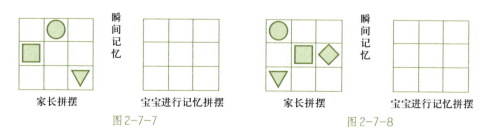

图2-7-7　　　　　　　　　　　　　　　图2-7-8

 **游戏规则**

1. 家长拼摆积木的过程中，宝宝需要闭眼安静等待，拼摆完毕后才可以进行观察。

2. 宝宝进行瞬间记忆与拼摆积木时，家长可以进行计时记录。

3. 宝宝拼摆过程不可以查看家长的拼摆位置。

游戏延伸

1. 可以通过增加游戏格子和积木的数量或减少记忆时间增加游戏难度（图2-7-9）。

家长拼摆　　　　　　　宝宝进行记忆拼摆

图2-7-9

2. 可以通过变换拼摆的物品（在家中随处可见的物品），加大游戏的难度，增加游戏的趣味性。从而激发宝宝的兴趣和挑战欲。挑选几样宝宝熟悉的物品，摊开放在他们面前，并一一询问宝宝物品的名称。确认宝宝知道所有物品后，请他们闭上眼睛，家长则从中挑选物品并藏起来（或将留在宝宝眼前的物品的摆放位置打乱）。藏好后，请宝宝睁开眼睛并指出是什么物品消失了。

家庭教育指导建议

1. 家长可以在游戏开始前与宝宝一起讨论并制定游戏的规则，如宝宝瞬间记忆的时间等，通过这种方式可以强化宝宝遵守规则的意识，帮助他们在游戏中学会遵守规则，从而培养良好的行为习惯。

2. 家长可以和宝宝一起收集家中各种常见的物品作为游戏材料，如玩偶、椅子、垃圾桶等，同时还可以协助宝宝绘制不同的拼摆格子，让宝宝在实践中培养收集和动手能力。

3. 在游戏结束后，家长应该及时带领宝宝复盘游戏过程，如瞬间记忆的方法等。通过总结游戏经验，可以帮助宝宝提升逻辑思维和空间记忆能力，有利于养成良好的学习品质。此外，复盘过程还可以帮助宝宝理解自己的错误并加以改正，从而在以后的比赛中取得更好的成绩。

4. 家长可以在游戏中教授宝宝一些社交礼仪，如在游戏中尊重对手、不轻易放弃、无论输赢都不抱怨等。通过这种方式，宝宝可以在游戏中学会尊重他人、友好待人，从而培养良好的社交习惯。

宝宝成长评价参照表

评价指标	评价内容	家长评价
专注力	1. 能保持积极、专注、自信的状态，专注地投入活动	
	2. 能根据家长指令进行游戏	
	3. 能集中注意力，不轻易被周围环境或其他事物所干扰	
短时记忆力	1. 能将家长拼摆的积木进行瞬间记忆并在正确位置拼摆出来	
	2. 能在游戏中正确匹配或识别之前看过的物品	
规则意识	1. 能在家长的提醒下，主动遵守游戏规则	
	2. 能注意游戏材料的使用安全，不给他人造成伤害	
	3. 能理解规则的意义，能与家长协商制定游戏规则	
倾听与表达	1. 能主动与游戏伙伴沟通、交流，愿意倾听他人的意见，乐于尝试表达自己的想法	
	2. 在听不懂或者有疑问时能主动提问	
主动性	1. 自主选择游戏的地点，能按照自己的意愿使用游戏材料，制定游戏规则	
	2. 能主动表达自己对游戏的想法和感受	
坚持性	1. 遇到困难或比赛失败后，能否主动尝试想办法，坚持完成游戏	
	2. 敢于坚持自己的意见并说出理由	
	3. 愿意对新的和有一定难度的事物进行挑战	

续表

评价指标	评价内容	家长评价
参与性	1. 能了解游戏玩法，无需提示，能独立进行游戏	
	2. 能主动提出自己的建议和意见	
	3. 愿意分享自己的玩具或资源	
逻辑思维能力	1. 能根据整体与局部的关系进行简单推理，能根据棋局变化调整自己的棋子布局	
	2. 能进行简单的逻辑推理	
	3. 在解决问题时能考虑到游戏的多种可能性	

注：家长可用☆符号进行评价。☆表示一般符合，☆☆表示比较符合，☆☆☆表示完全符合。

8. 悬浮的橘子

游戏价值

"悬浮的橘子"这个游戏通过简单的实验，向宝宝们展示了浮力的基本原理，帮助他们理解物体在水中为何会浮起或沉下。这个过程有利于激发宝宝对自然界现象的好奇心，培养他们的观察能力和思考能力。宝宝通过实际操作探究科学原理，在动手操作、观察结果、思考原理中发展科学探究的意识和能力。

游戏目标

1. 理解橘子在水中浮沉的原理。
2. 观察和比较不同条件下橘子的浮沉情况。
3. 掌握基本的科学观察和实验的方法。
4. 学习与家长合作，共同完成科学实验。
5. 提高实验探究和问题解决的能力。

游戏准备

1. 两个盛满清水的透明杯子。
2. 两个橘子（一个剥皮，一个未剥皮）。
3. 厨房秤，用于比较橘子的重量。
4. 不同大小或种类的果蔬，如苹果、西红柿等，用以进一步探索浮力。
5. 笔和纸，记录观察到的实验结果和实验数据。

游戏玩法

玩法一：基础浮沉实验

首先，准备两个透明杯子，并在每个杯子中倒入同等量的水，确保水位足够观察橘子的浮沉变化（图2-8-1）。

宝宝拿一个已经剥皮的橘子，观察它的外观和重量，然后轻轻地将它放入其中一杯水中，观察橘子是沉入水底还是漂浮在水面（图2-8-2）。

图2-8-1　　　　　　　　　　　　　　图2-8-2

其次，拿一个未剥皮的橘子，重复相同的观察步骤，将其放入另一杯水中（图2-8-3），并注意其与剥皮橘子的浮沉差异。

图2-8-3

最后，家长引导宝宝根据观察到的情况，讨论和猜测两个橘子为何表现出不同的浮沉现象，鼓励宝宝提出自己的想法。

玩法二：重量对比实验

在完成基础浮沉实验后，从水中取出两个橘子，并用厨房秤分别量出它们的重量，让宝宝观察并记录下每个橘子的重量（图2-8-4）。

家长可以引导宝宝思考橘子的重量是否与它们在水中的浮沉状态有关，同时解释重量、体积、密度等概念的基础知识。

接着，家长和宝宝一起讨论实验中观察到的重量差异如何影响橘子在水中的状态，增强宝宝对浮力影响因素的理解。

图 2-8-4

玩法三：浮力探究实验

在这个实验中，准备几种不同大小或种类的果蔬，如苹果、西红柿等，让宝宝观察它们的外观和质地。

分别将这些它们放入水中，观察它们在水中的浮沉表现，并记录下这些浮沉状态（图 2-8-5）。

苹果　　　　　　西红柿

图 2-8-5

家长与宝宝共同讨论观察到的现象，探索物品的大小、皮的厚薄和整体的结构如何影响它们在水中的浮沉，引导思考不同因素对浮力的影响。

🔒 游戏规则

1. 轮流操作：在实验过程中，家长和宝宝应轮流进行操作，如一个人负责放橘子进水中，另一个人负责观察和记录。

2. 保持观察：无论是放入水中的橘子还是其他水果，都需要观察至少30秒，以确保观察到准确的浮沉现象。

3. 记录观察：每次实验后，必须在纸上记录观察到的浮沉情况，如"剥皮的橘子沉到了水底"或"未剥皮的橘子浮在水面"。

4. 讨论猜测：完成一个实验步骤后，家长和宝宝需要进行简短的讨论，共同猜测导致现象发生的原因。

5. 实验清理：实验结束后，宝宝在家长的指导下清理实验区域，包括倒掉水、放回橘子和清洗杯子。

🎮 游戏延伸

在"悬浮的橘子"的实验基础上，可以进一步扩展实验的范围和深度。家长可以鼓励宝宝使用不同种类的水果或其他日常物品进行相似的浮沉实验。例如，尝试使用塑料玩具进行实验，观察它们在水中的状态。这不仅增加了实验的趣味性，还能帮助宝宝理解不同物体的浮沉状态并非仅由重量决定，还与形状、密度和结构有关。

家庭教育指导建议

1. 正确的引导是确保实验成功和保障教育效果的关键。在实验开始之前，家长应向宝宝明确介绍实验的目的和步骤，确保宝宝理解实验的意图和预期结果。这不仅有助于宝宝更好地准备实验，还能提高他们的参与感和对实验结果的期待。

2. 家长的角色应是一个观察者和引导者，应鼓励宝宝自己观察、思考和总结实验结果，同时在必要时提供适当的指导。例如，当宝宝对某个结果感到困惑时，家长可以引导宝宝回想实验步骤，或者提供不同的视角和可能的解释。

3. 家长还应鼓励宝宝提出自己的假设和解释。无论宝宝的猜测是否正确，都是探究学习过程的重要部分。家长可以通过提问或提供额外信息来帮助宝宝拓展他们的思维，如探讨不同物体的浮沉行为和原因。这样的引导不仅帮助宝宝培养科学探究的思维方式，还能增强其创新能力和解决问题的能力。

宝宝成长评价参照表

评价指标	评价内容	家长评价
观察力	能否准确观察到橘子在水中的浮沉变化，以及其他物体的浮沉情况	
思考和分析能力	能否对观察到的现象提出合理的解释，如橘子皮的作用、物体的密度与浮力之间的关系等	
实验操作能力	在实验中的操作是否准确、小心，如轻轻放入橘子，正确使用秤等	
合作和交流能力	能否与家长进行良好的沟通和合作，分享自己的观察和想法，听取他人的意见	
创新思维	是否展示出对实验的好奇心和创新思维，如提出尝试用不同物体进行实验的想法或对实验条件提出新的想法	
自我表达能力	能否清楚、自信地表达自己的观察结果和想法，无论这些想法是否准确	

注：家长可用☆符号进行评价。☆表示一般符合，☆☆表示比较符合，☆☆☆表示完全符合。

9. 眼疾手快

游戏价值

"眼疾手快"是一个闯关性质的亲子游戏,能够锻炼宝宝的手眼协调能力,从而发展宝宝的反应能力、专注力和空间预判能力。游戏分为三关,每一关随着游戏材料和玩法的不断升级,由易到难,层层递进,以此来满足宝宝对游戏的持续兴趣。同时,宝宝闯关的过程,可以激发挑战自我的欲望,提高自信心,体验闯关成功的快乐,也能够与家长建立良好的亲子关系,增进亲子之间的默契程度。

游戏目标

1. 知道并能遵守游戏的规则和玩法。
2. 锻炼宝宝的专注力、手眼协调能力和反应能力。
3. 感受亲子游戏的乐趣。

游戏准备

1. 第一关:桌子、汽车类玩具、筐(图2-9-1)。
2. 第二关:桌子、不同形状的积木、小桶(图2-9-2)。
3. 第三关:桌子、两种颜色的多米诺骨牌、不同颜色的两个小桶(图2-9-3)。

图2-9-1

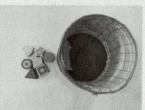
图2-9-2

图2-9-3

游戏玩法

第一关：接接乐

1. 材料准备：倾斜的桌面、汽车类玩具、筐。

2. 介绍游戏玩法：家长和宝宝在相应位置坐好，家长在斜面上往下滑动小汽车，宝宝观察小汽车滑动的方向，将小汽车接到筐里。

第二关：你说我接

1. 材料准备：倾斜的桌面、不同形状的积木、小桶。

2. 介绍游戏玩法：家长和宝宝在相应的位置坐好，家长在斜面上往下滑动积木，同时说出积木形状的指令，如说："正方形。"宝宝观察积木下滑的方向及形状，将指定形状的积木接入小桶中。

第三关：颜色找家

1. 材料准备：倾斜的桌面、两种颜色的多米诺骨牌、不同颜色的两个小桶。

2. 介绍游戏玩法：家长和宝宝在相应的位置坐好，家长在斜面上往下滑动多米诺骨牌。宝宝一手拿一个小桶，观察多米诺骨牌滑动的方向及颜色，将不同颜色的多米诺骨牌接到对应颜色的小桶里。

游戏规则

第一关：接接乐

1. 必须左右挪动筐接住小汽车，不能用其他方式。

2. 中途有小汽车掉落，游戏重新开始。

第二关：你说我接

1. 必须接住指定形状积木，其余形状的积木落地不接。

2. 中途有指定积木掉落，游戏重新开始。

第三关：颜色找家

1. 多米诺骨牌颜色必须接到相应颜色的小桶里，其余颜色的多米诺骨牌落地不接。

2. 中途有多米诺骨牌掉落，游戏重新开始。

游戏延伸

亲子游戏可以加强家长和宝宝之间的互动，建立良好的亲子关系和提高亲子间的默契度。在日常生活中，家长可以利用闲暇时间和宝宝继续玩一些提高专注力的规则性游戏（家长和宝宝共同制定规则），如听指令、数字接龙、找不同等游戏。在游戏中寓教于乐，提高宝宝的专注力、观察能力及反应能力，为形成良好的学习品质奠定基础。

家庭教育指导建议

1. 根据宝宝的反应能力调整游戏玩法。

第一关难度小，家长可以加快滑落的速度来增加难度。

第二关难度适中，家长可同时发出两种形状积木的指令。

第三关难度稍大，家长可以放慢滑落的速度，等宝宝熟练后，再加快下滑速度来增加难度。

2. 实时增加游戏的趣味性。

家长可以根据宝宝的游戏兴趣，投放计时器和记录板，与宝宝轮流接物体，比一比在规定时间内谁接得多。这不仅能增强宝宝的竞争意识，还可以增强宝宝的时间观念和记录能力。

宝宝成长评价参照表

评价指标	评价内容	家长评价
专注力	1. 能情绪稳定、自然、积极专注地投入游戏	
	2. 能够根据指令做出相应的动作	
	3. 能追随目标接小球，注意力集中，动作协调	
倾听与表达	1. 能主动与游戏伙伴交流并倾听游戏的玩法	
	2. 乐于尝试表达自己的想法	
	3. 听不懂或者有疑问时能主动提问	
规则	1. 能注意安全，不给他人造成伤害	
	2. 能在家长的提醒下，遵守游戏规则	
	3. 理解规则的意义，能与家长协商制定游戏规则	
反应能力	1. 能区分物体形状或颜色	
	2. 能较快挪动小筐的位置	
	3. 能关注物体下落的速度，感知速度的快慢	

续表

评价指标	评价内容	家长评价
坚持性	1. 敢于坚持自己的意见并说出理由	
	2. 遇到困难或失败后，能主动尝试想办法，坚持完成游戏	
	3. 愿意挑战新的事物和有一定难度的事情	
合作	1. 在活动中愿意接受其他人的意见和建议	
	2. 愿意参与合作性的游戏活动，尝试与他人游戏	
	3. 愿意与他人交流跟游戏相关的话题	
手眼协调能力	1. 眼睛能基本识别物体特征	
	2. 手眼能够相互配合，将物体按要求接进筐中	
	3. 手部动作灵活，小肌肉发展较好	

注：家长可用☆符号进行评价。☆表示一般符合，☆☆表示比较符合，☆☆☆表示完全符合。

第 三 部 分

亲 子 运 动 游 戏

　　亲子运动游戏是一种有效促进亲子关系建立和发展的方式，在家庭教育中常常被广泛地应用。亲子运动游戏强调家庭成员的参与，通过一系列的活动和游戏，增进亲子间的情感连接，提升亲子间的沟通和合作效能，促进宝宝的身心体魄和健康素养的养成与发展，助力家庭树立积极健康的生活方式。

　　本章多领域、多类型的亲子运动类游戏活动，为宝宝和家长创设了丰富的亲子互动体验，通过参与各类运动游戏活动，亲子间能够共同享受运动的乐趣。一方面，宝宝能够提高运动技能，增强身心体质发展，提高协调能力和反应能力等，家长的关心和鼓励，也能激发他们的积极性和自信心；另一方面，家长与宝宝之间的默契程度会得到增强，加深彼此的亲密关系，有利于建立一个温馨和睦的家庭环境，给宝宝提供安全感，也会让家长更加了解宝宝的兴趣和特长，为他们的教育提供更有针对性的家庭教育指导，为宝宝们的成长创造更加良好的环境。

亲子运动游戏

1. 手眼大比拼

游戏价值

　　"手眼大比拼"在游戏的玩法设计上具有多样化的特点。家长和宝宝共同参与游戏，可以增强宝宝的竞争意识。游戏材料的选择具有开放性，家长可以根据实际情况以及宝宝游戏进度，选择更容易找到或者更适合宝宝的游戏材料。游戏的玩法简单且适配度较高，适合3～6岁的宝宝。家长可以根据宝宝的能力水平，灵活地调整游戏的难易程度。在游戏过程中，宝宝的手眼协调能力及专注力得到提升，学习能力与自信心也得到增强，这有助于宝宝养成良好的学习习惯，提高记忆力，变得更有耐心。专注力训练是循序渐进的过程，能促进宝宝各项基本能力的提升，包括记忆力、反应力、思维力、空间力、情绪力等。同时亲子游戏还能增进宝宝与家长之间的情感，游戏动静结合，让宝宝在张弛有度的游戏中体验亲子游戏的乐趣。

游戏目标

1. 提高宝宝的竞争意识，促进宝宝动作的灵活性和协调性。
2. 发展宝宝追、捉、躲、闪、跑的能力。
3. 提高宝宝的反应速度和反应能力。
4. 掌握与他人合作开展游戏的方法。
5. 喜欢与家长一起玩手眼大比拼，体验亲子运动游戏的乐趣。

游戏准备

木棍、衣服、纸片、毛巾等（图3-1-1）。

图3-1-1

游戏玩法

玩法一：抢棍子

1. 材料准备：4根大小一样的棍子。

2. 游戏玩法：宝宝和家长各拿一根棍子，听指令松手，去抓对方的棍子。接下来提升难度，宝宝和家长各拿两根棍子，听指令松手去同时抓住对方的两根棍子（图3-1-2）。

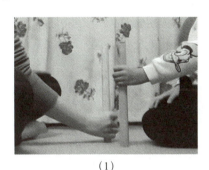
（1）

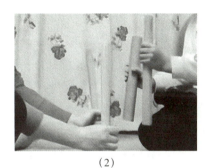
（2）

图3-1-2

玩法二：接飞盘

1. 材料准备：彩纸。

2. 游戏玩法：家长将纸片贴在墙面上，松手使纸片自由落体，宝宝快速做出反应，用手将纸片固定到墙面上。

玩法三：抓尾巴

1. 材料准备：衣服或毛巾。

2. 游戏玩法：宝宝和家长各在身后塞一件衣服或毛巾，露出一头像长尾巴一样。两人追逐游戏，在固定的范围内想办法抢对方的尾巴，同时保护自己的尾巴不被抢。

游戏规则

游戏一：抢棍子

1. 只能用手接住对方的棍子，不能用身体等其他部位。

2. 双手都成功接住两根棍子为胜。

游戏二：拦截飞盘

1. 飞盘开始掉落才可以进行拦截，可根据拦截飞盘的高度判断反应的速度从而进行加分。

2. 飞盘需被拦截到墙面上才算成功。

游戏三：抓尾巴

1. 尾巴需要长长得露出来，方便抓取。

2. 既要保护自己的尾巴不被抓，又能抓到对方的尾巴者为胜。

 游戏延伸

1. 家长可通过播放音乐、唱儿歌等方式与宝宝一起游戏，进一步增加宝宝的游戏兴趣，提升宝宝的参与感以及对艺术领域的兴趣。

2. 由于室内场地较小，空间不够开阔，家长可带宝宝到户外、公园等地方进行捉尾巴的游戏，利用大自然自由、开阔的环境，让宝宝的身心得到更加全面的发展。

3. 家长在平时的生活中，多创造培养宝宝注意力的机会，如在宝宝游戏的时候尽量做到不打扰，还可以和宝宝一起玩夹豆子（用筷子分别将不同颜色的豆子分类夹出）、搬运小球（用两根木棍做轨道，家长和宝宝分别拿一头，木棍下面放纸杯，让小球在木棍中运动，遇到纸杯打开木棍，小球准确掉落在纸杯中）等游戏，既增进了亲子关系，又提升了宝宝的专注能力。

家庭教育指导建议

1. 根据宝宝的游戏进度适时地提升难度。

游戏一：家长在刚开始简单难度时尽量控制好时间，既要提升宝宝的自信心，又要缩短时间防止宝宝失去游戏兴趣。

游戏二：在宝宝能够轻易接住固定位置的纸盘时，可以再对飞盘位置进行调整，或者虚晃飞盘位置。

游戏三：家长可以控制躲闪的速度来适时地提升游戏的难度。

2. 实时增加游戏的趣味性。

家长也要投入到游戏当中，增加游戏氛围，根据宝宝游戏时的状态，增加游戏难度，如让宝宝自己进行输赢的比分计数等，不仅能增强宝宝的竞争意识，还可以增强宝宝的记录能力。

3. 专注力游戏要注意维持兴趣。

在整体的游戏过程中家长要引导宝宝进入故事的情境当中，家长要先提升自身对游戏的兴趣从而感染宝宝，在宝宝游戏成功后要及时进行夸奖，如果宝宝失败了可以一起讨论失败的原因，及时进行鼓励再次尝试，增强宝宝的自信心。

宝宝成长评价参照表

评价指标	评价内容	家长评价
运动	1. 能随着目标追逐跑，动作灵活协调	
	2. 能识别物体方位和手的动作相互配合，尝试捕捉物体	
	3. 运动的时候能够主动躲避危险，保证安全	
合作	1. 喜欢和家长交谈，分享自己的想法	
	2. 理解规则的意义，能与家长协商制定游戏规则	
注意力	1. 在家长布置任务时能够注意听	
	2. 能够根据指令做出相应的动作	
	3. 能够关注物体下落速度并及时作出反应	
创新	1. 愿意对新的事物和有一定难度的事情进行挑战	
	2. 能在原有玩法的基础上创造新的玩法	
情绪状态	1. 能够经常保持愉快的情绪，情绪不好的时候能够较快缓解	
	2. 宝宝遇到困难或失败后，能主动尝试想办法，并乐于再次开始游戏	

注：家长可用☆符号进行评价。☆表示一般符合，☆☆表示比较符合，☆☆☆表示完全符合。

2. "袜"噻，真好玩！

 游戏价值

　　袜子是家庭中十分常见的生活用品，除了可以穿在脚上，还能干点什么呢？"'袜'噻，真好玩！"是一款适合家长和宝宝共同参与的互动性游戏。"走、跳袜子桥"的游戏可以锻炼宝宝身体平衡力、耐力、灵活性和触觉感知能力。"袜子投篮"的游戏可以锻炼宝宝身体的协调性、手眼协调能力、手腕的力量、空间感和手指精细动作。"袜子连连看"的游戏可以让宝宝感知袜子的颜色、图案、大小、多少、长短、厚薄等量方面的特点，体验游戏的快乐，增加亲子间的交流，促进宝宝形成良性竞争意识及身心健康发展。此外，还锻炼了宝宝的观察力、专注力，提高逻辑思维能力，培养宝宝积极主动、认真专注、不怕困难、敢于尝试等良好学习品质。通过"制作袜子球"，学习叠袜子的方法，在给袜子配对和整理袜子的过程中，提高宝宝的生活自理能力，养成有序做事的好习惯，体验劳动的快乐。重要的是，在袜子的一物多玩中，家长给予的爱与肯定有利于促进宝宝自我价值感的形成。

游戏目标

1. 锻炼宝宝大肌肉动作及手指精细动作。
2. 培养宝宝生活自理能力及良好的学习品质。
3. 体验游戏快乐，增进亲子感情。

游戏准备

1. 脸盆或者纸盒一个。
2. 各种各样的袜子若干双。

 游戏玩法

玩法一：快乐袜子桥

1. 将五颜六色的袜子一只接一只地摆放成长长的小桥。

2. 让宝宝边点数袜子边脚尖贴脚跟踩着袜子桥面通过，顺利通过后与家长击掌庆祝。在游戏过程中，根据宝宝的能力适当调整袜子桥的宽度或长度。

3. 还可以将袜子分别摆放在袜子桥的左右两边，双脚跳并跨越袜子桥踩在袜子上，宝宝跳的同时说出袜子的颜色。在游戏过程中，根据宝宝的能力适当调整袜子之间的距离。

玩法二：袜子连连看

1. 将所有袜子打乱顺序平铺在桌上，请宝宝拿起相同花色的袜子进行配对，两只一样的袜子就可以"消掉"（图3-2-1）。

2. 对于3岁的宝宝来说，投放袜子的数量不宜过多，5双左右即可。对于能力强的宝宝来说，袜子的数量和花纹的种类可以多一些，可以请宝宝分别找出大小、长短、宽窄、厚薄不一的袜子，增加游戏难度。宝宝在练习配对的同时，也能丰富触觉体验。

3. 配对成功后还可以和宝宝一起用袜子编故事，可以给袜子起名字，如大袜子是"袜爸爸"，中袜子是"袜妈妈"，小袜子是"袜宝宝"，编一段关于"袜子一家"的故事。

玩法三：制作袜子球

1. 将两只袜子对齐，脚尖的一端朝袜口的一端向上卷（图3-2-2），朝外的袜口撑开，包住刚才卷好的部分。

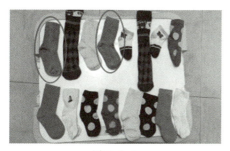

图3-2-1

图3-2-2

2. 宝宝可以跟家长进行比赛，在规定时间内看谁卷得多，卷得快。家长可以引导宝宝清点袜子球的数量。

玩法四：袜子投篮赛

1. 家长和宝宝坐在距离脸盆约1m远的位置，把袜子球投到盆里。能力强的宝宝适当增加与脸盆之间的距离。

2. 家长可以移动脸盆变成"移动的球筐"，增加游戏难度。

3. 家长还可以和宝宝互换角色进行游戏，如家长抛袜子球，宝宝用两只手或者用其他身体部位当篮筐接球，增加游戏趣味性。

🔒 游戏规则

1. 相同花色的袜子才可以配对。

2. 过袜子桥的时候要脚尖贴脚跟。

3. 卷袜子球时要将两只袜子对齐，从脚尖的位置开始卷。

4. 投篮时投篮者与篮筐之间距离要在1m以上，袜子球投进篮筐多者为胜。

📷 游戏延伸

1. 可以用棉花、绳子、画笔等材料对家里的旧袜子进行加工，引导宝宝发挥想象力，开展创意手工游戏，如在袜子上剪剪、画画，制作袜子毛毛虫或者其他手偶等。

2. 可以用纸杯和袜子球玩保龄球的游戏，如将纸杯排成"一"字形，用袜子球击中纸杯的数量多为胜。

3. 可以通过指导宝宝正确洗袜子，在好玩的情境中使宝宝萌发自主洗袜子的兴趣，养成坚持洗袜子的良好习惯。宝宝帮忙做家务之后，家长一定要多多表扬，这样可以让宝宝更乐意参与家务劳动。

4. 可以用夹子将袜子夹在绳子上，利用故事情节跟宝宝玩"小兔子摘袜子"的游戏，锻炼宝宝的跳跃能力。

家庭教育指导建议

1. 玩游戏前，应选择比较大的活动空间，地面不要堆放杂物，最好在地板上铺上软垫，避免在游戏过程中出现碰撞或跌倒等意外。

2. 运动过程中，家长要观察宝宝的运动情况并及时调整运动量。如游戏中遇到袜子掉落等情况时，家长多鼓励宝宝，有助于宝宝增强信心。

3. 运动结束后，家长可以和宝宝一起拉伸身体放松一下，还要及时喝水补充水分。

宝宝成长评价参照表

评价指标	评价内容	家长评价
健康	1. 保持良好的情绪状态，以积极、愉快的情绪参与游戏	
	2. 双脚连续向前跳跃时，身体能保持平稳	
	3. 能在地面的直线上行走一定的距离	
	4. 能单手挥臂投掷并投准目标	
	5. 能用正确的方法卷袜子球	
	6. 能将袜子配对和收纳整理	
	7. 在运动和游戏中能主动躲避危险	
语言	1. 与他人交流时能注视对方的目光，注意倾听	
	2. 能向成人表达自己的需求和感受，必要时辅以简单的动作和表情	
	3. 能回应别人对自己说的话	
	4. 愿意与他人交流跟游戏相关的话题	
	5. 能根据场合调节自己说话声音的大小	
社会	1. 愿意跟成人共同游戏并承担一些小任务	
	2. 在活动中愿意接受成人的意见和建议	
	3. 游戏结束后，能收拾整理好自己使用过的物品	
	4. 在成人的提醒下能遵守游戏规则	
	5. 自己的事情尽量自己做，不愿意依赖别人	
科学	1. 能用多种感官或动作探索生活中的材料	
	2. 能感知和发现袜子的大小、多少、长短、厚薄等方面的差别，并用相应的词语描述	
	3. 能手口一致地点数10以内的物体，说出总数	
	4. 对生活中的事物进行观察和比较，并发现相同和不同的地方	

续表

评价指标	评价内容	家长评价
艺术	1. 愿意跟成人分享、交流自己制作的袜子创意作品	
	2. 能用绘画、手工等多种方式表现自己的所见所想	
学习品质	1. 对感兴趣的游戏能持续集中注意一段时间	
	2. 能主动发起游戏，愿意自主选择游戏的地点，能按照自己的意愿使用游戏材料	
	3. 遇到困难或比赛失败后，在家长鼓励下能尝试想办法，坚持完成游戏	
	4. 乐于参与游戏，基本了解游戏玩法，需要在他人的帮助和提示下完成游戏	

注：家长可用☆符号进行评价。☆表示一般符合，☆☆表示比较符合，☆☆☆表示完全符合。

3. 花样占椅子

游戏价值

　　"花样占椅子"游戏活动由宝宝熟知的传统游戏"抢椅子"改编，在保留传统游戏玩法的基础上，结合宝宝的年龄特点和动作发展情况，增加了两个新的游戏玩法：调整椅子数量和摆放位置，同时在游戏中增加家长说口令这一环节，使游戏充满趣味性和挑战性。通过游戏可充分发展宝宝身体协调性、反应敏捷性、肢体灵活性，促进宝宝倾听能力及专注力等多项能力的提升和发展。

　　家长作为"花样占椅子"游戏的重要参与者，在不同的玩法中可以担任不同的角色。在游戏中既可引导宝宝按照规则进行游戏，也可成为游戏的推动者，引导并鼓励宝宝探索新的游戏玩法，帮助宝宝建立创编游戏的自豪感。

游戏目标

　　1. 明确游戏规则，能根据音乐提示或家长口令做出相应动作。
　　2. 发展身体协调性和动作灵活性。
　　3. 喜欢与家长一起玩游戏，体验亲子运动游戏的乐趣。

游戏准备

　　1. 椅子数把（宝宝可以坐的高度）。
　　2. 欢快的音乐。

游戏玩法

　　玩法一：
　　将椅子围成圆圈摆好，椅子数量比人数少1个，家长和宝宝在椅子外侧站好。当音乐响起，宝宝和家长围着椅子按顺时针方向行走。当音乐停止，宝宝和家长迅速抢占椅子，没有抢到椅子的一方在旁边休息，同时拿走一把椅子。将剩下的椅子重新围好后，继续游戏，直到只剩下一个人，游戏结束。最后留在椅子上的人即为获胜者。

玩法二：

两人分别站在一把椅子的两侧，根据家长口令触摸身体对应部位。当家长说到"椅子"时，两人迅速抢占椅子，先坐在椅子上的一方获胜。

玩法三：

将椅子围成圆圈摆好，家长和宝宝在椅子外侧站好。椅子数量是游戏人数的二分之一（或遵循椅子数量比人数少的原则）。当音乐响起，宝宝和家长一边围着椅子按顺时针方向行走，一边根据一名场外家长的口令做出相应动作。当听到"椅子"的口令时，宝宝和家长抢占椅子。没有抢到椅子的一方在旁边休息，同时拿走一把椅子。剩下的人继续游戏，直到只剩一个人，游戏结束，最后留在椅子上的人即为获胜者。

 游戏规则

此游戏的玩法多样，不同玩法相对应的规则也有所不同。

玩法一游戏规则：

1. 音乐开始时，宝宝和家长按顺时针方向行走，音乐结束后才可以抢占椅子，有音乐时抢占椅子算作违反规则。

2. 当两人同时坐到椅子上，屁股在椅子上比例大的一方获胜（此规则也适用于其余两种玩法）。

玩法二、玩法三游戏规则：

1. 家长说口令时，双手要触摸到身体的对应部位或做出相应动作。如果触摸的部位不对、没有触摸到或者没有做出相应动作，都算作违反游戏规则。

2. 当家长说到"椅子"时，才可以抢占椅子，提前抢占椅子算作违反规则。

游戏延伸

1. 在起点至终点摆放不同的障碍物，如摆放桌子引导宝宝钻爬，摆放坐垫引导宝宝跳跃，摆放书本引导宝宝将书本翻到背面等。在终点摆放椅子（椅子数是游戏人数的二分之一，若两把及以上数量的椅子则并排摆，中间留有半米左右距离），最先通过障碍并坐到椅子上的一方获胜。

2. 在玩法一和玩法三中，可以将椅子摆成一竖排，中间间隔半米左右距离。在游戏时，宝宝和家长在椅子中间沿蛇形路线前进。

3. 在玩法一和玩法三中，在围绕椅子走的基础上，可以换成跑、双脚跳、单脚跳等动作前进，从而增加游戏的运动量和趣味性，锻炼宝宝腿部肌肉的力量。

4. 在玩法二和玩法三中，在说口令的环节，可以说室内的物品或地点，引导宝宝去触摸相应物品或到达某地，扩大游戏活动范围，增加宝宝在游戏中的运动量，提升宝宝的反应速度。也可以说出小动物的名字，宝宝模仿相对应的小动物，增加游戏的趣味性和挑战性，提升宝宝的表现力。

家庭教育指导建议

1. 游戏开始前，家长和宝宝可以先找一首欢快的音乐进行热身运动。游戏结束后，家长和宝宝要进行舒缓的放松活动，如深呼吸、相互捶腿等，从而使身体快速放松下来。

2. 在玩法二和玩法三中，需要一名家长担任说口令的角色，当宝宝熟悉游戏玩法和规则后，可以让宝宝尝试说口令，提升宝宝的语言表达能力与游戏组织能力，增加宝宝在游戏中的参与感。

3. 在游戏初期，可以适当放缓速度。例如，在进行玩法一时，可以多播放一会儿音乐，在进行玩法二和玩法三时，可以慢一点说口令，给宝宝充足的反应时间。游戏开展一段时间后，可以适当缩短音乐时间或加快说口令的速度，从而增加游戏的挑战性，提高宝宝的反应速度，使得宝宝更加专注地倾听。

4. 可以增加游戏规则。例如，在玩法一和玩法三中，要求每次坐的椅子不能与之前坐的椅子相同，增加游戏挑战性，锻炼宝宝的记忆力和专注力。

5. 在音乐选择上，可以挑选有明显变化的音乐。引导宝宝听到快节奏时快走，听到慢节奏时慢走，促进宝宝的音乐感知力和身体表现力。

宝宝成长评价参照表

评价指标	评价内容	家长评价
运动	1. 能身体协调地做出与口令相对应的动作	
	2. 能身体协调地沿椅子进行蛇形走	
	3. 能持续进行游戏半小时以上	
合作	1. 一轮游戏结束后，能主动搬走一把椅子	
	2. 掌握与他人合作开展游戏的方法	

续表

评价指标	评价内容	家长评价
注意力	1. 能根据家长口令迅速做出相应动作	
	2. 当音乐停止或家长说到"椅子"时，能迅速抢占椅子	
创新	1. 能在原有游戏玩法中提出自己新的创意	
	2. 能创编新的占椅子游戏玩法	
情绪状态	1. 保持良好的情绪状态，以积极、愉快的情绪参与游戏	
	2. 当游戏失败时，能够马上调整心态，继续游戏	

注：家长可用☆符号进行评价。☆表示一般符合，☆☆表示比较符合，☆☆☆表示完全符合。

4. 好玩的易拉罐

游戏价值

　　本游戏能够让宝宝认识身体的各个部位，探索恰当的运输易拉罐的方法。通过合作游戏增强身体灵活性和协调性，宝宝在一次又一次尝试中，可以培养坚强勇敢、不怕困难的意志品质，以及积极乐观的游戏态度。

　　通过游戏，家长能够观察宝宝的游戏行为，了解其身心发展情况，进而给予宝宝有针对性的、因材施教的引导。宝宝也能在游戏过程中对家人产生更多的依赖与信任，进而形成更加健康和谐的亲子关系，这对促进宝宝的智力、反应能力、创造力的发展，以及对宝宝内在潜能的开发都有着至关重要的作用。

游戏目标

　　1. 锻炼手臂肌肉力量与身体协调能力。

　　2. 探索齐心协力合作运输物品的方法。

　　3. 体验亲子运动游戏的快乐。

游戏准备

　　1. 封口的废旧易拉罐至少9个。

　　2. 两个装易拉罐的塑料箱或者纸箱。

　　3. 选择一块安全平坦的活动场地，设置好起点与终点位置，并各放置一个箱子。

　　4. 起点处的箱子里放置准备好的易拉罐，终点放置空箱子。

游戏玩法

　　玩法一：

　　1. 家长和宝宝站在起点处，每人从箱子中选择三个易拉罐，首尾相连，垒高摆好（图3-4-1）。

2. 家长和宝宝将垒好的易拉罐用双手拿好，同时从起点出发，易拉罐始终维持垒好的状态向终点运输。

3. 最先到达终点，并把三个易拉罐全部放进终点处纸箱中的人获胜。

玩法二：

两位家长和宝宝在起点站成一横排，每两人之间用手拿好3个首尾相接连成一排的易拉罐。三人合作运输6个易拉罐，最终将易拉罐全部放入终点纸箱中。

图 3-4-1

玩法三：

两位家长和宝宝在起点围成三角形站好，每两人之间用手拿好3个首尾相接连成一排的易拉罐。三人合作运输9个易拉罐，最终将易拉罐全部放入终点纸箱中。

🔒 游戏规则

1. 如果运输途中易拉罐不小心掉落了，需要返回起点重新开始。

2. 当抵达终点后，还需将运输的易拉罐全部放进终点的纸箱中，才算完成游戏。

📖 游戏延伸

1. 家长们可以根据宝宝的年龄特点与发展情况来增减易拉罐的数量。

2. 家长还可以和宝宝一起探讨交流易拉罐的其他玩法。可以尝试以下玩法，也可以自己创新。

可以用易拉罐来摆"高楼"，比一比谁的"高楼"又高又稳；可以用易拉罐来自制小乐器，变成小小演奏家；可以用易拉罐来玩打保龄球、钓鱼、障碍跳等体育游戏，锻炼宝宝身体各部分的肌肉与协调能力；可以用易拉罐进行科学实验，探索平衡的秘密等。

家庭教育指导建议

1. 在游戏前建议家长带着宝宝进行热身运动。

2. 游戏过程中请注意安全，易拉罐需要提前封口避免划伤。

3. 家长可以根据宝宝参与游戏的情况，提醒宝宝在运输易拉罐时和家长用同样的速度前进，同时宝宝的小手要一起往家长的方向推，才能避免易拉罐掉下来。

4. 家长在游戏时可通过语言鼓励宝宝坚持完成游戏，培养宝宝坚持、不怕困难的社会性品质。同时，家长要尊重宝宝的表达与想法，鼓励宝宝大胆尝试，积极探索运输方法。

5. 家长在游戏后需要带着宝宝适当做一些放松运动。

宝宝成长评价参照表

评价指标	评价内容	家长评价
运动	1. 能双手撑住易拉罐两侧，并用适宜的力量让易拉罐不掉落	
	2. 能在易拉罐保持不掉落的情况下单独完成运输	
	3. 运输完成后能将易拉罐全部投入纸箱中	
语言表达	1. 能耐心倾听别人讲话	
	2. 愿意与他人沟通交流游戏的方法与技巧	
	3. 能清楚地表达自己的观点	
合作	1. 愿意与他人进行合作游戏	
	2. 能掌握与他人合作游戏的方法	
情绪状态	1. 能保持良好的情绪状态，以积极、愉快的情绪参与游戏	
	2. 在运输失败时能进行自我情绪调整	
注意力	1. 能专注于游戏活动	
	2. 不受外界事物的打扰	
创新	在原有玩法基础上，愿意尝试新的玩法	
坚持性	在运输遇到困难时，愿意多次尝试，坚持游戏	

注：家长可用☆符号进行评价。☆表示一般符合，☆☆表示比较符合，☆☆☆表示完全符合。

5. 球球挑战赛

游戏价值

　　球类运动是最适合宝宝发展体能的运动项目之一，同时球也是宝宝家中常见的运动资源。其灵活性、趣味性不仅能激发宝宝的运动兴趣，还能提高身体素质，培养自信、勇敢等良好品质。"球球挑战赛"亲子运动游戏有利于锻炼宝宝的动作协调能力，提高反应敏捷度，增强宝宝的规则意识。

　　通过亲子互动的挑战性游戏，家长可以了解宝宝的身体发展情况，尤其是手部及腿部的灵活性和力量，可以在今后有针对性地对宝宝的运动和健康进行指导。同时，游戏的难度层层递进，给家长提供了因材施教的教育策略，引导家长在其他活动中能够遵从宝宝的年龄发展特点，使用更加恰当的教育方法进行引导。

游戏目标

1. 锻炼大肌肉动作发展，增强上肢和腿部的力量。
2. 提高反应能力和身体灵活性、协调性。
3. 锻炼手眼协调能力。
4. 能够反复尝试游戏，并获得成就感。
5. 愿意参与体育游戏，保持良好的情绪状态。

游戏准备

　　空旷干净的地面，皮球若干，一块圆形的地毯或用绳子围出一块圆形的区域。

游戏玩法

玩法一：推球挑战赛

1. 游戏开始前，亲子共同进行准备活动，特别是手臂、手腕和手指的热身活动。

2. 宝宝坐在圆圈区域内等待。

3. 一位家长在圈外，距离宝宝1 m左右的位置蹲下，向宝宝方向推球。

4. 当球接近宝宝时，宝宝使用单手或双手，掌根在下，手掌立起，用手掌将球向家长方向推回去。

5. 宝宝将球推回后，家长可以起身接球，并再次将球推回宝宝处。

6. 若家长推球，宝宝接到并推回，家长再次接到，即可算为1球，最后统计连续推接球数量。

7. 当宝宝能够熟练掌握一个方向的推接球后，可以再加入一位家长，两位家长分别从两个方向轮流交替向宝宝推球，宝宝在圆形区域内快速反应，并使用正确的手型推球。

8. 游戏结束后，家长和宝宝共同放松手腕和手臂。

玩法二：踢球挑战赛

1. 游戏开始前，亲子共同进行准备活动，特别是腿部和脚踝的热身活动。

2. 宝宝站在圆圈区域等待。

3. 一位家长在圈外，距离宝宝1 m左右的地方，向宝宝方向推球或踢球。踢球力度不容易掌握，可以根据自身情况进行更改。

4. 当球接近宝宝时，宝宝单腿站立，另一条腿抬起，用脚内侧接触皮球，用力将球踢回家长处。

5. 宝宝将球踢回后，家长再次将球推回宝宝处。

6. 若家长推球，宝宝接到并踢回，家长再次接到，即可算为1球，最后统计连续踢球数量。

7. 当宝宝能够熟练掌握一个方向的踢球后，可以再加入一位家长，两位家长分别从两个方向轮流交替向宝宝推球，宝宝在圆形区域内快速反应，并使用正确的方式踢球。

8. 游戏结束后，家长和宝宝共同放松双腿和双脚。

游戏规则

1. 游戏中，宝宝不要离开圆形区域，身体要在区域内接触皮球（图3-5-1）。

2. 推球和踢球时手脚的动作要标准。

图 3-5-1

游戏延伸

1. 重球练习：当宝宝经过练习，手脚的力量更大以后，家长可以更换球的种类，选择更重的球进行游戏，从而帮助宝宝更好地激发身体潜能。

2. 远距离练习：家长可以根据场地的大小，调整和宝宝之间的距离，帮助宝宝感受力量和距离的关系，距离远需要的力量大，距离近需要的力量小。

3. 多方向发球游戏：当宝宝的手眼协调能力以及反应能力都有所提高以后，家长可以加快出球速度，或增加出球方向，由两个方向发球变为三个方向发球。

4. 开展抛接球游戏：宝宝站在圆形区域内，家长站在距离宝宝1 m左右的位置，双手向前向上抛球，宝宝用双手接住，并向家长方向抛回，连续抛接球。

5. 固定方向接球游戏：家长可以和宝宝一样，站在距离宝宝1 m左右位置的圆形区域内开展各种难度的游戏，两个人发球接球都不能离开自己的区域，锻炼宝宝的方向感，以及动作和力量的控制能力。

6. 户外游戏：可以在户外开展这个游戏，邀请多名小朋友，围成圆圈，用推球或踢球的形式，将球发给其他小朋友。发球时可以随意选择发球对象，接球的小朋友要快速反应并将球继续发给其他人。

家庭教育指导建议

1. 运动前，建议家长与宝宝一起进行简单的热身活动，避免饱腹、空腹时运动。

2. 用手接球前要活动手指和手腕，减小手部受伤风险。

3. 家长要了解宝宝的身体发展状况及运动能力，并根据宝宝的能力水平，调整发球的数量和速度，调整游戏的难易程度。

4. 家长要尝试使用鼓励式、引导式语言与宝宝沟通，并指导宝宝开展运动的正确方法。

5. 合理控制运动时间，注意劳逸结合。

6. 清除尖锐物品，空出场地，防止磕碰。

7. 游戏结束以后，建议家长带宝宝进行简单的放松活动，特别是上肢和下肢肌肉，减少运动带来的疲惫感。

宝宝成长评价参照表

评价指标	评价内容	家长评价
动作发展	1. 能单手或双手，掌根立起在下，用手掌推球	
	2. 能单腿站立，用脚内侧踢球	
	3. 能在踢球过程中保持身体平衡	
	4. 能用力将球推出	
	5. 能在球靠近时迅速做出反应	
自我保护	运动时能注意安全，躲避危险	
注意力	1. 能专注于游戏活动	
	2. 不受外界事物的干扰	
情绪状态	1. 保持良好的情绪状态，以积极、愉快的情绪参与游戏	
	2. 在难以完成目标等情况下出现情绪波动时，能在家长的引导下调整自己的情绪状态	
	3. 在难以完成动作等情况下出现情绪波动时，能自我进行情绪调整	
	4. 在难以完成游戏时，愿意多次尝试	

注：家长可用☆符号进行评价。☆表示一般符合，☆☆表示比较符合，☆☆☆表示完全符合。

6. 我会"拉大锯"

🔄 游戏价值

　　本游戏活动将传统民间游戏"拉大锯"进行创意改编，以家长和宝宝熟悉的童谣为背景音乐，进行律动游戏。童谣朗朗上口、富有童趣，贴近宝宝生活，易于宝宝接受和掌握。一方面可以增强宝宝对儿歌的敏感度，促使其发音准确，另一方面有利于宝宝在与同伴游戏的过程中接纳同伴，并学会与同伴合作。

　　游戏中融入了运动元素，宝宝在一边说童谣一边做运动的过程中，锻炼手臂、腿部以及腹部力量，提高肢体的灵活性和协调性。游戏玩法多样、趣味性强，培养宝宝坚持不懈、团结协作、不怕困难等方面的意志品质。

　　家长和宝宝作为游戏的共同参与者，在亲子游戏中，共同探索、共同进步，愉悦身心，增进了亲子感情交流，有效促进亲子关系和谐发展。

🎯 游戏目标

1. 锻炼手臂、腿部的大肌肉力量和动作灵活性。
2. 能根据童谣《拉大锯》有节奏地做动作。
3. 掌握与他人合作开展游戏的方法。
4. 喜欢与家长一起玩民间游戏"拉大锯"，体验亲子运动游戏的乐趣。

🔧 游戏准备

1. 软垫（大小足够家长和宝宝脚对脚平躺，张开双臂）。
2. 枕头一对。
3. 熟悉童谣《拉大锯》。

拉 大 锯

拉大锯，扯大锯。

姥姥家，唱大戏。

爸爸去，妈妈去。

小宝宝，也要去。

游戏玩法

玩法一：

家长和宝宝面对面坐好，双腿弯曲，宝宝双脚并拢放在家长双脚上（两人双脚位置可以交换），手拉手。家长手臂向后弯曲，膝盖向两侧打开，将宝宝拉向自己一侧。接着，宝宝手臂向后弯曲，将家长拉向自己一侧。以此类推，说一句童谣做一下动作，动作重复，直至童谣结束，童谣可反复吟唱。

玩法二：

家长和宝宝平躺，膝盖弯曲，抬起小腿，脚掌对着脚掌。家长和宝宝轮流向对面伸直一条腿，对应的一条腿向自己的一侧弯曲（图3-6-1）。以此类推，说一句童谣做一下动作，动作重复，直至童谣结束，童谣可反复吟唱。

（1）　　　　　　　　　　　　　　　（2）

图3-6-1

玩法三：

宝宝双腿分开平躺，家长坐在宝宝双脚中间，双腿放在宝宝双腿外侧，两人手拉手。家长用力将平躺的宝宝拉起，同时自己的身体向后倒下。随后宝宝用相同的办法将家长拉起，同时自己的身体向后倒下。以此类推，说一句童谣做一下动作，动作重复，直至童谣结束，童谣可反复吟唱。

游戏规则

此游戏的玩法多样，不同玩法相对应的规则也有所不同。

玩法一游戏规则：

1. 家长与宝宝要尽可能做大幅度的动作，锻炼腹部力量。

2. 将对方拉向自己一侧时，手臂要尽量弯曲，从而让手臂更有力量。

玩法二游戏规则：

1. 宝宝与家长面对面躺好，要将脚掌紧紧贴在一起。

2. 两人腿伸出时，要尽量向前伸，腿弯曲时，要尽量往回收。

玩法三游戏规则：

1. 当身体向后倒下时，后背要尽量贴到地面。当身体向前弯曲时，前胸尽量靠向对方的双腿。

2. 当宝宝做由平躺到坐起来的动作时，家长可适当减小向后拉的力度，鼓励宝宝用自己腹部力量坐起来。

游戏延伸

1. 童谣创编，增加游戏兴趣。

家长们可引导宝宝将童谣改编成喜欢的语句，进行童谣的续编，进一步增加游戏的兴趣，吸引宝宝参与到游戏中来。例如：拉大锯，扯大锯。姥姥家，唱大戏。拉一拉，扯一扯，小宝宝，快长大。

2. 进行室外游戏，丰富游戏环境。

受室内游戏场地限制，游戏空间较小，可将本亲子游戏带到户外，让宝宝坐在草地上，与家长边做游戏边念儿歌。利用大自然自由、开阔的环境，让宝宝的身心得到更加全面的发展。

3. 创新游戏动作。

在熟悉游戏规则的基础上，家长可与宝宝创新游戏动作和玩法，并尝试为新的玩法命名。

家庭教育指导建议

1. 游戏开始前，家长和宝宝要进行一定的热身运动，活动身体。热身运动最好从系统的拉伸活动开始。拉伸时要缓慢，避免突然用力，为接下来的游戏做好准备。可进行游戏资源视频中的动作，也可进行其他动作。

2. 游戏结束后，家长和宝宝要进行舒缓的放松活动，如相互捏一捏肩膀、手臂、腿，捶一捶后背等，使身体快速放松下来，减少运动带来的疲惫感。可进行游戏资源视频中的动作，也可进行其他动作。

3. 家长应根据宝宝的实际情况来确定游戏的强度和难度，不宜过度进行运动。

4. 家长可以通过本次游戏，了解亲子运动游戏的流程，并能应用在其他游戏当中。

宝宝成长评价参照表

评价指标	评价内容	家长评价
运动	1. 能在坐姿状态下双脚并拢，双手抓紧家长，身体前倾、后倾	
	2. 能在平躺状态下，双腿抬起、膝盖弯曲，双腿借助与家长脚掌相对的力量交替弯曲	
	3. 能在平躺状态下，利用宝宝与家长双手相互作用的力，收缩腹肌，将身体调整成坐姿	
	4. 能在坐姿状态下，与家长手拉手，将身体恢复平躺状态	
艺术	能根据《拉大锯》童谣有节奏地做动作	
合作	1. 能积极参与合作型的游戏活动	
	2. 掌握与他人合作开展游戏的方法	
注意力	1. 能专注于游戏活动	
	2. 不受外界事物的打扰	
抗挫力	在难以完成动作时，愿意多次尝试游戏	
创新	1. 在熟悉童谣的基础上，进行改编或续编	
	2. 在原有游戏动作的基础上，尝试创新动作或游戏玩法	
情绪状态	1. 保持良好的情绪状态，以积极、愉快的情绪参与游戏	
	2. 在难以完成动作的情况下出现情绪波动时，能在家长的引导下调整自己的情绪状态	
	3. 在难以完成动作的情况下出现情绪波动时，能自己调整情绪	

注：家长可用☆符号进行评价。☆表示一般符合，☆☆表示比较符合，☆☆☆表示完全符合。

7. 快乐宝贝健身操

游戏价值

《指南》在健康领域中提到了要注重"发展幼儿动作的协调性和灵活性"，激发宝宝参加体育活动的兴趣，养成爱运动的好习惯。"快乐宝贝健身操"有利于引导宝宝从生活中取材，将生活中的物品"变身"为好玩儿的运动操器械，在韵律中做身体的锻炼，提高动作的协调性，增强体能。同时，家长陪伴宝宝游戏时，可观察了解宝宝的运动经验和兴趣，在已有运动水平基础上，鼓励宝宝挑战不同难度的运动游戏，丰富游戏的趣味性和运动体验的多样性。

游戏目标

1. 能跟随音乐节奏，较准确地完成健身操的基本动作。
2. 尝试使用身边常见的物品辅助操节的练习。
3. 体验运动带来的快乐，增强自信心和表现力。

游戏准备

1. 宽敞明亮的场地。
2. 适合做操的运动服、运动鞋，女生需将头发束起。
3. 生活中常见的物品，如衣架、毛巾、球拍等较长的物品，矿泉水瓶、玩具杠铃等较短的物品。
4. 适合运动的音乐，如操节练习时的动感音乐及放松环节中的舒缓音乐。

游戏玩法

玩法一：快乐徒手操

1. 热身运动。

在做徒手操之前，家长和宝宝共同进行热身运动，舒展身体，做好准备，保证安全。家长可以选择一些强度和难度较小的动作，从上肢运动到下肢运

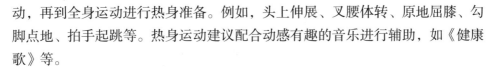

动，再到全身运动进行热身准备。例如，头上伸展、叉腰体转、原地屈膝、勾脚点地、拍手起跳等。热身运动建议配合动感有趣的音乐进行辅助，如《健康歌》等。

2. 操节练习。

家长和宝宝共同熟悉"快乐徒手操"的基本动作，正确掌握每个动作的指导要点，熟练后家长和宝宝一起跟随音乐进行动作的练习，开展趣味的游戏。

（1）抬臂上举。

① 左脚向左迈出一步，与肩同宽；同时双手握拳，双臂向前伸与地面平行。

② 双臂上举与身体呈一条直线。

③ 双臂向下落与地面平行。

④ 双臂向下，回到身体两侧，左脚收回，左右交替各一次。

（2）抬臂下蹲。

① 左脚向左迈出一步，与肩同宽，同时双手握拳，双臂向前伸与地面平行。

② 双臂保持向前伸，同时双腿屈膝下蹲。

③ 双腿直立站起，双臂向下，回到身体两侧，左脚收回，左右交替各一次。

（3）抬臂体侧。

① 左脚向左迈出一步，与肩同宽，同时双手握拳，双臂上举与身体呈一条直线。

② 身体向一侧倾斜，然后恢复直立。

③ 双腿直立站起，双臂向下，回到身体两侧，左脚收回，左右交替各一次。

（4）抬臂体转。

① 左脚向左迈出一步，与肩同宽，同时双手握拳，双臂向前伸与地面平行。

② 双臂保持向前伸，同时身体转90°。

③ 双腿直立站起，双臂向下，回到身体两侧，左脚收回，左右交替各一次。

（5）抬臂扶背。

① 左脚向左迈出一步，与肩同宽，同时双手握拳，双臂上举与身体呈一

条直线。

②双臂保持上举，身体向下弯曲。

③双腿直立站起，双臂向下，回到身体两侧，左脚收回，左右交替各一次。

（6）跳跃运动。

①左脚向左迈出一步，与肩同宽，同时双手握拳，双臂向前伸与地面平行。

②双臂弯曲双手叉腰，同时双脚原地跳四下。

③双腿直立站起，原地踏步。

放松运动：跟随舒缓的音乐，放松身体的各个部位，以愉快的情绪结束游戏。

玩法二：趣味器械操

1. 热身运动。

器械操开始前，请家长和宝宝共同进行热身运动，舒展全身，做好准备，保证安全。

2. 操节练习。

家长和宝宝共同挑选易于操作、安全性强且适合运动的生活用品作为器械操的辅助材料。若是较长的生活物品，如衣架、毛巾、羽毛球拍、魔法棒等，家长和宝宝各准备一个；若是较短的生活物品，如海洋球、玩具杠铃、矿泉水瓶等，家长和宝宝各准备两个。

做器械操的过程中，如选择较长的生活物品，家长和宝宝需全程双手握住器械两端，手臂宽度与肩同宽；如选择较短的生活物品，家长和宝宝需双手各握住一个器械，进行操节的练习。

操节动作与注意事项参照玩法一的动作要求。

放松运动：跟随舒缓的音乐，放松身体的各个部位，以愉快的情绪结束游戏。

玩法三：亲子互动操

1. 热身运动。

互动操开始前，请家长和宝宝面对面进行热身运动，舒展全身，做好准备，保证安全。

2. 操节练习。

家长和宝宝面对面站好，手持器械或双手握拳均可，跟随音乐进行操节的练习。在宝宝熟悉操节动作的基础上，家长可引导宝宝按照操节动作要求，进行巩固学习。

操节动作与注意事项参照玩法一的动作要求。

放松运动：跟随舒缓的音乐，放松身体的各个部位，以愉快的情绪结束游戏。

🔒 游戏规则

1. 运动前，准备姿势为正步位，后背挺直，双手自然下垂，目视前方。

2. 跟随音乐的节拍进行操节的学习与练习。

3. 运动时，手臂伸直，身体摆正，动作标准。

4. 亲子活动需要家长的支持与指导，帮助宝宝进行学习。

🐢 游戏延伸

1. 在熟悉操节动作的基础上，家长与宝宝可以按照操节动作要求进行创编，生成新的健身操动作，如体转、体侧、抬腿等。

2. 家长可根据以往经验，指导宝宝进行合作健身操的创编与展示，如家长托举宝宝，宝宝做伸展、交叉、抬腿等动作。

3. 可带领家庭中的其他成员开展合作健身操或集体健身操的练习。

家庭教育指导建议

1. 运动前请家长和宝宝选择家中比较宽敞、适宜运动的地方，并为宝宝准备防滑鞋和运动服。

2. 在活动前，共同进行热身运动，为接下来的操节运动做好充足的准备。

3. 要选择安全的物品做器械操。

4. 家长和宝宝活动前共同熟悉做操所用的音乐，掌握音乐的节奏。

5. 家长可以通过语言、动作等方式，指导宝宝掌握健身操动作要领。

宝宝成长评价参照表

评价指标	评价内容	家长评价
运动	1. 抬臂上举时，双臂能与身体呈一条直线	
	2. 抬臂下蹲时，双臂向前伸展与地面保持平行	
	3. 体转运动时，身体能向左或向右转90°	
	4. 跳跃运动时，双手叉腰，双脚能同时离地一定高度	
艺术	能根据音乐节奏，做出相应的操节动作	

续表

评价指标	评价内容	家长评价
创新	1. 在原有健身操动作的基础上，创编新的动作	
	2. 创意出新的玩法，带领家庭中的更多成员共同运动	
情绪状态	1. 保持良好的情绪状态，以愉快的情绪参与运动	
	2. 在持续运动感到疲累时，能在家长的引导下调整自己的情绪状态	
	3. 因健身操动作要领没有掌握而出现情绪波动时，能够自我调节情绪	
抗挫力	健身操动作不标准时，愿意反复练习做到动作标准	
专注力	1. 能保持积极、自信、专注的状态，参与到亲子运动中	
	2. 不受外界的干扰，专注于音乐的节奏和动作的配合	
合作	1. 愿意和家长共同完成亲子运动健身操	
	2. 在运动过程中，和家长动作步调保持一致	

注：家长可用☆符号进行评价。☆表示一般符合，☆☆表示比较符合，☆☆☆表示完全符合。

第四部分
入园体验课程

　　入园是宝宝从家庭走向社会的第一步。2001年，教育部印发的《幼儿园教育指导纲要（试行）》（以下简称《纲要》）指出："家庭是幼儿园重要的合作伙伴，应本着尊重、平等、合作的原则，争取家长的理解、支持和主动参与。"入园体验课程能够帮助即将入园的宝宝迅速了解幼儿园环境，感受幼儿园的快乐氛围，同时，也能够让家长了解到宝宝在园的一日生活，从而更好地配合家园工作开展。因此，在"入园体验课程"部分，一共为家长提供了21个完整、翔实的入园亲子体验活动方案，每个活动包含多个环节和小游戏，内容涉及学前教育中健康、语言、社会、科学、艺术五大领域。在形式多样的亲子体验活动中，教师通过指导家长和宝宝一起参与"玩气球""趣玩毛巾""好玩的纱巾"等游戏，调动起宝宝的多种感官体验，促进宝宝感觉统合能力、认知能力、语言表达能力等多方面能力的发展。同时，教师可以在亲子互动中，深入观察家长和宝宝的亲子相处模式，并给予家长有针对性的反馈和建议，帮助家长了解宝宝的学习方式与特点，形成科学的育儿理念。在家园共育观念达成一致的基础上，家园有效沟通能够将家庭教育和幼儿园教育紧密联结在一起，形成教育合力。

入园体验课程

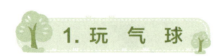

1. 玩 气 球

游戏价值

　　缤纷的气球为宝宝的童年编织了美丽的梦，不管是在节日还是在生活中，气球都是宝宝常见又喜爱的物品。如何引导宝宝安全玩气球，并在玩气球的过程中探索创造、开心运动呢？

　　亲子游戏"玩气球"（图4-1-1）通过系列活动引导宝宝乐于参与集体游戏，发展宝宝的观察、探索、实践能力，在亲子互动、师生互动中，初步发展宝宝语言表达、社会交往、科学探究、艺术欣赏等多种能力。

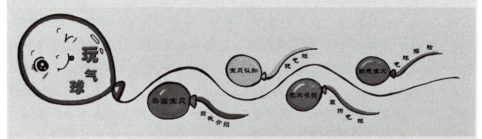

图4-1-1

　　在游戏中调动宝宝的多种感官，锻炼大小肌肉群，有助于宝宝精细动作、身体协调、运动能力的发展。本游戏旨在指导家长鼓励宝宝积极参与活动，通过语言、肢体提示等方式帮助宝宝自主选择、自由探索，让宝宝感受游戏的快乐，增强亲子感情。

游戏内容

（一）亲密宝贝：自我介绍

　　游戏目标：勇于做自我介绍，增强自信心。

　　游戏准备：音乐《跟我动起来》、音箱、麦克风。

　　游戏过程：

　　1. 圆圈舞。播放音乐《跟我动起来》，教师引导家长与宝宝围成圆圈即兴舞蹈。

教师：宝贝们，和爸爸妈妈一起来跳舞吧。

2. 请宝宝做自我介绍，并介绍自己的家长。

教师：请宝宝做自我介绍。说出自己的姓名、年龄，是男生还是女生，并说出希望大家喜欢"我"，谢谢大家。再介绍自己的爸爸妈妈，如"我"爸爸叫什么名字等。

> 观察与指导要点：
>
> 观察宝宝的口语表达能力，能否在教师的引导下说出自己的姓名、年龄、性别，是否可以介绍自己的爸爸妈妈。对于胆小的宝宝，指导家长陪同宝宝走到其他小朋友面前，帮助宝宝进行自我介绍，增强宝宝自信心，提高社交能力。语言提示家长多带宝宝出席不同场合，鼓励宝宝勇敢表达。

（二）宝贝认知：玩气球

游戏目标：初步感知气球是圆的，有弹性的，有多种颜色的。通过观察和动手实践，探索气球的多种玩法。

游戏准备：气球、打气筒。

游戏过程：

1. 教师出示气球并提问：这是什么？你喜欢吗？这些气球都是什么颜色？你喜欢哪种颜色的气球？宝宝自选并说出颜色名称，如"我要红色的气球"。

2. 教师指导家长引导宝宝观察手中的气球，抻一抻感知气球的弹性。

3. 引导宝宝尝试用打气筒吹气球，家长做适当的辅助并提示宝宝在给气球充气的过程中注意控制充气的力度，避免气球因过分膨胀而爆炸。

4. 积极探索，拍拍打打，感知气球里面有气体，拍一下气球，它就会弹起来。

引导家长把气球举过头顶，松手使气球飘落，引导宝宝用手指触碰气球，使其再次弹起。鼓励宝宝探索气球的多种玩法。

> 观察与指导要点：
>
> 观察宝宝能否自主游戏，能否自己想出玩气球的方法，以及能想出几种玩法。家长要注意提升自己参加活动的热情，带动宝宝的情绪，引导宝宝发现气球的多种玩法。对于不愿意和小伙伴一起游戏的宝宝，家长允许宝宝先进行观察，不强迫宝宝。

（三）艺术花园：装饰气球

游戏目标：引导宝宝用不同材料装饰气球。自主探索，自由创造，用自己的意愿装饰气球。

游戏准备：悬挂起来的各色双层气球若干（图4-1-2），剪刀、胶棒、透明胶、双面胶、绒球、彩纸、皱纹纸、马克笔、水彩颜料、大小空盘子若干、湿巾两包。

图4-1-2

游戏过程：

1. 气球超市。

教师引导宝宝自主选择自己喜欢的气球。

教师：气球超市里悬挂着漂亮的气球，快去选择你喜欢的气球吧。

请家长配合宝宝用小剪刀剪断悬挂气球的丝线，取下气球。

2. 装饰气球。

教师引导宝宝自主选择要装饰气球的材料。

教师：宝贝们，这里有许多气球的"好朋友"，有绒球、彩纸、皱纹纸、马克笔、水彩颜料。它们可以帮助小气球变得更漂亮。你想请谁帮助你的气球变得更漂亮呢？自己来选一选吧。

宝宝自选装饰材料，家长引导宝宝选择适当的辅助材料，如胶棒、双面胶、透明胶等。

宝宝开始装饰气球，感受创造的乐趣。使用马克笔、水彩颜料的宝宝，家长可以引导宝宝有意识地用直线和圆圈涂鸦气球。家长关注宝宝的专注力，及时给宝宝的创意点赞，注意宝宝使用剪刀的安全。在宝宝使用马克笔时，提醒他要平涂，以免笔尖用力导致气球爆球。

3. 展示作品

请宝宝给小伙伴们讲一讲自己的作品，和家长一起把装饰后的气球悬挂起来展示。

观察与指导要点：

观察宝宝能否按照自己的意愿选择游戏材料。家长关注宝宝自己能否创造性地使用材料。如能否用不同的线条或图案进行装饰，能否用绒球等材料有规律地进行装饰等。家长适当帮助选择辅助材料，如宝宝选择了纸类，家长可以引导宝宝取胶棒；宝宝选择了绒球，家长可以提醒宝宝取双面胶或透明胶。在创作过程中，家长要以宝宝的思路为主体，以观察者的身份帮助宝宝完成自己的创作，及时鼓励、赞扬宝宝的创意。

（四）动感宝贝：气球探险

游戏目标：发展持物向指定目标走、跨的基本动作，培养平衡能力和肢体协调能力，激发对体育游戏的兴趣。

游戏准备：布置场地（图4-1-3）。气球若干、平衡木一个、不同高度的跨栏两个（高度分别为20 cm和30 cm）、衣架若干、塑料箱一个。

图4-1-3

游戏过程：

1. 模仿操"气球飞飞"。

引导宝宝和家长随着教师的动作做模仿操，注意做好游戏前的准备活动。

教师：现在宝宝们都变成了会飞的气球，大家和老师一起飞起来吧。小气球飞呀飞呀，飞到了山顶（双手高高举起，脚跟抬起，脚掌交替快速踏步）；小气球飞呀飞呀，飞到了峡谷（弯腰，左右前后扭动）；小气球飞呀飞呀，飞到了小溪里（屈膝半蹲，双手在身体两侧摆动）；小气球飞呀飞呀，落到了草地上（坐下来）。

2. 游戏"气球宝宝去探险"。

教师：宝宝们，有一群气球宝宝要去探险了，它们胆子很小，需要小朋友们的帮忙，你们愿意帮助气球宝宝吗？

引导宝宝手持气球从起点出发，平稳走过平衡木，然后跨过跨栏，先完成高度为20 cm的跨栏，再完成高度为30 cm的跨栏，跑向终点把气球放到塑料箱里，完成游戏。

3. 游戏"夹气球走"。

教师出示塑料衣架，引导宝宝拿衣架来玩气球。

宝宝和家长可以用衣架的横面托起气球，也可以用两个衣架夹着气球走。

4. 游戏"气球落下来"。

宝宝在教师的引导下做放松操。

观察与指导要点：

观察宝宝能否在教师的引导下进行模仿动作，观察宝宝平衡走和跨越的基本动作能达到的水平，观察宝宝参加大运动的情绪状态和身体协调性。指导家长既要放手让宝宝去运动，又要时刻关注宝宝的安全，宝宝在走平衡木和跨栏有困难时，家长及时给予保护。

家庭教育指导建议

气球还能怎么玩？启发家长与宝宝开动脑筋创造开发一物多玩新思路，如"被单上的气球宝宝""气球让我的头发站起来了""踩气球"等。提醒家长在和宝宝玩气球游戏时要特别注意安全，如气球充气不宜充得过满，尽量运用充气工具充气。如果需要体验吹的动作，家长要检查好气球的质量，要零距离保护宝宝，以免误食或有其他危险。

引导家长意识到可以利用生活中的常见物品与宝宝做游戏。例如，思考探索手帕、毛巾可以怎么玩。引导家长关注宝宝的自主性，多为宝宝创造主动观察、探索、实践的环境，创设能够发展宝宝精细动作和大运动的游戏机会；激发宝宝积极乐观的情绪。

宝宝成长评价参照表

序号	评价领域	评价指标	行为观察	评价等级（由弱到强）		
				★	★★	★★★
1	健康	动作发展	能平稳走平衡木，完成高度为20 cm和30 cm的跨栏动作			
		情绪情感	喜欢参与亲子活动，情绪稳定			
2	语言	倾听理解	能安静地听教师与同伴讲话，跟随教师与家长的引导自主玩游戏			
		表达交流	能大胆地做自我介绍，用语言清晰表达自己的需求			

续表

序号	评价领域	评价指标	行为观察	评价等级（由弱到强）		
				★	★★	★★★
3	社会	同伴交往	能在教师引导下有序地游戏，对同伴态度友好			
		适应群体	愿意参加集体活动，对群体活动有兴趣			
4	科学	探究兴趣	愿意主动探究，对游戏的玩法感兴趣			
		探究能力	能运用多种感官感知气球的形状、颜色、特点等，能探索气球的多种玩法			
5	艺术	大胆表现	自信地用自己的意愿装饰气球			
		艺术创造	能感应节奏，在教师引导下随节奏做动作或创编动作			
6	品质	专注能力	能保持积极、自信的状态，专注地投入到游戏活动中			
		目标意识	能按教师的引导完成游戏			
恭喜宝宝获得____颗★！我们一起继续加油！						

2. 趣玩毛巾

游戏价值

毛巾是宝宝生活中常见的物品，也是入园的必需品。本活动（图4-2-1）旨在通过毛巾这一生活用品帮助宝宝建立家庭和幼儿园之间的联系，提升对幼儿园生活的熟悉感，减轻入园焦虑。

亲密时光：毛巾你好
学习跳毛巾舞
能边听音乐边做动作
感受与家长、同伴共同舞蹈的乐趣

感统适应：救援队出发
锻炼四肢协调能力
能在游戏中保持平衡
感受闯关游戏的乐趣

趣玩毛巾

认知启蒙：藏猫猫
感知辨认生活中的常见物品
能简单表达出物品的用途
愿意玩记忆游戏

小手动动：小小毛巾球
学习制作毛巾球
能用折、卷的方式制作毛巾球
感受制作毛巾球的乐趣

图4-2-1

活动以一物多玩的形式，从健康、语言、社会、科学、艺术等领域入手，帮助宝宝在游戏中养成和提升感觉统合、经验认知、艺术审美、合作交往、语言表达、科学探索等各方面的能力，帮助家长了解宝宝的学习方式与特点，逐步形成科学的育儿理念。

游戏内容

（一）亲密时光：毛巾你好

游戏目标：学习跳毛巾舞，能边听音乐边做动作，感受与家长、同伴共同舞蹈的乐趣。

游戏准备：毛巾、音乐。

游戏过程：

1. 出示毛巾，引起宝宝兴趣。

教师：让我们一起和小毛巾跳个舞吧。

2. 宝宝与家长手持毛巾随音乐共同舞蹈。

教师与家长、宝宝共同起舞，一边做动作一边随音乐说儿歌："小毛巾手中拿，四四方软软的，擦擦脸擦擦手，变漂亮了。小毛巾手中拿，上擦擦下擦擦，左擦擦右擦擦，变干净了。"

3. 宝宝与家长展示表演。

以家庭为单位，依次邀请宝宝及家长面向大家站好。先鼓励宝宝介绍自己的名字或小名，然后请家长与宝宝共同表演毛巾舞。

观察与指导要点：

该阶段的宝宝对音乐有了一定的感受与理解，能边唱边做贴合歌曲内容的表情与简单的动作。在游戏过程中应注意观察宝宝的情绪和动作，对不做动作的宝宝加以示范和鼓励，如"举起毛巾给妈妈看看吧""我们一起摇一摇""你转圈的动作真好看"等。对宝宝具体的舞蹈动作不做过多要求。

动作建议

第1小节：双手胸前持毛巾左右摆动。

第2小节：双手持毛巾从下向上画圆。

第3小节：根据歌词做擦脸、擦手动作。

第4小节：双手分开，向上打开呈伸展状。

第5小节：双手胸前持毛巾左右摆动。

第6小节：根据歌词提示，双手向上、下进行交替摆动。

第7小节：根据歌词提示，双手向左、右进行交替摆动。

第8小节：双手分开，向上打开呈伸展状。

（二）认知启蒙：藏猫猫

游戏目标：感知辨认生活中的常见物品，能简单表达出物品的用途，愿意玩记忆游戏。

游戏准备：3条毛巾、各种家庭中常见的物品。

游戏过程：

1. 出示生活中常见的物品，了解物品名称。

2. 用简单的语言讲述活动中出现的各种生活用品的用途。

3. 藏猫猫游戏。

教师出示三种生活用品，一边请宝宝逐一说出日常用品名称及用途，一边横向摆放。摆好后取出三条毛巾，依次将日常用品遮盖好，请宝宝猜一猜某件物品在哪里。

观察与指导要点：

该年龄段的宝宝有意记忆开始萌芽，在活动中宝宝通过游戏情境的刺激，不断尝试进行简单记忆。同时，该年龄段的宝宝已经具备一定的空间意识，愿意通过反复的操作来巩固里外空间概念。因此，家长可以在宝宝猜测后鼓励宝宝自己翻开毛巾，支持宝宝的空间探索。在宝宝回答问题时，语言表述通常是由三四个词组成的简单句，家长和教师对宝宝的语言表达要耐心倾听并给予鼓励，同时积极引导宝宝说出完整的话。对于不同能力水平的宝宝，可以根据宝宝现有的记忆水平调整藏猫猫物品的数量。

（三）小手动动：小小毛巾球

游戏目标：学习制作毛巾球，能用折、卷的方式制作毛巾球，感受制作毛巾球的乐趣。

游戏准备：毛巾、橡皮筋。

游戏过程：

1. 出示毛巾球，激发宝宝兴趣。

教师与宝宝玩魔术游戏，变出毛巾球。

教师：我用毛巾给小朋友变个魔术，毛巾变成了毛巾球。毛巾球可以怎样玩？我们一起来变毛巾球好不好？

2. 教师边说儿歌边示范毛巾球的制作方法。

教师：毛巾上下握握手，我们都是好朋友，毛巾宝宝抱一抱，变成小球快快跑。

3. 宝宝练习制作毛巾球（图4-2-2）。

观察与指导要点：

儿歌《毛巾球》有助于宝宝记住毛巾球的制作方法，在制作过程中，可以反复播放儿歌《毛巾球》，帮助宝宝巩固记忆。该年龄段的宝宝手部小肌肉动作有了一定的发展，但灵活性还不够。宝宝初次尝试折叠动作时很难完全对齐、折平，家长应该充分鼓励宝宝。当宝宝把毛巾对齐后，家长可以帮助其将毛巾两边压住，以便于宝宝折平中线。在宝宝制作好毛巾球后需要家长帮助用橡皮筋固定好。

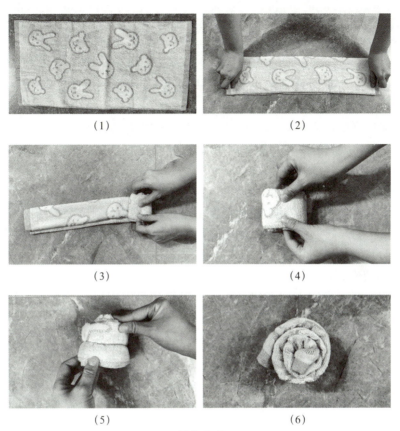

（1）　　　　　　　　　　　　（2）

（3）　　　　　　　　　　　　（4）

（5）　　　　　　　　　　　　（6）

图4-2-2

（四）感统适应：救援队出发

游戏目标：锻炼四肢协调能力，能在游戏中保持平衡，感受闯关游戏的乐趣。

游戏准备：毛巾、曲线标记。

游戏过程：

1. 创设游戏情境，激发游戏兴趣。

教师：救援队今天休息，请宝宝们做救援队队员。丁零丁零，我们接到了一个新任务，有几个小动物在森林里不小心走丢了，请救援队员们帮帮忙吧！

2. 拉木头。

教师：森林里有好多大木头呀，大木头拦住了我们的去路，让我们一起将木头拉开吧。

请家长与宝宝合作将浴巾拧成绳子状，宝宝与家长对坐，各自用双手分别拉住绳子的两端，将绳子伸直。家长向后倾倒，请宝宝双手用力将家长拉起，宝宝顺势向后倾倒，请家长再将宝宝拉起，此为一轮。宝宝与家长合作完成一轮，以此类推，共进行5轮。

3. 划小船。

教师：现在我们来到了小河边，请小朋友们坐上小船吧，坐船的时候要注意安全，双手抓紧小船的边缘。

请家长将浴巾平铺在地面曲线标记处，宝宝坐在浴巾一侧，双手拉住浴巾两边。家长拉住浴巾另一侧向后用力沿曲线拉动宝宝。

4. 翻草地。

教师：现在我们来到了草地上，让我们在草地上打滚吧。

请家长将浴巾平铺在地面上，宝宝平躺在浴巾一侧，家长与宝宝配合将身体包住，手臂置于浴巾外侧，包好后家长轻轻拽动浴巾，宝宝顺势翻滚，共3次。

5. 荡秋千。

教师：现在我们来到了树林中，小猴子教我们用树枝荡秋千，让我们一起试一试吧。

请家长将浴巾平铺在地面上，宝宝坐在浴巾中间，家长提起浴巾两侧，呈秋千状，左右轻轻晃动，来回共7次。

6. 过索道。

教师：现在前面出现了一条长长的索道，请宝宝用手脚并用的方式爬过索道，营救小动物吧。

请家长与宝宝合作将浴巾拧成绳子状，两名家长对坐于毛巾绳两端，将毛巾绳伸直。宝宝双腿蜷起，平躺在毛巾绳下，双手交替抓握毛巾绳，手脚协同用力从一端爬到另一端，往返共5次。

7. 投球入洞。

教师：我们终于看到小动物们啦，原来，他们不小心掉进洞里出不来了，小动物想让宝宝们帮忙将毛巾球扔进洞里，小动物就能踩着毛巾球走上来了。你能将毛巾球投进洞里吗？

请两名家长对向下蹲，双臂上下伸展，双手紧握呈洞口状。教师依据宝宝已有经验水平，帮助宝宝固定正向点位（0.8～1.4 m），宝宝站在点位上进行投掷练习。

8. 送小动物回家。

教师：小动物们终于出来了，他们高兴地跳了起来，请宝宝们把跳跃的小动物们送回家吧。

宝宝与家长双手各持毛巾四角，将毛巾伸平，将小动物玩偶置于毛巾中

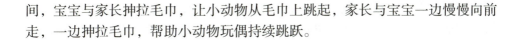

间，宝宝与家长抻拉毛巾，让小动物从毛巾上跳起，家长与宝宝一边慢慢向前走，一边抻拉毛巾，帮助小动物玩偶持续跳跃。

观察与指导要点：

"救援队出发"是综合性的感觉统合游戏，锻炼宝宝的平衡与四肢协调能力。

1. 在拉木头游戏中，要观察宝宝能否拉住绳子四肢协调地向后倾倒，手臂能否协调用力将自己拉起。

2. 在划小船和荡秋千游戏中，要注意观察宝宝的表情和手部拉紧毛巾的动作，根据宝宝的表情调整幅度和速度。当宝宝出现眉头紧锁，眼睛紧闭，两手攥紧等动作时应降低动作幅度和速度，反之则可加大动作幅度和力度。

3. 在翻草地游戏中，初次拽浴巾应温柔而缓慢，观察拽浴巾时宝宝的手臂是否有意做支撑动作，待宝宝适应游戏后逐渐加大拽浴巾的力度和速度。

4. 在过索道游戏中，要观察宝宝双手交替向前的灵活性，和四肢配合向前的协调性，鼓励宝宝快速通过索道。

5. 在投球入洞游戏中，两岁半的宝宝投掷动作随意性较强，不能很好地控制和协调肌肉群准确投掷，在游戏的过程中主要以锻炼上肢力量为主，感受将毛巾球向前投掷即可。家长与教师应观察宝宝在投掷时能否面向前方，有意向洞口进行投掷，在投掷的力度上是否有意识增加投掷力量。对能够多次将毛巾球投进洞口的宝宝，家长可以适当调整投掷的距离或洞口的大小，帮助每一名宝宝在原有基础上有针对性地提升投掷水平。

6. 在送小动物回家游戏中，应观察宝宝在运送小动物时是否关注小动物的弹跳状态，能否根据小动物的弹跳状态调整双手动作。宝宝对自己调整动作带来的改变是否有惊喜的眼神，宝宝能否用简单的语言描述自己的动作改变与小动物弹跳状态改变的关系。

家庭教育指导建议

毛巾的玩法多种多样，家长可以与宝宝继续探索毛巾的不同玩法，如传统游戏丢手绢、手工制作"小兔子"等丰富宝宝的游戏体验，感受一物多玩的乐趣。在平日游戏中提倡家长利用现有家庭环境和条件做平衡活动，如斜坡、冰雪、滑轮、垫子、梯子、旋转木马、吊桥等促进宝宝前庭觉发展，锻炼身体平衡协调能力。在日常生活中，鼓励宝宝观察生活中出现的各种日常用品，支持宝宝探索日常用品的特性和使用方法，鼓励宝宝通过摆弄的方式进行探索。探索后，家长应耐心倾听幼儿的发现，鼓励宝宝尽量用完整的语句进行表达。

宝宝成长评价参照表

序号	评价领域	评价指标	行为观察	评价等级（由弱到强）		
				★	★ ★	★ ★ ★
1	健康	手部精细动作	手指灵活，能用折、卷的方式制作毛巾球，感受制作毛巾球的乐趣			
		身体平衡	四肢协调，能在游戏中保持平衡，感受闯关游戏的乐趣			
		大运动	喜欢参加体育活动，尝试投掷的动作，能用力向前投掷，愿意玩投掷游戏			
		情绪情感	喜欢与同伴、家人一起参加活动，与同伴接触的过程中情绪稳定、乐于参加集体游戏			
2	语言	大胆表达	能在活动中用简单的语言大胆表达自己的需要和感受。能说出几种日常用品的用途			
		认真倾听	老师、同伴或家长对宝宝说话时能注意听并作出回应。能听懂日常会话和他人对宝宝说的指示性语言			
3	社会	人际交往	愿意与家人、同伴共同游戏			
		行为规范	能在提醒下遵守游戏的规则，不与他人争抢玩具或材料			
4	科学	主动探究	感知辨认生活中的常见物品。能用多种感官感知反作用力，观察小动物玩偶的弹跳状态与自身动作之间的关系，感受探索的乐趣			
		数学认知	从唱数过渡到点数，用点数的方式了解物体的数量。初步感知数量关系			

序号	评价领域	评价指标	行为观察	评价等级 （由弱到强）		
				★	★★	★★★
5	艺术	欣赏与体验	容易被活动的音乐吸引，喜欢倾听音乐			
		创造与表达	能边听音乐边做动作，感受舞蹈的乐趣			
6	品质	专注力	能保持积极、专注、自信的状态，专注地投入到游戏中			
		自尊、自信、自主	能在活动中努力做好，并为自己的成功体验感到喜悦			

恭喜宝宝获得＿＿＿颗★！我们一起继续加油！

3. 好玩的纱巾

游戏价值

　　纱巾是宝宝家庭生活中常见的物品之一，其轻薄、飘逸的特性非常适合宝宝开展游戏活动。

　　通过亲子游戏"好玩的纱巾"（图4-3-1），以贴近宝宝生活的纱巾为切入点，通过一物多玩的方式，提升宝宝综合能力的发展，促进宝宝在游戏中发展观察能力、认知能力、艺术表现、交往能力、语言表达能力、科学探索、专注力等，帮助家长更全面地了解宝宝的学习方式与特点，促进科学育儿，推动宝宝健康成长。

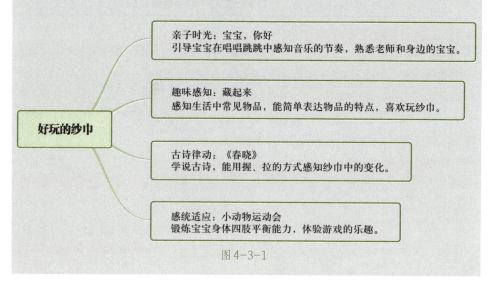

图4-3-1

游戏内容

（一）亲子时光：宝宝，你好

　　游戏目标：引导宝宝在唱唱跳跳中感知音乐的节奏，熟悉教师和身边的小朋友。

　　游戏准备：音乐《你好》、手摇铃。

游戏过程：

1. 出示手摇铃，引起宝宝的兴趣。

教师：宝宝们，这是什么呢？让我们和手摇铃打声招呼。下面就让我们跟随音乐《你好》，伸出你的小手戴上手摇铃一起来问声好。

2. 宝宝们之间互相问好。

宝宝面对面站好，互相问声好。鼓励宝宝跟同伴主动问好。一边听音乐一边双手举起面向同伴打招呼问好。

3. 宝宝与家长问好。

宝宝和家长面对面站好，鼓励宝宝跟家长问好，大胆表现自己。一边听音乐一边做问好的动作。

观察与指导要点：

宝宝通过感知音乐的节奏，能跟随音乐的节奏做动作，能面对同伴、家长大胆表现自己。在游戏中，观察宝宝的表现及对音乐节奏的回应，对不做动作的宝宝给予鼓励和示范。同时，请家长带领宝宝一起做动作，跟随音乐和旁边的宝宝互相打招呼问声好，培养宝宝初步的人际交往能力，做到有礼貌，愿意与人交往。

（二）趣味感知：藏起来

游戏目标：感知生活中的常见物品，能简单表达物品的特点及用途，喜欢玩纱巾的游戏。

游戏准备：纱巾、音乐律动；图画书《好饿的毛毛虫》、棒偶毛毛虫、地垫

游戏过程：

1. 出示生活中常见的纱巾，了解物品的名称。

教师：宝宝，这是什么，摸起来有什么感觉呢？

2. 用简单的语言表达纱巾的特点及用途。

教师：我们的纱巾可以用来干什么呢？

3. 音乐律动：藏起来。

教师：宝宝，今天我们新来了一位客人。（出示棒偶毛毛虫。）我们和毛毛虫一起做游戏吧。

宝宝先把纱巾蒙在头上，一边听音乐一边学着毛毛虫爬行的动作向前爬，身体向前向后动一动。

音乐律动儿歌：小小的毛毛虫软绵绵，一缩一伸慢慢爬，小小的毛毛虫软绵绵，长大以后变蝴蝶。

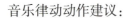

音乐律动动作建议:

第1小节:小小的毛毛虫软绵绵。(宝宝将纱巾蒙在头上,模仿毛毛虫爬行。)

第2小节:一缩一伸慢慢爬。(宝宝身体前后动一动。)

第3小节:小小的毛毛虫软绵绵。(宝宝模仿毛毛虫爬行。)

第4小节:长大以后变蝴蝶。(宝宝将纱巾从头上拿下来,站起来一只手拿着纱巾翩翩起舞,使纱巾上下飘起来,转圈摆动双臂。模仿蝴蝶飞舞着。)

观察与指导要点:

在游戏中,通过图画书《好饿的毛毛虫》导入,宝宝模仿毛毛虫爬行的样子,倾听感知音乐的节奏,用肢体来表现毛毛虫变成蝴蝶的情景。宝宝喜欢模仿毛毛虫的样子,愿意用肢体动作来表现。家长可以鼓励宝宝大胆表现,在音乐的变化下,能做出不同的动作。同时,引导宝宝感知、倾听、思考动作的变化,关注到每一位宝宝的动作表现,家长和教师对宝宝跟随音乐节奏做动作的表现要给予鼓励和支持。

(三)古诗律动:《春晓》

游戏目标:学说古诗《春晓》,能用握、拉的方式感受纱巾的变化。

游戏准备:纱巾、古诗《春晓》。

游戏过程:

1. 出示纱巾,宝宝倾听古诗《春晓》。

教师与宝宝玩"纱巾变变变"的游戏,将纱巾藏在一只手里握好。然后,播放音乐,教师与宝宝一起朗诵古诗,把纱巾变出来。

2. 教师边朗诵古诗,边示范动作。

教师一只手握住纱巾,另一只手随朗诵古诗的节奏慢慢地抽出纱巾,一直到古诗朗诵完纱巾全部露出来,在上方摆一摆。

3. 宝宝和家长一起来朗诵古诗并表演纱巾。

观察与指导要点:

将纱巾运用到朗诵古诗的环节,可以激发宝宝学说古诗的兴趣,有助于宝宝感受古诗的韵律。宝宝双手的动作灵活性和协调性还不够,所以宝宝初次尝试边朗诵边与纱巾互动时,家长和教师应多鼓励、支持宝宝大胆表现。家长可以和宝宝一起来朗诵，培养宝宝倾听、语言表达、感知古诗快慢节奏的能力，发展宝宝小手肌肉。

（四）感统适应：小动物运动会

游戏目标：锻炼宝宝身体的灵活能力、平衡能力和动作的协调能力，感受探索纱巾游戏的乐趣。

游戏准备：纱巾、动物玩偶。

游戏过程：

1. 创设游戏情境，激发宝宝参与游戏的兴趣。

游戏情境：森林里的小动物要去参加运动会，但前去运动会的路上遇到很多的木头，请家长与宝宝一起来帮帮忙。

2. 拉大锯。

请家长和宝宝面对面坐好，家长和宝宝双手拉住纱巾的一角，将纱巾拉直。家长身体向后倾，宝宝的身体向前倾，之后宝宝的身体向后倾，家长的身体向前倾。家长与宝宝完成一组，动作反复进行3组。

观察与指导要点：

通过感统游戏，锻炼宝宝身体的平衡能力。在游戏中，观察宝宝能否用小手拉住纱巾，身体随着力量向前、后倾，手臂能否用力拉紧纱巾将自己拉回来。鼓励宝宝快速做出反应，锻炼宝宝手臂力量的发展及身体的协调性。

3. 探险家：运动会。

创设游戏情境：小动物们在参加运动会，请宝宝们和小动物们一起比赛吧。

家长与宝宝双手将纱巾四角拉平，把动物玩偶放在纱巾中间，一起将动物玩偶运到终点。

观察与指导要点：

宝宝与家长一起在运送动物玩偶时能否专注地观察动物玩偶是否保持在纱巾上面，并随之调整身体四肢的动作。在游戏中锻炼宝宝的上肢力量和身体的协调性。鼓励宝宝运动起来，将动物玩偶运到终点。

家庭教育指导建议

　　家长可以与宝宝继续探索纱巾的花样玩法，如传统游戏"揪尾巴""丢手绢"等，丰富宝宝的游戏经验，体验游戏一物多玩的乐趣。在平日游戏中建议家长利用家庭环境和宝宝做平衡性的运动，锻炼身体平衡性和协调能力。同时，鼓励宝宝观察、探索生活中物品的作用和使用方法，用完整的语言大胆地进行表达。

宝宝成长评价参照表

序号	评价领域	评价指标	行为观察	评价等级（由弱到强）		
				★	★★	★★★
1	健康	动作发展	能身体平稳地连续向前爬，保持身体的协调性和灵活性			
		情绪情感	喜欢参与亲子活动，情绪稳定			
2	语言	倾听理解	能认真地听教师与同伴讲话，跟随教师与家长引导自主玩游戏			
		表达交流	能大胆地站在同伴面前做自我介绍，用语言清晰表达自己的需求			
3	社会	同伴交往	能在教师引导下有秩序地进行游戏，对同伴态度友好			
		适应群体	对群体活动有兴趣			
4	科学	探究兴趣	愿意主动探究尝试，对游戏的玩法感兴趣			
		探究能力	能运用多种感官感知纱巾的形状、颜色、特点等，能探索纱巾的多种玩法			
5	艺术	大胆表现	自信地用自己的意愿大胆表现			
		艺术表现	能感应节奏，在教师引导下随节奏做动作或创编动作			
6	品质	专注能力	能保持积极、自信的状态，专注地投入到游戏活动中			
		目标意识	能关注游戏中的目标，按教师引导完成游戏			

恭喜宝宝获得＿＿＿颗★！我们一起继续加油！

4. 和 颜 悦 色

游戏价值

在孩子的眼中，一草一木都有着绚丽的色彩。红橙黄绿青蓝紫，早已融入四季，浸润在生活的方方面面。刚上幼儿园的宝宝处于认知敏感期，他们对色彩十分敏感，针对宝宝这一特点，本游戏从"玩"入手，引导宝宝在玩颜色的过程中认识不同的颜色，感受到颜色的微妙变化。

本游戏以颜色为主题，从健康、语言、社会、科学、艺术等领域入手，提升宝宝的综合能力，帮助宝宝在游戏中促进感觉统合能力、认知能力、艺术审美、交往能力、语言表达能力、科学探索能力的发展，帮助家长了解宝宝的学习方式与特点，逐步形成科学育儿理念（图4-4-1）。

和颜悦色		
	亲密时光：颜色，你好	通过节奏问好，培养孩子的节奏感，锻炼孩子眼睛观察，手部配合，知道自己的名字，听到点名后又应答。
	宝贝认知：彩虹项链	提高幼儿的手眼协调能力，培养幼儿的色彩感受和创意思维能力。
	艺术花园：彩虹花	能够用红橙黄绿青蓝紫七种颜色印花，提升手眼协调能力，加深孩子对色彩的认知。
	艺术宝贝：颜色歌	让宝宝通过《颜色歌》了解七种颜色，学习跳颜色歌，能边听音乐边做动作，感受与家长、同伴舞蹈的乐趣。
	动感宝贝：彩虹伞大作战	"起风了—大海浪""抢面包""抢颜色"锻炼身体的控制能力和平衡能力以及触觉发展

图4-4-1

 游戏内容

（一）亲密时光：颜色，你好

游戏目标：帮助宝宝熟悉身边人，听到点名后有应答。培养宝宝的节奏感，锻炼观察、手部配合能力。

游戏准备：铃鼓。

游戏过程：

1. 拍铃鼓，唱《颜色问好歌》。

教师：热情接待宝宝，与宝宝及家长交流问候。

2. 亲子游戏：打招呼。

宝宝和家长围坐成半圆形，教师边拍铃鼓边唱儿歌，和每位宝宝打招呼互动："你好，小朋友你好吗？你好，小朋友们你们好。我是××老师。你好，×××，你好吗？我是××。"然后大家一起拍手说："欢迎你！"继续游戏，直到每位宝宝都介绍过自己。

提示家长：家长鼓励宝宝听到点名后，大胆拍击铃鼓。对于胆小的宝宝，家长可以领着宝宝一起拍击铃鼓。

观察与指导要点：

自我介绍是提升宝宝沟通认知的有效途径，宝宝语言能力的培养可以从简单的一问一答回应中开始，从短句结构"大家好，我叫××，我今年2岁了"开始，随后不断提升难度。在游戏过程中应注意观察宝宝的情绪和动作，对不能主动跟随音乐节奏做自我介绍的宝宝加以示范和鼓励。

（二）宝贝认知：彩虹项链

游戏目标：提高宝宝的手眼协调能力，培养宝宝的色彩感受和创意思维能力。

游戏准备：色彩丰富的珠子、绳子若干条。

游戏过程：

1. 介绍游戏材料和玩法。

出示材料盒（图4-4-2），引导宝宝观察并尝试说出名字，如这是彩色珠子。随后教师举起珠子："今天我们要来制作漂亮的项链。"教师用拇指、食指捏取一颗珠子告诉宝宝颜色，然后将珠子穿入绳中。宝宝在家长的帮助下进行游戏。教师："宝宝，多漂亮的项链呀，我们一起来制作吧！"

2. 家长协助宝宝，宝宝自主操作（图4-4-3）。教师观察指导。

提示家长：提醒家长和宝宝一起收拾好游戏材料。

图 4-4-2

图 4-4-3

观察与指导要点：

该年龄段是宝宝精细动作发展极为迅速的时期，经常进行手部游戏，可以促进大脑神经、骨骼肌肉和感觉统合的成熟与发展。因此，家长可以鼓励宝宝自己动手穿七彩项链，锻炼宝宝手指、手腕、手掌等部位的活动能力和手眼协调能力。

（三）艺术花园：彩虹火车

游戏目标：能够用多种颜色画印花，提升手眼协调能力，加深宝宝对色彩的认知。

游戏准备：画纸、保鲜袋、颜料。

游戏过程：

1. 导入环节。

教师：这里有这么多美丽的小花，你们都看到了哪些颜色呢？今天我们一起来用保鲜袋印画吧！

2. 七彩印花：为宝宝提供画纸、颜料（红、橙、黄、绿、青、蓝、紫）、保鲜袋，捏住保鲜袋一个角，把角打个结，把袋子翻过来，吹口气把袋子鼓起来，把开口打上结，再在保鲜袋上面涂上颜料印在画纸上，印出花朵的形状，七彩花的雏形完成啦（图4-4-4）。

(1)

(2)

图 4-4-4

观察与指导要点：

该年龄段的宝宝手部小肌肉动作有了一定的发展，但灵活性还不够。宝宝初次尝试用保鲜袋印画，家长应该充分鼓励宝宝。

（四）艺术宝贝：颜色歌

游戏目标：了解七种颜色，学习跳颜色歌，能边听音乐边做动作，感受与家长、同伴舞蹈的乐趣。

游戏准备：《颜色歌》音乐、彩色丝巾。

游戏过程：

1. 教师提出游戏玩法并示范。家长带着宝宝随着音乐一起做动作，并且随儿歌内容的变换及时变换动作。

2. 教师分步示范几个具体动作，并请家长带着宝宝练习。

3. 家长带着宝宝随音乐玩游戏。

提示：宝宝从家长身上滑落时，家长注意用双手拖住宝宝的后背，以免宝宝摔伤。

观察与指导要点：

该月龄的宝宝对音乐的感受与理解能力逐步提升，跟随音乐节奏做动作的能力与动作协调能力逐渐提高，能随着音乐一起做弯腰和甩袖的动作。在游戏过程中应注意观察宝宝的情绪和动作，对不做动作的宝宝加以示范和鼓励，如"向前左右摆动""双手向上向下交替摆动"等，对宝宝的具体舞蹈动作不做过多要求。

（五）动感宝贝：彩虹伞大作战

游戏目标：锻炼身体的控制与平衡能力，促进触觉发展。

活动准备：彩虹伞、海洋球。

游戏过程：

1.“起风了—大海浪”玩法：宝宝蹲下双手拉着彩虹伞的拉环，随着音乐和口令抖动彩虹伞，让彩虹伞像海浪一样翻滚。当教师喊“小海浪”时，宝宝轻轻抖动彩虹伞；当喊“大海浪”时，宝宝站起来抖动彩虹伞；当喊“狂风骤雨”时，宝宝做起蹲动作，双臂快速抖动彩虹伞；当喊“龙卷风”时，宝宝转圈抖动彩虹伞。

2.“抢面包”玩法：宝宝变身小蚂蚁，围坐在彩虹伞的周围，听口令，音乐开始，爬着去寻找放在彩虹伞中央的“大面包”，谁先到达举起“面包”，谁就是赢家。

3.“抢颜色”玩法：宝宝围着平放着的彩虹伞转圈圈，随着音乐做一些律动，听口令站到指定的颜色上，没有站上的淘汰，循环游戏，坚持最后的胜利。

> 观察与指导要点：
>
> 两岁多的宝宝双臂快速抖动彩虹伞的动作随意性较强，不能很好地控制和协调肌肉群做标准动作，在游戏的过程中主要锻炼上肢力量。宝宝在爬着去寻找“面包”的环节，锻炼宝宝大肌肉协调能力和腿部力量。

家庭教育指导建议

色彩是我们认识世界的重要途径，色彩与人的听觉、视觉、味觉、触觉都息息相关。家长可以多带领宝宝开展颜色游戏，如色彩游戏，家长可以事先准备不同的颜色卡片，在卡片上绘制不同的图形，以刺激宝宝的视觉，这样不仅可以锻炼宝宝对色彩的感知能力，还可以训练宝宝的记忆力。如涂鸦，家长给宝宝提供材料、场地等，鼓励宝宝多去涂涂画画，增进对颜色的认识，提升手眼协调、动手能力。

宝宝成长评价参照表

序号	评价领域	评价指标	行为观察	评价等级（由弱到强）		
				★	★★	★★★
1	健康	动作发展	能够随着音乐拉着彩虹伞独立行走、蹲下、匍匐			
		情绪情感	喜欢参与亲子活动，情绪稳定			

续表

序号	评价领域	评价指标	行为观察	评价等级 （由弱到强）		
				★	★★	★★★
2	语言	倾听理解	能安静地听教师与同伴讲话，跟随教师与家长引导自主玩游戏			
		表达交流	能大胆地拍着铃鼓做自我介绍，用语言清晰表达自己的需求			
3	社会	同伴交往	能在教师引导下有秩序地游戏，对同伴态度友好			
		适应群体	对群体活动有兴趣			
4	科学	探究兴趣	愿意主动探究，对游戏感兴趣			
		探究能力	能运用多种感官感知七彩珠子的形状、颜色、特点等，能探索珠子的多种玩法			
5	艺术	大胆表现	自信地用自己的意愿装饰彩色项链			
		艺术表现	能感应节奏，在教师引导下随节奏做动作或创编动作			
6	品质	专注能力	能保持积极、自信的状态，专注地投入游戏活动			
		目标意识	能关注游戏中的目标，按教师引导完成游戏			

恭喜宝宝获得____颗★！我们一起继续加油！

5. 小乌龟抓抓乐

游戏价值

　　小乌龟是孩子们生活中常见的动物形象，鲜明的外形特征、有趣的生活习性，都吸引着宝宝探索与发现的兴趣。

　　本活动结合宝宝年龄特点和发展水平，围绕小乌龟的话题开展多元化的游戏活动（图4-5-1），发展宝宝初步的语言表达、社会交往、科学探究、艺术欣赏等多种能力。同时能调动多种感官，锻炼宝宝肌肉群，促进身体平衡性、四肢协调性。指导家长鼓励宝宝积极参与活动，用语言、肢体提示等方式帮助宝宝自主选择、自由探索，让宝宝感受游戏的快乐，增强亲子感情。

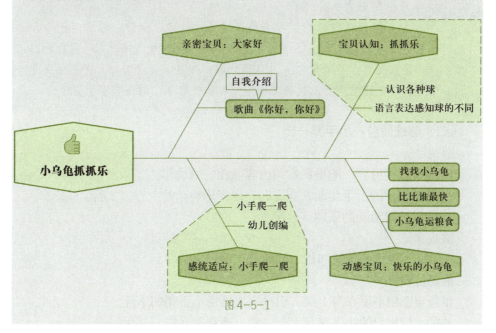

图4-5-1

游戏内容

（一）亲密宝贝：大家好

游戏目标：

提升宝宝与人交往的能力，感受与伙伴互动的乐趣，增强宝宝自信心，促进社会性发展。

游戏准备：

沙锤、麦克风、歌曲《你好，你好》。

游戏过程：

1. 你好舞：播放歌曲《你好，你好》，教师引导宝宝与家长围成圆圈，进行即兴舞蹈。

教师：宝宝们，我们和爸爸妈妈一起跳舞吧。与其他小朋友面对面，挥一挥我们的小手，和对面的好朋友打个招呼。

2. 教师示范唱名之后，之后请宝宝依次起立，大家一起为站起来的宝宝唱名，唱完后教师要对宝宝的到来表示欢迎并给予鼓励。例如："欢迎××，今天唱得真好。"同时鼓励宝宝用双手鼓掌，鼓励其他宝宝。

3. 唱完所有宝宝的名字后，教师用引导语言进入下一个环节。

观察与指导要点：

观察宝宝能否在教师的引导下说出自己的姓名、年龄、性别，能否介绍陪同自己来的家长。观察每一名宝宝的口语表达能力。对于不愿意表达的宝宝，指导家长可以帮助宝宝一起自我介绍，增强宝宝自信心，提高社交能力。宝宝自我介绍结束后，鼓励其他宝宝和家长鼓掌，增强宝宝的自信心。

（二）感统适应：小手爬一爬

游戏目标：

1. 理解歌词内容，能根据歌词内容做相应的动作。

2. 借助小手的上下爬动，感受和表现音乐韵律的上行、下行。

3. 感受韵律活动的乐趣。

游戏准备：

宝宝认识身体的主要部位、歌曲《小手爬》。

活动过程：

带领宝宝用小手在身上爬，引导宝宝感受小手爬的乐趣

教师：用你们的小手在身上爬一爬，感觉怎么样？好玩吗？

1. 播放第一遍音乐，请宝宝欣赏歌曲。

教师：接下来我们来学习一首有趣的歌曲《小手爬》，我们一起来听一听。

2. 播放第二遍音乐，教师跟着歌曲做动作，引导宝宝理解歌词内容。

教师：看看我的小手先爬到哪里？最后爬到了哪里？

播放第三遍音乐，教师带领宝宝随乐做动作，鼓励宝宝小声跟唱歌曲。

播放手指操视频《小手爬》，鼓励宝宝边做动作边跟唱歌曲。

3. 播放《小手爬》伴奏，鼓励宝宝尝试创编歌词及动作。

教师：小手还会爬在哪里呢？（膝盖上、肚子上。）

教师：试试边唱边将你想的地方编成动作。

> 观察与指导要点：
>
> 观察宝宝能否自主游戏，能否尝试跟唱歌曲，能否按照歌曲的节奏舞动小手。家长要注意提升自己参加活动的热情，感染宝宝的情绪，引导宝宝跟随音乐节奏舞蹈。对于不愿意参加活动的宝宝，家长与宝宝在一旁观察，不强迫宝宝。

（三）宝贝认知：抓抓乐

游戏目标：

1. 通过抓的动作，感应大小、质地不同的球。

2. 能尝试根据指令正确抓取不同大小、质地的球。

3. 喜欢参与抓球、摸球的游戏，体验其中的乐趣。

游戏准备：

1. 各种不同质地、大小、颜色的球（如海洋球、塑料球、绒球等）若干。

2. 贴有各种不同质地、大小、颜色的纸箱人手一个。

游戏过程：

1. 导入环节。

（1）教师请宝宝自我介绍，（教师辅助不会表达的宝宝）并且说出自己擅长的本领。

（2）教师：箱子里有许多好玩的东西，谁来试一试把它抓出来？

教师提问："你们刚才摸到了什么？它摸起来是什么样的（是硬硬的还是软软的）？"

（3）师生共同小结：箱子里有软软的球，有硬硬的球，有大球和小球。

2. 互动游戏。

（1）教师：老师会变魔术，能不用眼睛看，就知道拿着的是哪种球。不信，宝宝们来考考老师。

（2）教师示范讲述规则。请宝宝从箱子里抓一个球出来，看看是什么，说一说是什么颜色的，是大一点的还是小一点的，摸起来是软软的还是硬硬的。说完后放进箱子里，再抓一个球。

（3）宝宝游戏。

3. 找相同。

（1）教师将不同大小、颜色、质地的球放入箱子里，请宝宝用手蒙住眼睛。教师随机选择1个球，请宝宝在箱子里找出与教师手中的球相同的球。

（2）鼓励宝宝尝试用语言描述球体的特征，如"大小相同""颜色相同"等。

（3）游戏可以多次进行，逐渐增加难度，例如增加球体的数量或者改变球体的颜色。

观察与指导要点：

观察宝宝能否说出教师手中球体的颜色与质地（软、硬、大、小等），宝宝能否找到与教师手中对应相同的球并用语言表达出来，游戏过程中教师可以适当引导宝宝说完整话。

（四）动感宝贝：快乐的小乌龟

游戏目标：

1. 能够逐渐完成匍匐爬行、手膝爬行。

2. 愿意参与活动，体验爬行的乐趣。

3. 感知小乌龟的外形，初步认识小乌龟。

游戏准备：

乌龟手偶、食物道具、收纳筐、歌曲《小星星》。

游戏过程：

1. 导入。

（1）教师拿着小乌龟玩偶介绍小乌龟的特点。

教师：今天我们课堂上来了一个小乌龟，我们一起来认识一下，小乌龟有绿绿的身体，圆圆的头。这是它的小眼睛还有小嘴巴，身上背着一个绿色的壳。

（2）教师出示小乌龟图片、视频，让宝宝认识乌龟。

教师：小乌龟本领大，硬硬的外壳是它的家。宝宝们认识小乌龟了吗？小乌龟们想和我们一起快乐地运动，我们一起来看看是什么游戏。

2. 找找小乌龟。

（1）创设情境，引导宝宝爬行找小乌龟。

教师：原来小乌龟想让我们去找到它，需要宝宝们爬向小乌龟。

（2）教师讲解活动规则，进行动作示范（图4-5-2）。

教师：接下来，我们会通过手膝交替爬行，去寻找活动室周围的小乌龟。家长可以引导宝宝向着小乌龟的方向爬行，锻炼宝宝的爬行能力。

（3）教师指导家长带领宝宝爬到小乌龟处。

教师：那边好多的小乌龟想和我们做朋友，让我们爬向小乌龟和小乌龟一起做游戏吧。

3. 比比谁最快。

（1）教师示范并讲解游戏规则和注意事项。

教师：刚才看到宝宝们完成得非常好，现在我们来进行一个比赛，看看哪个宝宝爬得最快。

请家长们站到宝宝们的对面，手中拿着小乌龟，引导宝宝们向前爬，比一比看哪个宝宝爬得最快。

（2）游戏开始，教师指导家长要引导宝宝往家长的方向爬行。（同时引导家长不要过多干预宝宝的运动，活动中多鼓励宝宝自己爬行。）。

4. 小乌龟运粮食。

（1）教师：小乌龟感觉和宝宝们一起玩游戏玩得有些饿了，想要吃一些可口的食物。可是小乌龟的粮食剩得不多了，宝宝们可以帮帮小乌龟吗?

（2）教师讲解活动规则，进行动作示范（图4-5-3）。

图4-5-2

图4-5-3

教师：接下来，我们会通过手膝交替爬行，去寻找活动室周围的粮食，将粮食运回家。宝宝们运送粮食的同时要注意不要将粮食掉落下来，头要抬起来往前看，身体保持平稳。

5. 放松。

教师：今天小乌龟感觉和宝宝们一起玩游戏十分开心，于是小乌龟想给我们唱一首好听的童谣，我们一起听一听吧!

教师播放音乐带领宝宝放松。

游戏延伸：在家中，家长可以和宝宝一起玩爬山坡的游戏，在客厅远处摆放一个玩具，中间设置用被子等生活用品做成的"山坡"障碍，让宝宝爬过山坡，取玩具。同时家长也要随时关注宝宝的状态，及时调整活动难度。

观察与指导要点:

可以邀请家长一起参与,调动宝宝的积极性。体育活动环节,宝宝由于刚接触游戏可能表现出惧怕,教师可以慢慢引导但不要强迫。观察宝宝能否在教师的引导下模仿动作,观察宝宝手膝着地能达到的水平,观察宝宝参加大运动的情绪状态和身体协调性,活动过程中一定要确保安全。

家庭教育指导建议

启发家长与宝宝开动脑筋创造开发一物多玩新思路,如通过观察身边物品的特性,进行相应的游戏。提醒家长在和宝宝玩游戏时可以鼓励宝宝,让宝宝设计游戏玩法,在游戏中要经常鼓励宝宝。引导家长先从熟悉的身体开始,如胳膊、腿都可以做哪些活动。让家长把在家"我看着宝宝"的想法,变为"我陪伴宝宝"。激发家长积极参与宝宝活动的热情,让家园共育深入人心,助力宝宝身心健康成长。

宝宝成长评价参照表

序号	评价领域	评价指标	行为观察	评价等级（由弱到强）		
				★	★★	★★★
1	健康	动作发展	能够手膝着地交替爬行			
		情绪情感	喜欢参与亲子活动,情绪稳定			
2	语言	倾听理解	能安静地听教师与同伴讲话,跟随教师与家长引导自主玩游戏			
		表达交流	能大胆地做自我介绍,用清晰的语言表达自己的需求			
3	社会	同伴交往	能在教师引导下有秩序地游戏,对同伴态度友好			
		适应群体	对集体游戏有兴趣			
4	科学	探究兴趣	愿意主动探究,对游戏感兴趣			
		感知理解	能初步了解小乌龟的外形特点,能感受物体的大小、质地不同			
5	艺术	艺术表现	能感应节奏,在教师引导下随节奏做动作或创编动作			

续表

序号	评价领域	评价指标	行为观察	评价等级（由弱到强）		
				★	★★	★★★
6	品质	专注能力	能保持积极、自信的状态，专注地投入游戏活动			
		目标意识	能关注游戏中的目标，按照教师的引导完成游戏			
恭喜宝宝获得____颗★！我们一起继续加油！						

6.玩转纸杯

🍀 游戏价值

纸杯是我们生活当中随处可见的物品，但经常在使用后被随意丢弃。如何充分利用这些废弃的生活物品，发挥其蕴含的教育价值呢？

亲子游戏"玩转纸杯"让生活中的小物品成为宝宝游戏的"伙伴"，通过花样玩法来激发宝宝的游戏兴趣，调动宝宝的多种感官，增强宝宝的协调能力、反应能力以及专注力，以此提升宝宝的综合能力。在此过程中，帮助家长能够巧妙利用身边常见的物品，与宝宝进行亲子互动，做到科学陪伴，进而增进亲子之间的感情。游戏过程思维导图如图4-6-1所示。

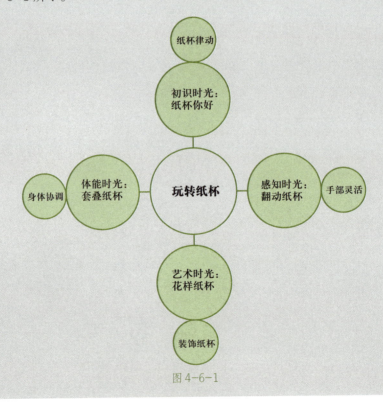

图4-6-1

 游戏内容

（一）初识时光：纸杯你好

游戏目标：初步感知纸杯的有趣，能够边听音乐边做动作，感受与家长、同伴用纸杯律动的乐趣。

游戏准备：纸杯手偶（图4-6-2）、音乐《棒棒糖》。

游戏过程：

出示纸杯手偶，激发宝宝对纸杯的兴趣。

请宝宝做自我介绍，说出自己的姓名或小名，并介绍自己的家长。

家长与宝宝面对面坐好，双手持纸杯，跟随音乐律动，初步感知纸杯的有趣。

图4-6-2

观察与指导要点：

该阶段的宝宝对音乐律动的感受与理解能力逐步提升，动作与律动的协调能力逐渐提高，能够跟随律动做简单动作。在游戏过程中应注意观察宝宝的情绪和动作，对不做动作的宝宝加以示范和鼓励，如"和妈妈一起做""纸杯碰一碰"等。

附 音乐律动建议

啦哩啦哩啦哩啦哩（双手持纸杯搓动）。

啪啪啪（双手持纸杯敲击地面）。

啦哩啦哩啦哩啦哩（双手持纸杯搓动）。

啪啪啪（双手持纸杯敲击地面）。

啦哩啦哩啦哩啦哩（双手持纸杯搓动）。

啪啪啪（双手持纸杯敲击地面）。

啦哩啦哩啦哩啦哩（双手持纸杯搓动）。

啪啪啪（双手持纸杯敲击地面）。

让我们双手举起点一点头（双手持纸杯举高并点头）。

啦哩啪啦哩啪（双手持纸杯在空中撞击）。

让我们双手放下踏一踏脚（双手持纸杯落地并敲击地面）。

啦哩啪啦哩啪（双手持纸杯撞击并敲击地面）。

小声小声小声小声（双手持纸杯轻轻敲击地面）。

小声小声小声小声（双手持纸杯轻轻敲击地面）。

大声大声大声大声（双手持纸杯加重敲击地面）。

大声大声大声大声（双手持纸杯加重敲击地面）。

（二）感知时光：翻动纸杯

游戏目标：初步感知纸杯的外形特征，增强手部肌肉的灵活性。

游戏准备：不同颜色的纸杯、音乐《加油鸭》。

游戏过程：

出示纸杯并提问：这些是什么？都有什么颜色的纸杯？你喜欢什么颜色？

宝宝和家长依次选择纸杯，分别将纸杯开口朝上摆好一排。

引导宝宝感知纸杯可以翻动。

纸杯上面一个大大的圆圈，下面一个小小的圆圈。引导宝宝将纸杯翻过来，使大大的圆圈在下面。

当音乐响起，家长与宝宝同时依次将纸杯翻过来摆好，比一比谁更快。

> 观察与指导要点：
>
> 观察宝宝能否自主游戏，依次翻动纸杯。家长要注意提升自己参加活动的热情，感染宝宝的情绪，引导宝宝发现翻动纸杯的方法。对于不能将纸杯稳稳摆放的宝宝，家长不要急躁，允许宝宝在摆放不整齐且翻动失败后多次尝试，多鼓励、不催促宝宝。

（三）艺术时光：花样纸杯

游戏目标：引导宝宝用不同的材料装饰纸杯，自主探索、自由创造，根据自己的意愿装饰纸杯。

游戏准备：各颜色纸杯若干、剪刀、胶棒、双面胶、彩纸、彩笔、绒球、魔法玉米粒等。

游戏过程：

教师引导宝宝自主选择喜欢的纸杯。

教师：老师这里有各种颜色的纸杯，红色、绿色、橘色等，宝宝可以自己选择喜欢的纸杯。

装饰纸杯。

教师：宝贝们，这里有许多纸杯的"好朋友"，有绒球、魔法玉米粒、彩笔，它们可以帮助纸杯变得更漂亮（图4-6-3）。你想请谁帮助你的纸杯变得更漂亮呢？自己来选一选吧。

宝宝自选装饰材料，家长引导宝宝选择适当的辅助材料，如胶棒、双面胶等。

　　宝宝开始装饰，感受创作的乐趣，可以引导宝宝练习直线和圆圈的画法。家长关注宝宝专注力，及时给宝宝的创意点赞，在使用彩笔时提醒宝宝平涂，不要点涂。

图 4-6-3

　　请宝宝给小伙伴讲一讲自己的作品。

　　观察与指导要点：

　　观察宝宝能否按自己的意愿选择游戏材料，宝宝自己选择用什么材料装饰，家长就要帮助选择辅助材料，如孩子选择了纸类，家长就可以引导宝宝取胶棒；宝宝选择了绒球，家长就可以提醒宝宝取双面胶。在创作过程中，家长要以宝宝的思路为主体，帮助宝宝完成自己的创作，不干扰。发现宝宝的自主创作要及时鼓励、赞扬。

（四）体能时光：套叠纸杯

游戏目标：锻炼宝宝的下肢力量、感知能力和协调能力。

游戏准备：音乐《加油鸭》，各颜色纸杯两套，如图4-6-4摆放。

场地：

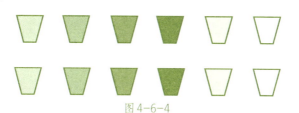

图 4-6-4

游戏过程：

1. 创设情境，激发游戏兴趣。

教师："双胞胎"纸杯分开了，请宝宝和家长帮忙将"双胞胎"纸杯"抱在"一起。

2. 纸杯套叠。

音乐响起，家长双手置于宝宝双侧腋下，将宝宝轻轻抬起。宝宝用双脚夹起"双胞胎"一个纸杯，轻轻放入另一个纸杯中，依次完成。

观察与指导要点：

观察宝宝能否将纸杯夹起，并准确套叠，观察宝宝下肢力量、感知能力，观察宝宝肢体的协调性以及参与游戏的情绪状态。指导家长积极配合宝宝，适当帮助宝宝调整方向，既要放手让宝宝去运动，又要时刻关注宝宝套叠纸杯的准确性，增强宝宝的自信心，提高宝宝的参与度。

家庭教育指导建议

纸杯轻巧易存放，使用方法多样，引导家长与宝宝发挥想象，创新纸杯的多种玩法，如纸杯传声筒、纸杯搭建，结合其他材料，还可以玩纸杯运球、做纸杯花等游戏，也可将纸杯作为运动材料，如跳、跑等障碍物。将"一物多玩"最大化，发展宝宝的多元能力。在日常生活中，鼓励宝宝观察生活中出现的各种日常用品，支持宝宝探索日常用品的作用和使用方法，鼓励宝宝通过摆弄的方式进行探索。

宝宝成长评价参照表

序号	评价领域	评价指标	行为观察	评价等级（由弱到强）		
				★	★★	★★★
1	健康	动作发展	能在悬空力量下，保持下肢有力。感知物体并用身体协调性运送纸杯			
		情绪情感	喜欢参与亲子活动，情绪稳定			
2	语言	倾听理解	能安静地倾听教师与同伴的话，跟随教师与家长引导自主游戏			
		表达交流	能大胆地做自我介绍，用语言清晰表达自己的需求			

续表

序号	评价领域	评价指标	行为观察	评价等级（由弱到强）		
				★	★★	★★★
3	社会	同伴交往	能在教师引导下有秩序的游戏，对同伴态度友好			
		适应群体	对群体活动有兴趣			
4	科学	探究兴趣	愿意主动探究，对游戏感兴趣			
		探究能力	能运用多种感官感知纸杯的外形特征，能探究纸杯的多种玩法			
5	艺术	大胆表现	能自信地用自己的意愿装饰纸杯			
		艺术表现	能感应节奏，在教师的引导下随节奏做动作			
6	品质	专注能力	能保持积极、自信的状态，专注地投入游戏活动			
		目标意识	能关注游戏中的目标，按教师引导完成游戏			

恭喜宝宝获得____颗★！我们一起加油！

7. 嘀嘀嘀，请上车

游戏价值

汽车是宝宝生活中常见的交通工具，本游戏以汽车为媒介，让宝宝在一系列和汽车相关的游戏中探索学习，快乐发展（图4-7-1）。

在"嘀嘀嘀，请上车""小汽车嘀嘀嘀""车轮的印记""躲避小汽车"等互动游戏中，宝宝通过与小伙伴的互动，提高社交能力；通过读图画书、玩小车，锻炼口语表达能力，感知物体的特性，培养科学探究精神；通过躲避游戏，锻炼身体的协调性和灵活性；用车轮滚动拓印作画，跟随音乐律动，丰富艺术感受。

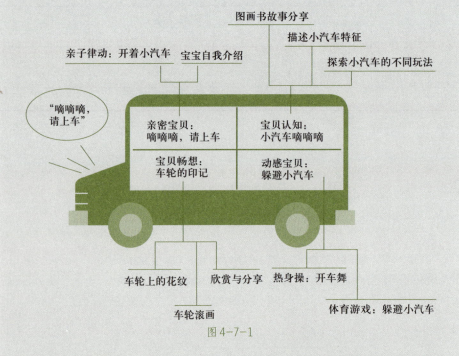

图4-7-1

宝宝在与材料、环境、音乐、同伴的互动中提升语言表达、社会交往、艺术创作、科学探究、肢体协调等能力，增进亲子关系，减少宝宝的入园焦虑情绪。

 游戏内容

（一）亲密宝贝：嘀嘀嘀，请上车

游戏目标：敢于打招呼和做简单的自我介绍，增强自信心。

游戏准备：音乐《开着小汽车》、音乐《小汽车慢慢开》、小椅子（家长和宝宝每人一把）。

游戏过程：

1. 亲子律动"开着小汽车"。

播放音乐《开着小汽车》，请所有宝宝和家长围成圆圈，跟随音乐节奏和教师一起做动作。

教师：嘀嘀嘀，汽车要开了，宝宝们准备好了吗？我们一起动起来吧！

2. 宝宝自我介绍。

播放音乐《小汽车慢慢开》，邀请宝宝上车做自我介绍，请其他宝宝和家长一起向他打招呼。

宝宝和家长围坐在小椅子上，教师模仿司机开小汽车，当音乐暂停时，教师停到一名宝宝面前，邀请他到中间，请宝宝做简单的自我介绍。

教师：嘀嘀嘀，小乘客你好，请上车，请小乘客来做自我介绍吧！说一说你叫什么名字，今年几岁了，是男孩还是女孩，爱好是什么。

教师：谢谢，我们一起和他打个招呼吧：×××，你好。

> 观察与指导要点：
>
> 律动环节，观察宝宝能否跟随教师进行互动游戏，鼓励宝宝跟随音乐节奏进行肢体律动。邀请到宝宝时，观察宝宝能否大胆加入。自我介绍环节，观察宝宝能否在教师的引导下做简单的自我介绍，说出自己的姓名、年龄、性别、爱好等，观察宝宝的口语表达能力。对于腼腆害羞的宝宝，指导家长陪同宝宝共同介绍或代为介绍，帮助宝宝建立自信心。自我介绍后，请其他宝宝和家长给予热情的回应，给予宝宝肯定与鼓励。

（二）宝贝认知：小汽车嘀嘀嘀

游戏目标：初步感知汽车的构成、尝试从外形、颜色、种类等方面描述自己的汽车，探索汽车的多种玩法。

游戏准备：图画书《小汽车嘀嘀嘀》、玩具汽车、游戏毯、不同高度的斜坡等（图4-7-2）。

游戏过程：

1. 阅读图画书《小汽车嘀嘀嘀》，请宝宝认真观察，通过部分画面，猜测

画面中出现的是什么车，感知不同汽车的特点。

（1）玩具汽车　　　　　　　（2）游戏毯　　　　　　（3）不同高度的斜坡

图 4-7-2　游戏准备

教师：嘀嘀嘀，阿黄开着小汽车出发了，他都遇到谁了呢？

宝宝们看前面的绿色车装的是什么？哦，是又红又大的苹果，这是什么车呢？没错，是运苹果的卡车。

前面开过来的是什么车呀？高高的，还有很多乘客，原来是双层公交车。

2. 教师指导家长引导宝宝选择自己感兴趣的玩具汽车，并通过看一看、摸一摸、玩一玩感受汽车的特性。

教师：这里有很多玩具汽车，请宝宝来选一辆自己最喜欢的小汽车吧。

3. 引导宝宝介绍自己的小汽车，家长做适当的提醒和帮助。

教师：你选择的小汽车是什么样子的？它是什么颜色的？它是什么种类的汽车？

4. 玩小车。自由探索小汽车的不同玩法，如在游戏毯上按照跑道玩小车；通过不同高度的斜坡，体验小汽车速度的快慢变化等。

观察与指导要点：

在看图画书的过程中，观察宝宝能否根据部分画面猜测出现的是什么车，请家长和宝宝一起观察画面中出现的车的特征。

请宝宝选择自己喜欢的玩具汽车，家长可以引导宝宝通过看一看、摸一摸等方式感受不同汽车的特点。

如果宝宝在选择玩具汽车或探索玩具汽车的不同玩法时出现争抢、矛盾时，指导家长引导宝宝用等待、交换、分享等方式尝试解决问题。

家长要鼓励宝宝大胆尝试小汽车的不同玩法，如果宝宝不愿参与，家长可以陪同宝宝一起观察其他同伴游戏。

（三）宝贝畅想：车轮的印记

游戏目标：观察车轮拓印的图案，感知车轮花纹的不同，体验用车轮作画的新奇和乐趣。

游戏准备：各种款式的玩具汽车（图4-7-3）、画纸、颜料、罩衣。

图4-7-3

游戏过程：

1. 车轮上的花纹。

请宝宝选择自己喜欢的玩具汽车，观察车轮上的花纹。

教师：小汽车的轮子上有很多漂亮的花纹，你的汽车上的花纹是什么样子的，摸一摸，有什么样的感觉？

2. 车轮滚画。

出示颜料，请宝宝用车轮蘸上自己喜欢的颜色，并在画纸上前进或后退滚动汽车，留下车轮的印记。

教师：蘸上你喜欢的颜色，在画纸上滚动你的小汽车，看看画纸上出现了什么图案。

3. 欣赏与分享。

一起欣赏车轮的印记，感受车轮拓印的图案美。

教师：宝宝们把车轮上的花纹都印到了画纸上，我们一起来看一看，哪个是你印的花纹？这里有直直的线。还有什么样子的线？

观察与指导要点：

观察宝宝能否运用多种感官感知车轮上花纹的不同。家长可以引导宝宝看一看，摸一摸，和其他小朋友比一比，鼓励宝宝将自己的感受表达出来。请宝宝尝试用不同的玩具小车印画，家长可以引导宝宝观察车轮印是否一样。当宝宝在滚画过程中碰到困难时，家长给予适当帮助，可以拉着孩子的手一起完成，增强宝宝的自信心。

（四）动感宝贝：躲避小汽车

游戏目标：发展宝宝躲闪跑的能力，锻炼身体的协调性和灵活性，感受体育游戏的乐趣。

游戏准备：音乐《开车舞》、户外操场跑道、皮球若干。

游戏过程：

1. 热身操"开车舞"。

请家长带领宝宝跟随音乐做热身活动，舒展身体各关节。

教师：小司机们，我们出发啦！请系好安全带，把好方向盘，慢慢开车上路（双手端平模仿开汽车的动作，慢慢走动）。向左转弯，向右转弯（宝宝扭动身体向左右转动）；进入隧道（宝宝弯腰蹲地向前行走）；小汽车上山坡（宝宝踮起脚尖向前走）；小汽车回到停车场（宝宝慢慢停下坐好）。

2. 体育游戏"躲避小汽车"。

分组进行躲闪跑的游戏。教师介绍游戏规则，请宝宝站在不同的跑道内，家长向宝宝的方向滚动皮球，宝宝进行躲避。

教师：宝宝们注意，小汽车向我们开过来了，快快躲开！

3. 宝宝在教师的引导下做放松操。

观察与指导要点：

热身环节，家长关注并引导宝宝认真跟随老师律动。游戏过程中提示宝宝在躲避皮球的过程中注意观察前方和左右方向，避免发生碰撞。家长可以陪同宝宝共同游戏，在宝宝熟悉游戏后，大胆放手。

家庭教育指导建议

在家中，家长可以继续和宝宝一起探索与汽车有关的游戏。

通过"数字停车场"游戏观察宝宝能否正确点数玩具汽车上的点子数量，能否将点子与数字进行对应，将小汽车停放到正确的停车场中。

通过"乘坐公交车"社会实践，了解乘坐公共交通需要遵守的规则，通过观察了解爱心座椅标识，感受尊老爱幼扶弱的中华传统美德。

通过"未来汽车"游戏，鼓励宝宝大胆创想，设计未来汽车，并尝试将自己设计的未来汽车用绘画或手工的形式创作出来，发展想象力和创造力。

通过"汽车大闯关"游戏，结合家中的实有物品，为宝宝营造富有挑战性的运动游戏情景，如钻爬椅子，围绕椅子、坐垫等进行"S"形跑等，在游戏中锻炼宝宝身体灵活性，发展宝宝运动协调能力。

宝宝成长评价参照表

序号	评价领域	评价指标	行为观察	评价等级（由弱到强）		
				★	★★	★★★
1	健康	手部精细动作	手指灵活，能够握紧玩具汽车，并将玩具汽车向前或向后滚动拓印			
		身体大运动	能跟随音乐有节奏地做相应动作，能躲避滚过来的皮球，反应灵敏			
		情绪情感	喜欢来园参与活动，与同伴接触的过程中情绪稳定、乐于参加集体游戏			
2	语言	表达	能用普通话较清楚地进行自我介绍，在提示下能用完整的句子说出"我叫×××，今年×岁了，我是男/女孩"			
		讲述	能够根据《小汽车嘀嘀嘀》故事画面理解故事内容，尝试讲述自己的发现			
		阅读兴趣	喜欢阅读图画书《小汽车嘀嘀嘀》，并愿意将看到的画面讲给家长听			
3	社会	人际交往	喜欢亲近老师和同伴，乐于交往，自我介绍及游戏时不抗拒和同伴、老师互动，愿意表达对同伴的鼓励和赞扬			
4	科学	探究兴趣	能够用多种感官感知玩具汽车的特性，愿意探索玩具汽车的不同玩法			
		数学认知	能够发现不同玩具汽车的外形特征，愿意用自己的语言描述自己的发现			
		逻辑比较	能够根据经验由局部特征推测出整体，猜出接下来出现的是什么小汽车			

续表

序号	评价领域	评价指标	行为观察	评价等级（由弱到强）		
				★	★★	★★★
5	艺术	欣赏与体验	愿意尝试车轮滚画，喜欢欣赏车轮拓印的图案，乐于发现和表达自己的发现			
		创造与表征	能用车轮滚画的形式进行艺术创作			
6	品质	专注力	能保持积极、专注、自信的状态，专注地投入游戏			
		创造性与合作性	能根据游戏的任务需要，表达自己的想法，并能与家长共同合作完成对自己想法的表达与表现			

恭喜宝宝获得____颗★！我们一起继续加油！

8. "果" 然遇见你

 游戏价值

香甜的水果为宝宝带来味蕾上的愉悦，本游戏主题围绕水果展开一系列活动（图4-8-1），在游戏中让宝宝获得均衡发展。

亲密宝贝:水果宝宝来做客
热身游戏:摘水果
自我介绍

艺术果园:光影水果
动手操作
欣赏彩色光影

智慧乐园:找到水果朋友
明晰水果名称
按照指令做动作
提高反应能力

欢乐世界:快把水果送回家
热身活动《健康歌》
夹住水果送回家

图4-8-1

游戏关注宝宝的语言表达、社会交往，通过动手操作将宝宝带到神奇的光影世界，通过亲子游戏互动综合调动宝宝视觉、听觉，提高宝宝精细动作水平和大肌肉动作发展，提升宝宝的综合能力。

游戏内容

（一）亲密宝贝：水果宝宝来做客

游戏目标：能够在集体面前做自我介绍，完整表达。

游戏准备：音乐《摘水果》、苹果模型。

游戏过程：

1. 热身游戏：摘水果。

播放律动音乐《摘水果》，家长和宝宝在场地内围成大圆圈，随着音乐开始沿一个方向前进，并做出摘水果的动作。

教师跟随旋律发出动作指令，家长和宝宝根据指令随音乐做相应动作：走一走呀摘一摘，跳起来呀摘苹果，苹果太高摘不到呀，我把宝贝抱起来。走一走呀摘一摘，跑起来呀摘苹果，苹果摘到香又甜呀，我们一起吃苹果。走一走呀摘一摘，跳起来呀摘苹果，大苹果呀在树上，我们快来摘苹果。

2. 自我介绍。

用传递苹果的方式，请宝宝分别到前面做自我介绍，请其他宝宝及家长鼓掌欢迎。

教师：我刚刚摘到了一个大苹果，这个苹果是幸运果，我们要把幸运传递，请拿到苹果的幸运宝贝来介绍一下你自己吧。

教师：宝宝你好，请用完整的句子说出"我叫×××，今年×岁了，我是男/女孩"。

教师：谢谢×××，我们欢迎你。

> 观察与指导要点：
>
> 热身环节，观察宝宝能否积极参加游戏，鼓励宝宝跟随音乐节奏做动作。
>
> 传递幸运果环节，宝宝自我介绍结束后将苹果传给下一位宝宝，教师及时给予指导并且鼓励宝宝按顺序传递。
>
> 自我介绍环节，观察宝宝能否在教师的引导下用完整句式说出自己的姓名、年龄、性别等，观察每一名宝宝的语言表达能力。
>
> 对于不愿或不能清晰表达的宝宝，教师可以鼓励家长带领宝宝一起做自我介绍，对于乐于分享、自信做出自我介绍的宝宝及时进行鼓励和表扬。
>
> 每次自我介绍后，提醒其他家长与宝宝鼓掌表示欢迎。

（二）艺术果园：光影水果

游戏目标：尝试使用剪刀，能够灵活地为水果贴上对应的颜色。

游戏准备：不同颜色的玻璃纸、各种水果的卡纸轮廓图、剪刀、透明胶带。

游戏过程：

1. 感知欣赏。

教师先向宝宝展示用玻璃纸制作的水果图形，再将水果图形放在光照下，引导宝宝观察有趣的水果影子。

教师：宝宝们，这个水果的影子是什么颜色的？

教师总结：普通的影子是灰色的，这个水果的影子和普通影子不同，是有颜色的。

教师：你们想知道它是怎么做出来的吗？让我们一起动手试一试吧。

2. 动手操作。

自选水果宝宝。

教师：请宝宝选择一种自己喜欢的水果。想一想你选择的水果是什么颜色的。让我们帮助水果宝宝穿上漂亮的衣服。

宝宝自主选择一种水果的卡纸轮廓图，并找到该水果对应颜色的玻璃纸。

给水果宝宝做新衣。

教师：宝宝用小剪刀把水果宝宝的衣服裁剪一下，剪成小块，使用剪刀时要注意安全。

在家长的指导下将玻璃纸剪成小块。

水果宝宝穿新衣。

家长帮助宝宝将水果卡纸的一面贴上透明胶，宝宝将玻璃纸碎块贴在有胶的一面。

3. 交流展示。

鼓励宝宝将做好的水果卡片在其他小朋友面前展示，并放在阳光下观察它的光影（也可以用手电筒打光）。宝宝之间可以交流分享，欣赏不同水果的光影作品（图4-8-2）。

图4-8-2　作品示例

观察与指导要点：

观察宝宝能否认真观察水果的光影，能否区分并表达看到的水果光影和常见光影的区别。观察宝宝能否找到水果和对应颜色的玻璃纸，引导找错或找不到的宝宝观察水果图片，并找出对应的颜色。指导宝宝用正确的姿势使用剪刀，将玻璃纸剪成边缘整齐的小块。提醒宝宝在使用剪刀时注意安全，家长在旁监护并辅助。观察宝宝能否将小纸块贴到胶面上。观察宝宝能否展示作品并与同伴交流分享，鼓励宝宝在光照下映射出作品的影子，并观察影子的特点。若没有阳光可采用手电筒照亮的方式，可以在光影下用白色纸板做衬，突出光影清晰度。

（三）智慧乐园：找到水果朋友

游戏目标：认识常见的水果，提高手眼协调能力、快速反应能力和专注力。

游戏准备：各种水果模型若干。

游戏过程：

家长和宝宝面对面坐下，中间放三种不同的水果模型。教师说摸某个身体部位时，如"摸头，摸鼻子"，宝宝和家长要根据教师所说的指令摸到相应的身体部位；当教师说水果名称时，宝宝和家长要快速拿到相应的水果。拿对的一方加一分，拿错的要放回原处，不计分。玩三次后，提升游戏难度，增加水果数量，由三个水果逐渐递增到六个水果。教师也可以通过形容水果的颜色发出指令。每局游戏中拿到水果多的一方获胜。

观察与指导要点：

1. 观察宝宝能否按照教师指令完成动作，以及完成动作时的反应速度。

2. 观察没有抢到水果的宝宝的情绪变化，教师及时给予鼓励和指导。

（四）欢乐世界：快把水果送回家

游戏目标：培养身体协调能力，提高灵活性，增强亲子合作水平。

游戏准备：水果模型、不同颜色的筐、音乐《健康歌》。

游戏过程：

1. 准备活动。

播放音乐《健康歌》，让宝宝根据音乐自由地做身体舒展活动，注意让宝宝活动好各个关节。

2. 介绍"帮助水果宝宝找到家"游戏规则。

教师：水果宝宝走丢了，请宝宝们和爸爸妈妈一起把水果宝宝送回家吧。这里有很多颜色的筐，是水果宝宝的家，要将水果宝宝送回和它衣服颜色一样的家里。宝宝们和家长一起想办法把水果宝宝送回家吧。

家长和宝宝手拉手，尝试用身体各个部位夹球，同时迈步，一起向前运球。将球运到篮筐处时，请宝宝拿住水果，将水果放进对应颜色的篮筐里。完成一轮后回到起点，再次选择水果重复游戏。

3. "帮助水果宝宝找到家"游戏比赛。

分成两组游戏，游戏开始，每组的第一组家庭将水果送到"家"后返回起点，与起点处第二组家庭接力。在规定时间内，运送水果数量最多的小组获胜。

观察与指导要点：

1. 鼓励宝宝运动起来，保证每名宝宝得到热身锻炼。

2. 观察宝宝能否认真倾听规则并且观察教师示范动作。及时询问宝宝和家长是否存在疑惑并及时解答。

3. 观察宝宝和家长的合作配合程度，及时监督场内游戏规则和维持游戏秩序。为参赛的家庭加油助威，营造热烈的游戏氛围。

家庭教育指导建议

关于水果的游戏丰富多彩，还有更多游戏可供家长和宝宝在家中体验。

切水果。家长说出各种物品（包括水果）的名称，宝宝听到水果名称时拍手，不是水果的名称时，双手在胸前交叉，由此可以提升宝宝对水果的熟悉程度，锻炼宝宝的反应能力。

摘水果。家长可以将水果玩具粘在透明胶上，胶带两端固定住，使粘有水果玩具的透明胶条悬空，宝宝可以摘取水果玩具并往返跑。通过该游戏可以加强宝宝的体育锻炼，提升手指精细动作能力。

夹水果。家长和宝宝双手分别握住两根筷子的两端，共同合作将水果玩具从桌子上运到杯子里，锻炼宝宝的手部精细动作，提升亲子默契程度。

宝宝成长评价参照表

序号	评价领域	评价指标	行为观察	评价等级（由弱到强）		
				★	★★	★★★
1	健康	手部精细动作	能够独立使用剪刀，能将剪下的纸片粘贴到胶面上，并且不留空隙，不重合			
			能够按照指令，快速准确地拿取水果			
		身体大运动	能配合家长用身体夹住水果模型并平稳前进			
		情绪情感	喜欢到幼儿园参与活动，与同伴接触的过程中情绪稳定、乐于参加集体游戏			
2	语言	表达	能用普通话较清楚地进行自我介绍，在提示下能用完整的句子说出"我叫×××，今年×岁了，我是男/女孩"			
			能够表达出玻璃纸光影的特点；完成作品后能够与同伴交流分享			
3	社会	人际交往	喜欢亲近老师和同伴，乐于交往，自我介绍及互动游戏时不抗拒和同伴、老师的身体接触（如拥抱、拉手等）			
		合作	能根据游戏的任务需要，表达自己的想法，并能与家长共同合作完成对自己想法的表达与表现			
4	科学	探究兴趣	善于观察，乐于探索，知道不同颜色的玻璃纸映出多种多样的光影			
		科学认知	能够正确说出水果的名称及水果的颜色			

续表

序号	评价领域	评价指标	行为观察	评价等级 （由弱到强）		
				★	★★	★★★
5	艺术	欣赏与体验	乐于欣赏水果光影艺术，喜欢通过剪纸、粘贴制作水果光影模型，并乐在其中			
		创造与表征	能够用多种肢体语言表达乐曲旋律			
6	品质	专注力	能保持积极、专注、自信的状态，专注地投入到游戏中			
		不怕困难	在游戏和制作水果卡片的过程中能够克服困难，积极动脑，找到解决问题的方法			
恭喜宝宝获得＿＿颗★！我们一起继续加油！						

9. 百变纸盘

🍀 游戏价值

　　纸盘游戏为宝宝发展多方面技能提供了有深度的教育价值。在活动中，宝宝通过观察纸盘提高观察能力和注意力；通过对游戏材料进行比较和分类，培养了比较能力和分类思维；通过手眼协调的灵活操作，促进运动技能发展。

　　本活动可以增强亲子间的合作与分享，有利于宝宝体会到团队合作和与他人交流的重要性。游戏为加强家庭亲子关系提供了机会，促使家长和宝宝更紧密地互动。

📖 游戏内容

（一）纸盘派对

游戏目标：

1. 感知音乐的节奏旋律，运用纸盘进行敲击。

2. 感受歌曲的变化，能在观看图谱的情况下感知节奏型。

3. 乐于参与纸盘音乐活动，体验音乐活动中的快乐。

游戏准备：

背景音乐、图谱（图4-9-1）、每人两个纸盘

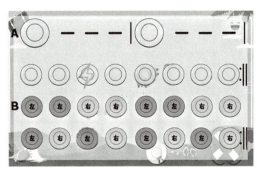

图4-9-1

游戏过程：

1. 请家长与宝宝边听音乐边走围成圆圈。

2. 出示纸盘，教师："今天老师给大家带来了一件玩具？我们来认识一下吧！"

3. 教师示范，用纸盘敲击出不同的节奏型。注意不演奏时，将盘子放到身体两侧。随后出示图谱，引导宝宝认识图谱。

4. 跟随音乐和节奏型敲击纸盘，注意重复。

教师："你们敲得真好听。现在我们要加一点好听的伴奏，再试一试敲击纸盘。前奏的时候可以用手中的纸盘画圈，练习跟音乐打节奏。"

观察与指导要点：

1. 观察宝宝能否乐于进行纸盘打击乐游戏，能否自己创编打击乐动作。

2. 能否用不同的动作来表达节奏的快慢。

3. 尝试与其他家长一同表演，家长带动氛围与宝宝一起表演，提高宝宝的参与热情。

（二）纸盘摇球

游戏目标：

1. 通过摇动纸盘控制小球的运动，促进手眼协调性和精细动作的发展，培养观察力和注意力，进而促进手眼协调性。

2. 通过在纸盘上绘制图案，培养创造性思维和艺术表达能力，激发观察和比较能力，培养创造性思考能力。

游戏准备：

1. 纸盘：每组家庭都需要一个纸盘。可以选择一些轻便且坚固的纸盘，直径适中，方便宝宝摇动。

2. 颜料或彩笔：提供各种颜色的颜料或彩笔，让宝宝可以在纸盘上绘制自己喜欢的图案。

3. 小球：用于放置在纸盘中央，供宝宝通过摇动纸盘使小球运动。

4. 雪糕棍：支撑盘子，方便摇动盘子。

游戏过程：

1. 绘画纸盘。出示纸盘和画笔，跟随音乐绘画纸盘。

教师：小朋友们，请在纸盘上画你喜欢的图案（如张大嘴巴的大狮子、小猴子、彩虹花等）。

2. 请在家长的帮助下在纸盘上剪出一个小圆洞。

3. 请宝宝将双面胶撕下一小块贴在雪糕棍顶端，将雪糕棍贴在圆盘子的后面，固定住。

4. 宝宝摇动纸盘，使小球通过纸盘上小圆洞旋转或滚落下来。

家长可以设定游戏时间（如30秒或60秒），看谁能在规定时间内让小球滚到指定位置，滚落数量多的获胜。

观察与指导要点：

1. 观察宝宝能否画出自己喜欢的图案，能否主动寻求家长的帮助。

2. 观察宝宝绘画情况，及时纠正和调整握笔姿势等。

3. 宝宝在游戏中能否专注地进行游戏。

4. 对于不能完成在纸盘上剪出一个小洞环节的宝宝，需要家长的帮助。

5. 家长要提升自己的参与活动游戏的热情，感染宝宝玩游戏的热情，并给予适当的鼓励。

（三）纸盘对对碰

游戏目标：

1. 能比较两个纸盘上的图案，找出差异之处。

2. 学习在纸盘上绘制图案，通过认识图案的形状、颜色等元素，促进对基础认知的发展，培养对细节的观察力，有助于认知和比较事物。

3. 通过与家长一起参与活动，促进亲子之间的互动和合作，加强亲子关系，培养团队合作精神。

活动准备：纸盘每人一个、彩色纸张若干、胶水或双面胶、画笔。

游戏玩法：

1. 教师启发宝宝谈论盘子上的花纹。

教师：你喜欢什么花纹的盘子？

请宝宝讲述自己喜欢的颜色或花纹。

教师：看看你们桌子上有什么样的材料？都有什么颜色？

2. 鼓励宝宝大胆创作。

教师引导宝宝先想好要给纸盘设计的花纹，然后再选择材料创作自己喜欢的图案。

引导宝宝和家长进行制作，教师进行个别指导。

（1）让宝宝和家长分别设计两个一样的盘子。

（2）将画好的盘子反过来，打乱顺序。

（3）让宝宝随意翻动两个纸盘，寻找相同的纸盘。若第一次没有找到相同的就将纸盘翻回去，继续找（图4-9-2）。

(1)　　　　　　　　　　　(2)

(3)　　　　　　　　　　　(4)

图4-9-2

（4）继续翻动纸盘，直至全部找到相同的纸盘，游戏结束。

家长可以设定游戏时间（如20秒），看看宝宝能在规定时间内找到几对相同的图案盘子。

　　观察与指导要点：

　　1. 观察宝宝能否主动参与游戏，宝宝能否按自己的意愿选择游戏材料，自己选择画什么。在创作过程中，家长要以宝宝为思路的主体，帮助宝宝完成自己的创作，不干扰。

　　2. 观察宝宝在游戏中能否对游戏感兴趣，专注游戏，提高宝宝的记忆力，在游戏中发现宝宝的创新点并及时鼓励、赞扬。

家庭教育指导建议

　　当家长在家陪伴宝宝进行"百变纸盘"这个游戏时，教师可以提供一些建议，以帮助他们更好地引导宝宝、促进亲子互动，真正发挥游戏的教育价值。

1. 鼓励创意表达。

提醒家长在纸盘摇球活动中鼓励宝宝发挥创造力，随意绘制图案。支持宝宝在纸盘上表达自己的想法，而不仅仅是追求特定的形状或设计。

2. 注重合作互动。

强调在游戏中的合作互动，鼓励家长与宝宝一同参与，分享创意和经验。提倡在游戏中营造积极的亲子互动氛围。

3. 提供学习机会。

在游戏中可以加入数字、形状等元素，让家长与宝宝共同学习。可以引导家长谈论图案中的元素，促进知识的发展。

4. 个性化调整。

提醒家长根据宝宝的年龄和能力调整游戏的难度。确保游戏既能够满足宝宝的兴趣，又能够为他们提供适当的挑战。

5. 鼓励语言表达。

在纸盘对对碰活动中，鼓励家长与宝宝一起观察和讨论，促进语言表达和思维发展。可以询问宝宝"是否找到相同纸盘"的问题，帮助他们用语言描述。

6. 引导扩展活动。

提供一些扩展活动的建议，如根据游戏中的图案创作故事、设计更复杂的对对碰图案等，以激发宝宝的创造性思维。

7. 强调乐趣和亲子时光。

提醒家长注重游戏的乐趣，让宝宝在游戏中体验快乐和满足感。强调亲子时光的重要性，让家长和宝宝共同享受游戏的过程。

通过这些建议，教师可以帮助家长更好地引导和支持宝宝在游戏中的学习和发展。

宝宝成长评价参照表

序号	评价领域	评价指标	行为观察	评价等级（由弱到强）		
				★	★★	★★★
1	健康	手部精细动作	手指灵活，能够打开双面胶并粘贴			
		情绪情感	喜欢来园参与活动，能够情绪稳定，投入集体游戏			
		倾听	能认真倾听他人说话，不插话			

续表

序号	评价领域	评价指标	行为观察	评价等级 （由弱到强）		
				★	★★	★★★
2	社会	人际交往	愿意与他人（教师、同伴）玩耍，愿意与其他宝宝一起做游戏，乐于交往			
3	科学	探究兴趣	乐于动手制作纸盘，愿意积极表达自己的发现			
4	艺术	创造与表征	能选择自己喜欢的材料做出不同的纸盘			
5	品质	专注力	能保持情绪稳定，专注地投入游戏			
		创造性与合作性	宝宝能用绘画、手工制作等艺术形式表达自己的想法			
6	语言	表达	宝宝能用普通话较清楚地进行自我介绍，在提示下能用完整的句子说出"我叫×××，今年×岁了，我是男/女孩"			
恭喜宝宝获得____颗★！我们一起继续加油！						

10. 各显"绳"通

游戏价值

绳子取材方便，玩法多样，适宜宝宝用来开展游戏（图4-10-1）。通过对绳子不同用途的探索，宝宝们在活动中会如何感受绳子的多变性呢？

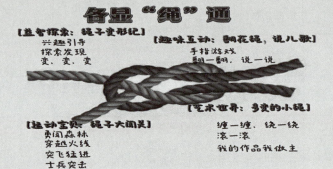

图4-10-1

在趣味互动、艺术世界、运动宝贝、益智探索的活动中，宝宝通过说儿歌提高语言表达能力，通过翻花绳动作锻炼手部的精细能力，通过体育游戏增强身体协调性和肌肉力量，通过美工活动感受艺术的魅力。

游戏内容

（一）趣味互动：翻花绳，说儿歌

游戏目标：感受与爸爸、妈妈共同游戏的快乐。

游戏准备：每人一根小绳、手指谣儿歌、花绳儿歌。

游戏过程：

1. 手指游戏。

教师引导宝宝跟随自己一起做手指游戏，打破壁垒，缓解宝宝的陌生感。

2. 出示绳子引导宝宝观察。

教师：这是一根小绳子，今天我们一起用这个小绳子做游戏，下面就一起来动动你的小手吧。

3. 翻花绳，说儿歌。

教师先示范，边说儿歌边做动作，宝宝和家长观察。

宝宝跟随教师一起边说儿歌边翻花绳，家长可一起参与或指导宝宝翻花绳的动作。教师鼓励宝宝和家长一起合作，感受游戏的快乐。

观察与指导要点：

1. 观察宝宝在说手指谣时，是否口齿流利，吐词清楚。

2. 观察宝宝在翻绳时撑、压、挑、翻、勾、放等一些精细动作的发展。

3. 指导家长游戏时与宝宝相互配合、相互鼓励，感受和家长游戏的快乐。

（二）艺术世界：多变的小绳

游戏目标：

1. 初步感知直线与曲线，能够自主探索、自由创造。

2. 提高宝宝手部小肌肉的灵活性。

游戏准备：湿巾、麻绳、纸筒、双面胶、水彩颜料（图4-10-2）。

图4-10-2

游戏过程：

1. 出示麻绳与纸筒，请宝宝观察与猜测。

教师：麻绳和纸筒可以怎么玩呢？

2. 缠一缠、绕一绕。

教师示范缠绕方法，请宝宝与家长观察。

教师：我们将纸筒上的双面胶撕下来，用绕的方式把绳子缠到纸筒上。

在宝宝遇到困难向家长寻求帮助时，家长可以协助宝宝。

3. 滚一滚。

教师先来示范方法，将纸筒蘸颜料后在白纸上滚动，宝宝与家长观察。

宝宝滚画。

家长可以引导宝宝用多种颜色进行滚画，从中感受创造的乐趣。教师温馨提示注意颜色不要粘到宝宝身上，完成滚画的宝宝用湿巾将小手擦干净。

4. 我的作品我做主。

请宝宝给其他小伙伴讲一讲自己的作品，和家长一起把作品展示在画架上。

观察与指导要点：

1. 观察宝宝能否尝试自己动手绕与缠。

2. 观察宝宝能否尝试自主探索、自由创造。

3. 指导家长放手把机会还给宝宝，在宝宝需要时再介入。

4. 在创作过程中，家长要以宝宝的想法为主，帮助宝宝完成自己的创作。

5. 发现宝宝的奇妙想法时要及时鼓励、赞扬，树立宝宝的自信心。

（三）运动宝贝：绳子大闯关

游戏目标：

1. 感知绳子的多种玩法。

2. 喜欢进行体育活动。

游戏准备：

跳绳若干、大地垫4个。

用跳绳摆好的场地如图4-10-3所示。

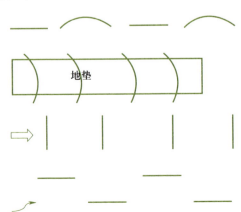

图4-10-3

游戏过程：

1. 勇闯森林。

此关卡锻炼宝宝走的技能，家长与宝宝共同热身后，引导宝宝用螃蟹走（横着走）的方法穿过第一道关卡。

2. 穿越火线。

此关卡锻炼宝宝钻爬的技能，引导宝宝用手膝着地的方式通过第二道关卡。

3. 突飞猛进。

此关卡锻炼宝宝跳的技能，引导宝宝尝试用双脚跳的方式通过第三道关卡。

4. 士兵突击。

此关卡锻炼宝宝跑的技能，引导宝宝用"S"形跑的方式通过第四道关卡。

观察与指导要点：

1. 指导家长在引导宝宝正确做动作的同时给予宝宝积极的鼓励和激励，帮助宝宝增强自信心。

2. 提示家长注意宝宝安全，避免发生意外伤害。

3. 指导家长积极参与，与宝宝建立紧密的亲子关系，共同体验游戏的乐趣。

（四）益智探索：绳子变形记

游戏目标：

1. 感知圆形、方形、三角形的特征。

2. 喜欢摆弄绳子，乐意参与探索用绳子摆图形的活动。

游戏准备：线绳、麻绳、鞋带等不同种类的绳子、图形卡。

游戏过程：

1. 兴趣引导。

教师：绳子可以用来做什么？

2. 探索发现。

教师：你身边有什么物品是长方形的？

教师引导宝宝自主探索发现，找到与教师所述相同的图形。

教师：看，这里有各种各样的绳子，我们一起用这些绳子摆出喜欢的图形吧。

3. 变、变、变。

出示图形卡，请宝宝观察后在操作板上按照图卡进行变形。

教师：你摆出了什么图形？

观察与指导要点：

1. 观察宝宝在游戏中主动探索、动手操作的能力。

2. 指导家长在探索过程中要给予宝宝积极的反馈，让宝宝感受成功的喜悦。

3. 指导家长在宝宝主动寻求帮助时可对宝宝进行有针对的指导。

家庭教育指导建议

绳子还可以怎么玩？家长可以继续和宝宝一起探索与"绳"有关的游戏。

1. 开展"创意绳艺"艺术游戏，宝宝利用绳子和家里的其他物品，如纸箱、布料等，创造出一些有趣的玩具和装饰品。创意制作可以激发宝宝的想象力、创造力、动手能力和审美能力。

2. 亲子跳绳舞蹈游戏，将跳绳与舞蹈结合起来，家长和宝宝一起跳起欢快的跳绳舞蹈。舞蹈不仅可以锻炼身体，还可以从中感受音乐的节奏变化，享受音乐的乐趣，通过舞蹈的形式，增进亲子间的情感联系和身体互动。

3. 户外探险健康游戏，将绳子带到户外，开展一些探险游戏。通过户外探险游戏，让宝宝体验户外生活的乐趣，培养宝宝的动手能力、身体协调性、探索精神、环境适应能力等。

4. 通过"绳子拼图"益智游戏，将多根绳子系在一起，让宝宝用拼图的方式将它们组合起来，可以锻炼宝宝的观察力、空间想象力、动手操作能力。

宝宝成长评价参照表

序号	评价领域	评价指标	行为观察	评价等级（由弱到强）		
				★	★★	★★★
1	健康	灵活协调	手部小肌肉动作、精细动作协调			
		动作发展	走：双脚有规律地前后交叉移动			
			钻：从低于身高的不同的障碍物下穿过			
			爬：手脚并用，交替前行			
			跳：双脚平稳身体连续向前跳			
			跑：分散跑时能躲避他人碰撞			

续表

序号	评价领域	评价指标	行为观察	评价等级 （由弱到强）		
				★	★★	★★★
1	健康	情绪情感	喜欢来园参与活动，在与同伴接触的过程中情绪稳定、乐于参加集体游戏			
2	语言	倾听	能听明白小朋友或长辈的话			
		讲述	能口齿清楚地说儿歌、童谣			
3	社会	人际交往	喜欢亲近教师和同伴，乐于交往，游戏时不抗拒身体接触（如拥抱、拉手等）			
4	科学	探究兴趣	乐于主动探究图形变化，并积极表达自己的发现			
		逻辑比较	能通过观察、比较，了解不同形状的特征			
5	艺术	感受与欣赏	喜欢进行艺术活动并大胆表现			
		创造与表征	能用水彩、麻绳等材料进行艺术表现			
6	品质	专注力	能专注地投入到游戏中			
		创造性与合作性	能根据游戏任务的需要，表达自己的想法，并能与家长合作游戏			

恭喜宝宝获得____颗★！我们一起继续加油！

11. 好玩的彩纸

游戏价值

　　彩纸是宝宝最常接触的材料之一，颜色艳丽、操作性强，能够快速吸引宝宝的注意力，同时丰富宝宝的情感体验，激发宝宝的操作兴趣，为宝宝带去愉悦的身心感受。

　　亲子游戏"好玩的彩纸"通过引导宝宝使用彩纸做游戏（图4-11-1），在玩纸、撕纸、团纸、颜色配对等游戏中，引导宝宝感受颜色及纸的变化，帮助宝宝调动多种感官感知颜色及纸的多变性，尝试运用彩纸来表达对周围世界的认知，提升宝宝观察周围事物的敏感度。

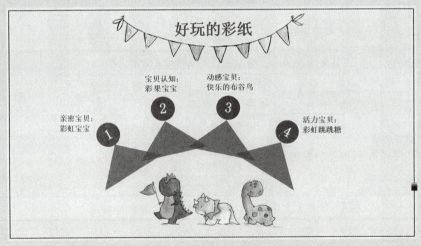

图4-11-1

　　在游戏过程中，主要锻炼了宝宝的语言表达、社会适应、大肌肉群、手部小肌肉群、肢体协调等，并将情感体验融入其中。从而促进宝宝的感知力、表述力、社会适应能力、合作力等，提高宝宝的多维度发展。

游戏内容

（一）亲密宝贝：彩虹宝宝

　　游戏目标：介绍自己的名字与喜欢的颜色，与其他宝宝相互认识，减轻入园焦虑。

　　游戏准备：音乐《彩虹宝宝》、音响、彩虹伞、彩色卡纸。

　　游戏过程：

　　1. 彩虹宝宝。

　　邀请宝宝在彩虹伞上选择自己喜欢的颜色坐下，家长围绕彩虹伞站在外侧后抓住彩虹伞的边缘。

　　播放音乐《彩虹宝宝》，家长逆时针转动彩虹伞，与宝宝共同进行游戏。

　　亲子互动游戏动作要领：

　　第一个动作：家长抓紧彩虹伞边缘逆时针旋转，并根据歌词加快或减慢速度。

　　　　　　赤橙黄绿青蓝紫（逆时针方向走动）。

　　　　　　我是彩虹宝宝。

　　　　　　阳光下对你微笑。

　　　　　　赤橙黄绿青蓝紫（逆时针方向跑动）。

　　　　　　快乐的味道。

　　　　　　我是彩虹宝宝（顺时针方向走动）。

　　　　　　画一座七彩的桥。

　　　　　　赤橙黄绿青蓝紫（顺时针方向跑动）。

　　　　　　在上面奔跑。

　　第二个动作：全体家长停下，根据歌词更换动作。

　　　　　　赤是红色的樱桃有点甜（家长用彩虹伞摸摸宝宝的头）。

　　　　　　橙色的橘子维生素多一点（家长用彩虹伞抓抓宝宝的小脚）。

　　　　　　黄色的香蕉像弯弯的小桥（家长用彩虹伞抓抓宝宝的小手）。

　　　　　　绿色西瓜清凉一夏天（家长用彩虹伞挠挠宝宝的腋下）。

　　　　　　青是开胃的柠檬有点酸（家长用彩虹伞遮住自己的脸，与宝宝躲猫猫）。

　　　　　　蓝色的蓝莓可口保护双眼（家长用彩虹伞遮住宝宝的脸）。

　　　　　　紫色的葡萄像水晶闪呀闪（全体家长用力向上轻轻抬起彩虹伞）。

　　　　　　开心伴我七色童年（家长跟着节奏自由做动作）。

　　　　　　音乐重复，游戏重复进行。

　　2. 介绍自己。

　　教师邀请宝宝选择彩纸。

　　教师：请宝宝到前面选择自己喜欢的彩纸，选好后请宝宝再回到爸爸妈妈的身边。

请家长和宝宝一起介绍姓名、年龄、性别等。

例如：我叫××，这是我的爸爸，我是男孩/女孩，我今年××岁，我喜欢××颜色和××（一边说一边出示选择的颜色卡和图片），希望大家能和我做朋友，一起变成彩虹宝宝。

观察与指导要点：

1. 观察宝宝能否按照固定句式与家长相互配合介绍自己的基本信息和展示卡，着重观察家长和宝宝之间的亲密程度及宝宝的表达意愿。

2. 对于不善于表达的宝宝，教师引导家长尝试用抱着宝宝或拉着手等方式帮助宝宝进行自我介绍。

3. 当出现宝宝畏惧在众人面前展示的情况时，教师可以通过手偶、玩具等减轻宝宝的焦虑，引导宝宝大胆表达，并提示家长要为宝宝提供表达的多种途径与机会，建立宝宝的自信心，突破交友屏障。

（二）宝贝认知：彩果宝宝

游戏目标：认识多种颜色，大胆尝试用手团纸，感受纸的变化，体验多种颜色组合的美感与合作完成游戏的乐趣。

游戏准备：彩纸、胶棒、果树底图等。

游戏过程：

1. 魔术变变变。

教师：宝宝们，你们都选择了什么颜色的彩纸呀？

教师：看看身边的小朋友选择了什么颜色的彩纸呢？

教师：老师有一张彩纸，这张彩纸会变魔术，宝宝们仔细瞧。（教师将手背后，在身后将彩纸撕成两份，将其中一份团成纸球。）

教师：宝宝们，你们猜猜我的彩纸哪里去了呢？（教师将纸球握在手中，伸出双手请宝宝猜测。）

教师：哇，宝宝们太棒了，你们找到了我的彩纸，你们看，我的彩纸变成了小纸球，你知道他是怎么变成纸球吗？

通过互动，教师引导宝宝掌握团纸球的方法。

2. 家长陪同宝宝一起团纸球，可以选择一种或多种颜色的彩纸团纸球。

教师：你们手里的彩纸都变成纸球了吗？能变几个呢？

3. 贴果子。

教师：宝宝们都变出了好多的小纸球，你们太棒了！这些小纸球如果落到果树上会变成什么呢？（引导宝宝说出各种各样的水果。）

教师介绍胶棒的使用方法，请家长引导宝宝尝试用胶棒涂胶后，将彩色纸球粘到果树上。

4. 七彩果树。

教师请宝宝说说自己贴是什么颜色的纸球，它变成了什么果子。

教师：你还喜欢什么颜色的果子？咱们的七彩果树有多少颗果子呀？谁能数一数呢？

鼓励宝宝大胆进行点数。

观察与指导要点：

1. 观察宝宝在撕纸与团纸的过程中手部精细动作的发展程度，能否独立完成撕纸、团纸的活动。

2. 家长要鼓励宝宝独立进行操作，避免过度干预。

3. 引导宝宝将纸球贴到果树底图上，并能够在粘贴的过程中不断提升游戏兴趣。宝宝能够完成1—5的点数，并手口一致。

（三）动感宝贝：快乐的布谷鸟

游戏目标：感受音乐节奏的快慢，能在教师的口令下快速地按照颜色踩踏呼啦圈，尝试根据音乐节奏创编游戏动作。

游戏准备：音乐《布谷鸟》、红色、绿色呼啦圈若干。

游戏过程：

1. 欣赏音乐。

教师引导宝宝欣赏音乐，感受音乐节奏。

教师：宝宝们可以跟着音乐节奏一起来踩踩脚。

教师根据音乐节奏引导宝宝掌握音乐的节奏型：

×　×　××　×　‖　×　×　××　×

引导宝宝根据节奏型做拍手和踩脚的动作。

　×　　×　　××　×　‖　×　　×　　××　×

拍手　拍手　踩踩　脚　　拍手　拍手　踩踩　脚

2. 音乐游戏：快乐的布谷鸟。

教师与家长共同将两种颜色的呼啦圈按照ABAB的方式合围成一个大圆圈，宝宝和家长共同站在圆圈外侧。

教师：宝宝们要仔细听老师的口令。当老师说拍拍手的时候，你们要在原地拍拍手，当老师说踩绿色的时候，请你和爸爸妈妈一起跳进绿色的呼啦圈，当老师说踩红色时，请你和爸爸妈妈一起跳进红色的呼啦圈。比比看，是宝宝们最棒，还是爸爸妈妈们棒。

增加难度，音乐响起时请家长和宝宝一起围绕圆圈走，当老师发出不同口令时，家长和宝宝分开做动作。

> 观察与指导要点：
> 1. 观察宝宝是否能够根据教师的指令做出相对应的动作，是否能够快速的分辨颜色。
> 2. 家长需要全程配合宝宝进行游戏，并在游戏的过程中保护宝宝的情绪体验，在宝宝无法快速做出反应时，家长可以帮助宝宝完成游戏。

（四）活力宝贝：彩虹跳跳糖

游戏目标：

1. 发展宝宝的手眼协调力及抓握能力。

2. 锻炼腿部灵活性，激发宝宝对运动游戏的兴趣。

游戏准备：彩虹伞、海洋球若干、音乐《跳跳糖》等。

游戏过程：

1. 教师请6名家长围成圆圈抓住彩虹伞的边缘。

将80～100个海洋球放入彩虹伞内，家长需要撑住彩虹伞，不要让海洋球掉落。

2. 请家长将彩虹伞举在腰部位置，宝宝钻入彩虹伞底下，家长在上方抖动彩虹伞，使海洋球随机掉落，宝宝在下方快速地捡起海洋球送到老师的大布袋里。

教师：宝宝们你们看，老师给你们带来了什么？今天不单单有彩虹伞，还有几个调皮的"跳跳糖"，他们在彩虹伞里蹦来蹦去，咱们一起去抓他们吧！

教师：宝宝们，被抓住的"跳跳糖"要快速送到老师这个大布袋里哦，不要让它们逃跑啦！

> 观察与指导要点：
> 教师和家长抖动彩虹伞，让小球在彩虹伞里跳动起来。教师和家长要鼓励宝宝抓住小球，谁抓得多谁就是获胜者，要引导宝宝看准小球才能去抓。

家庭教育指导建议

1. 纸是家中常见的材料，家长与宝宝在日常生活中可以尝试运用纸进行多种游戏，如"好玩的折纸""会变颜色的手纸""尖尖的鳄鱼牙齿"等。

2. 家长在与宝宝进行纸类游戏的过程中，要注意安全使用剪刀、壁纸刀等工具。提醒家长为宝宝提供专用的安全剪刀，鼓励宝宝大胆尝试使用剪刀。家长要注意在宝宝剪纸之前要正确示范剪刀的使用方法，在宝宝剪纸的过程中家长要时刻关注宝宝的动作，防止意外发生。

3. 建议家长在生活中与宝宝玩"找颜色"的游戏，引导宝宝对周围事物产生兴趣，为宝宝创造主动观察、探索、表达的环境。

宝宝成长评价参照表

序号	评价领域	评价指标	行为观察	评价等级（由弱到强）		
				★	★★	★★★
1	健康	手部精细动作	会做团、贴、抓的动作，能独立打开胶棒，并涂抹在纸团上			
		身体大运动	能跟随音乐有节奏地做拍手和跺脚的动作，能根据指令快速抓握海洋球			
		情绪情感	喜欢来园参与活动，与同伴接触的过程中情绪稳定、乐于参加集体游戏			
2	语言	表达	能用普通话较清楚地进行自我介绍，在提示下能说出完整的句子			
		讲述	能够根据作品，说出水果名称			
3	社会	人际交往	喜欢亲近老师和同伴，乐于交往，自我介绍及互动游戏时不抗拒和同伴、老师的身体接触（如拥抱、拉手等）			
4	科学	数学认知	能手口一致点数5以内的纸球数			
		逻辑比较	能在观察、比较中发现相同颜色与不同颜色纸球数量的差别			

续表

序号	评价领域	评价指标	行为观察	评价等级（由弱到强）		
				★	★★	★★★
5	艺术	欣赏与体验	乐于参与音乐活动，并能够在音乐活动中感受音乐的节奏型			
		创造与表征	能用不同的动作来进行律动游戏			
6	品质	专注力	能保持积极、专注、自信的状态，专注地投入游戏			
		创造性与合作性	能根据游戏任务的需要，表达自己的想法，并能与家长共同合作完成作品			

恭喜宝宝获得____颗★！我们一起继续加油！

12. 好玩的球

🔄 游戏价值

宝宝对球的喜欢是天生的，在宝宝面前放一个球，他们都会本能地用小手去触碰，或是用小脚去踢动。球类运动的玩法有很多：运球、抛球、接球、拍球等。每一种玩法都让宝宝全身运动，更重要的是促进手眼协调，提升思考和判断能力。

"好玩的球"系列活动（图4-12-1），打破常规的玩球方法，通过认知游戏，帮助宝宝建立规则意识，提升专注力和反应灵敏性；通过艺术表现，锻炼手眼协调性和创造力；通过探索滚动现象，培养科学探究精神；通过身体运动，协调身体动作，增强上肢力量及耐力。

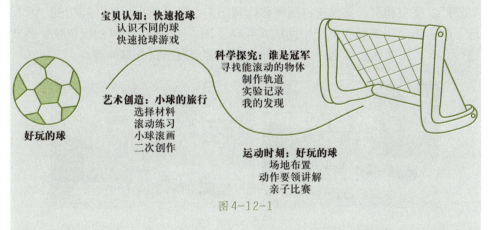

宝贝认知：快速抢球
认识不同的球
快速抢球游戏

科学探究：谁是冠军
寻找能滚动的物体
制作轨道
实验记录
我的发现

艺术创造：小球的旅行
选择材料
滚动练习
小球滚画
二次创作

好玩的球

运动时刻：好玩的球
场地布置
动作要领讲解
亲子比赛

图4-12-1

游戏调动多种感官，让宝宝在自主选择、自由探索中发现游戏的乐趣，增强与教师、家长、伙伴的合作意识，促进师幼、家幼、幼幼关系的和谐发展，帮助宝宝更好地适应幼儿园生活。

📖 游戏内容

（一）宝贝认知：快速抢球

游戏目标：认识多种球类，能遵守游戏规则快速做出反应，喜欢玩指令游戏。

游戏准备：纸杯、乒乓球、瓶盖、球类图卡（图4-12-2）。

图4-12-2　球类图卡

游戏玩法：

1. 认识不同的球。

教师出示球类图卡，引导宝宝认识各种各样的球：这是什么球？它是什么颜色的？它的花纹是什么样的？这个球怎么玩呢？

2. 快速抢球游戏。

教师请家长和宝宝面对面坐在桌子两侧，将乒乓球固定在瓶盖上，放在桌子中间，每人一个纸杯、面前一张球类图片。先由教师发出指令，当听到"足球"，宝宝和家长要快速将纸杯移动到图卡上足球所在位置；当听到"乒乓球"时，迅速用纸杯扣桌子中间的乒乓球（图4-12-3），看谁的反应快。游戏进行几次，宝宝熟悉规则后，可指导家长或宝宝发出指令继续游戏。

图4-12-3

观察与指导要点：

观察宝宝能否在教师的指导下玩游戏，注意倾听指令和快速反应。观察家长能否热情地和宝宝做游戏。观察宝宝参与游戏的程度，是否愿意发出指令，玩亲子游戏。对于不愿意参与游戏的宝宝，教师可以先和家长配合玩游戏，吸引宝宝的注意，进而让宝宝参与游戏。

（二）艺术创造：小球的旅行

游戏目标：了解小球滚画游戏的玩法并尝试游戏，感受线条交织的色彩美和图案美。

游戏准备：小球、盒子或盆、水粉颜料、晾衣夹、纸、马克笔、抹布、展示架。

游戏过程：

1. 选择材料。

教师鼓励宝宝和家长选择适合玩滚画游戏的小球和盒子，小球可以是弹力球、乒乓球、玻璃球等，盒子可以是整理盒、铁盒、鞋盒等，也可以由盆来代替。鼓励宝宝说一说自己找到的游戏材料和选择的原因。当宝宝表达不完整时，教师可以请家长帮忙补充。

2. 滚动练习。

教师请一名宝宝演示游戏玩法：宝宝将小球放入盒子里，家长在身后辅助，宝宝尝试用双手控制盒子的运动方向（图4-12-4），观察小球的运动轨迹，不要让小球掉出盒子，可以尝试由一颗到多颗，反复练习待宝宝熟练掌握。家长带领宝宝游戏，教师巡回指导。

图4-12-4

3. 小球滚画。

教师讲解小球滚画的方法，鼓励宝宝将小球蘸满颜料，取出小球放入盒子，晃动盒子，让小球在盒子里来回滚动（图4-12-5）。当小球身上的颜料消失，即可将小球取出，用抹布把手擦干净。宝宝还可以尝试用多个小球、多种颜色做滚画（图4-12-6），鼓励宝宝观察并说一说线条的变化。

图4-12-5

图4-12-6

家长和宝宝玩滚画游戏，教师巡回指导，游戏后请宝宝说说画中线条的图案及创作感受。

4. 二次创作。

将纸晾干后，为了让画面更丰富一些，教师可以鼓励家长和宝宝选择自己喜欢的方式，如折、撕、粘、画等方式继续玩添画游戏（图4-12-7）。

图4-12-7

观察与指导要点：

在滚动练习时，盒子的围度越高，宝宝越容易控制。指导家长采用递进式的游戏方法，如由鞋盒底到鞋盒盖，增加游戏难度，锻炼宝宝手部控制力。制作颜料时，提示并指导家长，水不宜过多，有黏稠感为宜。观察家长能否鼓励宝宝去发现不同材质和大小的球所呈现的运动轨迹；观察家长能否鼓励宝宝用自己的想法进行二次创作，完成后帮助宝宝进行作品解读。观察宝宝在整个游戏过程中是否积极参与。

（三）科学探索：谁是冠军

游戏目标：感知滚动物体的特性，尝试发现能滚动的物体，体验探索游戏的乐趣。

游戏准备：小筐、卡纸、积木、透明胶、记号笔、记录单、各种小体形的物品。

游戏过程：

1. 寻找能滚动的物体。

教师给每个宝宝一个小筐，鼓励宝宝和家长寻找或自制自己认为能够滚动的物品。

2. 制作轨道。

教师将家长和宝宝分成几组，鼓励每组家长和宝宝将六张A4大小的卡纸的两条长边各向内折4 cm做防护墙，并用透明胶带将防护墙位置依次粘贴连接起来，用积木支撑，调整出高度（图4-12-8）。

图4-12-8

3. 实验记录。

教师鼓励宝宝依次放上选择的物品，家长帮助宝宝记录物品滚动的轨迹。宝宝会发现球形物品能滚动，而且滚动的距离长，方形的物品无法滚动。

4. 我的发现。

教师鼓励宝宝和家长将能滚动的物品及滚动轨迹进行比较，找出滚动最远的物体。宝宝会发现物体越圆，滚得越远，物体越重，滚动的能量越大。最终每组的冠军再进行决赛，找出全班的滚动冠军。

观察与指导要点：

在宝宝自主探索滚动现象时，观察宝宝能否积极主动地寻找游戏材料，大胆猜测并验证记录自己的猜想和发现，观察家长能否尊重宝宝的想法，注意多鼓励与赞扬而非代替。

（四）运动时刻：好玩的球

游戏目标：了解投和抛的动作要领，尝试正向和反向抛物入筐，体验抛物游戏的快乐。

游戏准备：起始线、整理筐、各种球、记号笔、白纸、透明胶带、纸。

游戏过程：

1. 场地布置。

教师鼓励家长和宝宝一起在纸上分别书写1—5分作为分值，粘贴到整理筐上，分散到起始线1米之后（图4-12-9）。

2. 动作要领讲解。

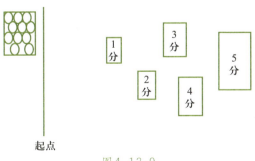

图4-12-9

教师向宝宝和家长演示并讲解投和抛的动作，引导宝宝和家长观察、模仿。

投：面向正前方，左脚在前，右脚在后，胳膊肘向后弯曲，放在肩上，看准小筐，用力向前扔出。

抛：身体背对小筐，双脚与肩同宽，膝盖微屈，双臂伸直，双手执球，保持身体平衡，准备好后，双臂用力向后，将球扔向身后。

3. 亲子比赛。

教师当裁判，家长和宝宝轮流投，计算最后总分，看谁的分数高。观察宝宝和家长的兴趣，兴趣减弱改成背对抛球，再进行比赛。

> 观察与指导要点：
>
> 重点观察宝宝参与游戏的状态是否积极投入，以及相关体育游戏动作是否协调规范。帮助宝宝规范投和抛的动作，增强对规则的理解，引导宝宝与家长一同竞赛，提升宝宝的参与度。

家庭教育指导建议

在活动中不单单是面向宝宝，观察宝宝行为能力的发展，更重要的是拉近与家长之间的距离，家园合力，共同帮助宝宝适应幼儿园生活，缓解分离焦虑。通过亲子体验活动，教师要观察和检核宝宝的行为，同时也要用专业的育儿理念指导家长启发宝宝的方法。例如，如何引导宝宝积极主动参与游戏，如何稳定宝宝情绪，如何利用生活中简单的材料帮助宝宝进行探索、发现、艺术表现等，这样家长在家中才会有的放矢地对宝宝进行科学指导。

宝宝成长评价参照表

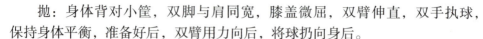

序号	评价领域	评价指标	行为观察	评价等级（由弱到强）		
				★	★★	★★★
1	健康	手部精细动作	手眼动作协调，手脑协作配合			
		身体大运动	能掌握投和抛的动作要领，身体协调			
		情绪情感	喜欢来园参与活动，情绪稳定、乐于参加集体游戏			
2	语言	表达	能用普通话较清楚地表达自己的发现和想法			
3	社会	人际交往	喜欢亲近教师和同伴，乐于交往			
		规则	能主动或在成人提示下遵守游戏规则			

续表

序号	评价领域	评价指标	行为观察	评价等级（由弱到强）		
				★	★★	★★★
4	科学	探究兴趣	乐于寻找和探索滚动现象，愿意积极表达自己的发现			
		逻辑比较	能通过观察、比较，发现球形物体可以滚动的现象			
5	艺术	欣赏与体验	乐于欣赏线条美和图案美，愿意参与美术创作活动			
		创造与表征	能通过小球滚画创造不同造型			
6	品质	专注力	能保持积极、专注、自信的状态，专注地投入游戏			
		创造性	能根据游戏的任务需要，表达自己的想法，并能与家长共同合作完成作品			

恭喜宝宝获得____颗★！我们一起继续加油！

 **13. 和身体做朋友**

游戏价值

　　宝宝对自己的身体有着与生俱来的兴趣，喜欢对着镜子做千奇百怪的动作来自娱自乐。音乐响起时，宝宝总是不由自主地翩翩起舞。如何引导宝宝发现身体的奥秘，提高自我保护能力，推进多元发展呢？

　　本主题通过多种身体互动游戏（图4-13-1），帮助宝宝认识并了解自己身体各部位的名称及作用；通过动手操作发展宝宝的空间感知能力；通过学习创编儿歌发展宝宝的语言表达能力；通过手膝着地爬的游戏有效发挥身体各部位的协同作用，发展宝宝四肢协调性，提升自我保护能力，增强宝宝体质。

图4-13-1

　　游戏通过调动看、听、说、动手多种方式促进宝宝认知、语言、社会交往、实践操作、身体运动等方面的全面发展。在促进亲子关系和谐发展的同时，帮助宝宝适应集体生活，顺利摆脱入园的焦虑情绪。

游戏内容

（一）亲子音乐：身体音阶歌

　　游戏目标：感受身体音阶，愿意参与音乐游戏，体验活动的快乐。

　　游戏准备：音乐《身体音阶歌》《你好》；音调卡片（图4-13-2）。

　　游戏过程：

　　1. 宝宝围成半圆坐好，教师运用以下节奏向宝宝问好：你好，你好，你

图4-13-2　音调卡片

们好！你好，你好，老师好。

2. 教师运用该节奏型，替换其中的某些词语，引导宝宝向身边的家长、教师问好。教师说话的声音要加以变化，如声音的大小、高低、快慢等。

3. 播放音乐《你好》，教师与宝宝亲近，问好，并鼓励宝宝与旁边的同伴抱一抱，互相熟悉。

4. 游戏"我说你做"。

教师带宝宝玩摸五官的游戏，教师快速说出鼻子、嘴、眼睛等五官名称，请宝宝快速摸出自己的五官，看谁的动作又快又准。

教师提升游戏难度，如摸摸我的小脚，摸摸我的膝盖，拍拍我的双腿，叉叉我的小腰，帮助孩子熟悉身体音阶歌。

5. 播放音乐《身体音阶歌》。教师引导宝宝边唱词边随教师做身体音阶动作。

6. 再次播放音乐《身体音阶歌》，请宝宝手拉手围成一个圆圈，家长和宝宝面对面站好，大家一起跟着音乐用身体表现音阶。

观察与指导要点：

1. 宝宝能否在教师的指导下，愿意用身体各部位来表现音乐，并能够按照音乐节奏来用身体动作表达。

2. 家长能否积极参与到音乐游戏中来，帮助宝宝更好地完成动作，通过互动，有效增进亲子感情。

（二）亲子游戏：我的身体

游戏目标：

1. 初步认识身体的主要部位，知道它们的作用。

2. 能根据轮廓图，将身体部位卡片拼摆到正确的位置。

3. 愉快地参与活动，体验身体游戏的乐趣。

游戏准备：身体部位挂图、身体轮廓图及身体部位卡片（图4-13-3）。

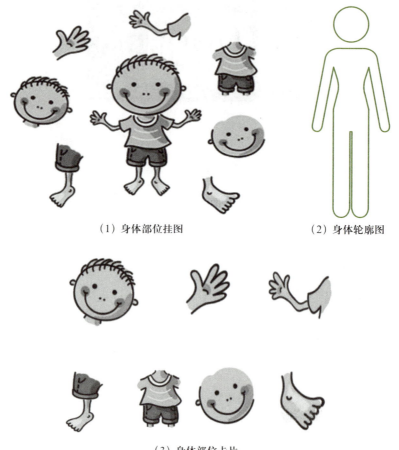

（1）身体部位挂图　　　　　　　　　　（2）身体轮廓图

（3）身体部位卡片

图4-13-3

游戏过程：

1. 出示身体部位挂图，引导宝宝认识并说出身体部位的名称及其作用，如：这是宝宝的什么部位呢？宝宝的小手在哪里？伸出你们的小手挥一挥。你们的小手能做哪些事情呢？

2. 游戏：我说你指。

教师说出身体部位的名称，请宝宝迅速指出来。宝宝对游戏熟悉后，可以请每组家庭，家长与宝宝一人说一人指进行互动游戏。

3. 请宝宝自主选择操作材料，根据已有的身体轮廓图案，将身体各部位拼摆完整，进一步巩固宝宝对身体部位的认识。

4. 请宝宝向同伴介绍自己的作品。

观察与指导要点：

1. 出示挂图时，宝宝是否愿意大胆表达自己的想法，并能将身体各部位的作用说出来。

2. 游戏环节，宝宝是否愿意积极参与、主动表达，更进一步地了解身体部位的作用。

3. 操作环节中，宝宝能否自主并积极进行身体部位的拼贴。

（三）亲子游戏：能干的小手和小脚

游戏目标：

1. 了解小手和小脚的用途，知道如何保护自己的小手和小脚。

2. 感受儿歌的韵律，能根据自己的理解，学习改编儿歌。

3. 通过表述，尝试大胆说完整的话。

游戏准备：

1. 收集宝宝自主独立做事情的照片。

2. 颜料拓印小手和小脚（图4-13-4）。

游戏过程：

1. 认识小手和小脚的用途。

教师拿出拓印的小手和小脚，请宝宝猜猜这是什么。说说小手、小脚的本领。

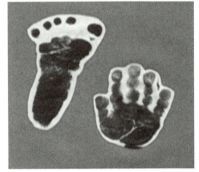

图4-13-4 颜料拓印的小手和小脚

2. 学习儿歌《小手和小脚》。

教师边说儿歌边做动作，帮助宝宝增加对儿歌的记忆。

教师和宝宝一起慢慢地边说儿歌边做动作，进一步帮助宝宝理解并记住儿歌内容。

宝宝熟悉儿歌后，教师和宝宝采用一问一答的方式说出儿歌内容并做出相应的动作。

请家长参与，鼓励家长模仿教师和宝宝进行问答式形式来表现儿歌内容。

儿歌内容：你有几只小手？小手会做什么？小手会洗脸、会梳头。小手的本领怎么样？你有几只小脚？小脚会做什么？小脚会走路、会跑步。小脚的本领怎么样？

3. 改编儿歌。

请宝宝认真观察照片，并说出照片中的自己在干什么？教师可以提问宝宝自己的小手和小脚还有哪些本领？

教师将宝宝说出的小手和小脚的本领改编成儿歌，并请宝宝模仿教师一起改编儿歌内容。

4. 请宝宝自己将改编的儿歌和家长进行分享。

观察与指导要点：

1. 宝宝能否根据儿歌内容，认识自己的小手和小脚的本领，并能进行简单的儿歌改编。

2. 宝宝在改编儿歌环节中的兴趣是否浓厚，能否同教师及家长互动。

3. 宝宝能否大胆地尝试用完整的语言进行表述。

（四）亲子运动：爬行比赛

游戏目标：

1. 积极参加体育活动，感受小蚂蚁完成运粮任务的喜悦。

2. 学习手膝着地向前爬。

3. 能手脚自然协调地向指定方向爬行。

游戏准备：

沙包、布球、爬行垫若干、音乐《运动真奇妙》、轮胎做的粮仓。

游戏过程：

1. 教师扮演蚂蚁妈妈，宝宝扮演小蚂蚁一起进行爬行比赛。

2. 播放音乐《运动真奇妙》，教师和宝宝一起做热身运动。

3. 学习手膝着地向前爬。

请宝宝自由探索爬的动作。

教师示范动作，重点强调手膝着地爬的动作要领：走到垫子前，蹲下，膝盖跪在垫子上，手掌掌心撑在垫子上，与肩同宽，眼睛看着前方，朝着目标爬。

宝宝自行或集体练习爬的动作。

4. 游戏：蚂蚁运粮。

游戏玩法：蚂蚁宝宝背好自己的粮食袋，要先走过独木桥、爬过草地到对面找粮食，然后把粮食运回家。

游戏规则：每只小蚂蚁每次只能运一袋粮食。

5. 庆祝小蚂蚁完成运粮任务，感受喜悦的心情。进行放松练习并整理收拾器材。

观察与指导要点：
1. 宝宝能否在轻松愉快的气氛中掌握手膝着地爬的动作要领。
2. 宝宝能否在游戏中听从指令，遵守游戏规则，如小蚂蚁每次只能运一袋粮食。

家庭教育指导建议

家长可以在家中多播放符合宝宝年龄特点的音乐，和宝宝互动，也可以和宝宝多玩一些手指游戏，锻炼宝宝手部肌肉的力量和灵活性，还可以增进亲子感情。家长可以和宝宝一起玩"我说你做"等根据指令做动作的游戏，如摸摸你的头、拍拍你的肩膀……也可以和宝宝互换角色，调动宝宝的肢体语言，增加游戏的趣味性。以游戏中的儿歌改编为契机，家长在家中可以多鼓励宝宝通过了解小手和小脚的作用进一步改编儿歌，发展宝宝的语言表达能力。

适当和宝宝一起通过体育游戏的形式进行体育锻炼，养成宝宝积极参加户外体育游戏的好习惯。冬季，家长可以与宝宝玩一些适合在室内玩的游戏，以达到锻炼宝宝身体的目的。

宝宝成长评价参照表

序号	评价领域	评价指标	行为观察	评价等级（由弱到强）		
				★	★★	★★★
1	健康	自我保护	能在教师的指导下学习保护自己不受伤			
		肢体运动	能手膝着地，自然协调向指定方向爬行			
		情绪情感	喜欢来园参与活动，与同伴接触的过程中情绪稳定，乐于同家长一起参加集体游戏			
2	语言	表达	能简单介绍自己的小手和小脚的用途，知道保护自己的小手和小脚的方法			

续表

序号	评价领域	评价指标	行为观察	评价等级（由弱到强）		
				★	★★	★★★
2	语言	讲述	在掌握儿歌《小手和小脚》的基础上，能根据自己的理解，在家长的引导下尝试改编儿歌			
		表达	能够较为完整地说出自己创编的儿歌			
3	社会	人际交往	喜欢亲近教师和同伴，愿意参与游戏，并与同伴友好相处			
4	科学	探究兴趣	初步认识身体的主要部位的名称，知道它们的主要作用			
		数学认知	能说出每个身体部位及五官的数量			
		逻辑比较	能根据身体轮廓，将身体部位卡片拼摆到正确的位置			
5	艺术	欣赏与体验	乐于参与音乐游戏，体验活动的快乐			
		创造与表征	能根据音乐《身体音阶歌》来表现音乐中的身体部位			
6	品质	专注力	能保持积极、专注、自信的状态，专注地投入游戏			
		创造性与合作性	能根据游戏的任务需要，表达自己的想法，并能与家长共同合作完成对自己想法的表达与表现			

恭喜宝宝获得＿＿颗★！我们一起继续加油！

14. 嘿，"袋袋"我！

游戏价值

　　五彩的塑料袋、精致的纸袋、漂亮的布袋……袋子已经成为人们生活中不可或缺的一员，有着无限的潜力和独特的魅力等待着宝宝们来发掘。本游戏活动（图4-14-1）让宝宝体会到袋子也可以玩出花样来。

　　主题通过"我的袋子我做主"锻炼宝宝手部小肌肉发展及艺术表达能力，在走秀中表现自我，增强胆量；通过"听，袋子的演奏"为宝宝创造探索和表现艺术的条件，培养宝宝对于身边事物的探索意识，支持宝宝的艺术表现；通过"运朵云彩回家"，发展宝宝大肌肉运动，培养与人协作能力等。

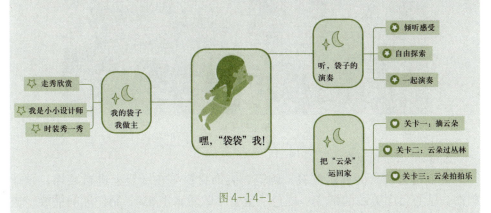

图4-14-1

　　游戏活动结合了艺术、社会、健康等领域，充分激发宝宝的兴趣，调动参与活动的积极性。同时，游戏中家长与宝宝亲密互动，增进亲子感情。下面让我们共同踏上一场关于袋子的趣味之旅，体验袋子带给我们的欢乐吧！

游戏内容

（一）我的袋子我做主

　　游戏目标：宝宝与家长合作设计制作纸袋手提包，并能根据宝宝自己的想法进行装饰，能大胆上台走秀展示纸袋作品。

　　游戏准备：小、中号纸袋若干，颜料、画笔、毛球、丝带等装饰物，幼儿剪刀、胶水、幼儿防水围裙若干，轻快的背景音乐、走秀音乐。

　　游戏过程：

　　1. 走秀欣赏。

　　宝宝和家长共同欣赏各式各样由纸袋设计成的物品图（图4-14-2），以及这些物品的舞台走秀图片、视频等，为接下来设计纸袋手提包和走秀环节做准备。

图4-14-2

　　2. 我是小小设计师。

　　宝宝与家长共同利用颜料、画笔、装饰材料等在纸袋上进行装饰，设计制作自己心目中美丽的纸袋手提包（宝宝穿戴防水围裙）。制作期间播放轻快的背景音乐。

　　教师：小设计师们，请你们尽情发挥想象，用双手创造出独一无二的手提包吧！

　　3. 时装秀一秀。

　　宝宝变身小模特，携带自己设计制作的纸袋小包，和家长一起进行展示、走秀，大胆展示出自己的作品，绽放自己的风采（播放走秀音乐）。最后合影留念，留下"明星照"。

　　观察与指导要点：

　　观察宝宝能否根据自己的想法大胆动手尝试设计制作；在制作过程

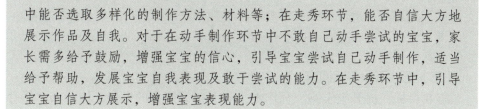

中能否选取多样化的制作方法、材料等；在走秀环节，能否自信大方地展示作品及自我。对于在动手制作环节中不敢自己动手尝试的宝宝，家长需多给予鼓励，增强宝宝的信心，引导宝宝尝试自己动手制作，适当给予帮助，发展宝宝自我表现及敢于尝试的能力。在走秀环节中，引导宝宝自信大方展示，增强宝宝表现能力。

（二）听，袋子的演奏

游戏目标：感受不同动作发出的声音，尝试使用塑料袋跟随节奏进行多样演奏，体验到音乐演奏的乐趣。

游戏准备：彩色塑料袋若干、节奏明快的音乐、桌椅围成圈（宝宝与家长围圈坐）。

游戏过程：

1. 倾听感受。

教师引导宝宝用塑料袋做出一些简单的动作，如抖动、拍打等，请宝宝倾听并感受做不同动作时塑料袋发出的声音。

2. 自由探索。

首先，教师为每名宝宝及其家人提供两只塑料袋，可以跟随音乐节奏自由探索如何用塑料袋演奏音乐，如用鼓起来的塑料袋敲打桌面、抖动塑料袋、双手拍打塑料袋、让塑料袋在空中飘动等。其次，教师观察宝宝的表现，鼓励他们尝试不同的演奏方式。最后，请宝宝展示自己的演奏方式，鼓励大家共同模仿。同时，教师可以引导宝宝尝试一些有趣的演奏方式，如用塑料袋模拟雨声、风声等。

3. 一起演奏。

播放节奏明快的音乐，宝宝与教师共同跟随音乐用塑料袋进行演奏。演奏过程中，教师引导宝宝用塑料袋以快速抖动、慢速抖动、轻拍、重拍等方式表现出音乐的节奏等，并鼓励宝宝在演奏时用表情或肢体表现自己的想法。

观察与指导要点：

自主探索塑料袋演奏方式时，观察宝宝能否积极主动地动脑思考、动手实践。教师要鼓励宝宝大胆自由地发挥，创造出更多的演奏方法。

跟随音乐演奏时，观察宝宝对于音乐节奏、旋律的反应及表现力，引导宝宝学会倾听音乐，理解音乐的节奏和旋律，从而更好地进行音乐演奏。

（三）把"云朵"运回家

游戏目标：提升宝宝跑、合作走、向上拍等能力的发展，体验亲子体育游戏的乐趣。

游戏准备：彩色塑料袋若干、绳子一条、体育器械（跨栏、平衡木、路障等）、欢快的游戏背景音乐。

游戏过程：

1. 关卡一：摘云朵。

教师：宝宝们，老师这里有很多五颜六色的"云朵"，请你们帮忙让"云朵"飘起来，把彩色的"云朵"运回家！

宝宝与家长站在起点，从起点绳子上摘下一个"云朵"（塑料袋），宝宝双手将瘪瘪的"云朵"举过头顶（或采用其他方式），开口向目的地方向快速向前跑到终点，使"云朵"充满气膨胀起来（图4-14-3），并在家长协助下将"云朵"系紧，不要让气跑掉。

图4-14-3　游戏场地示意图

2. 关卡二：云朵过丛林。

教师：宝宝们，现在我们带着"云朵"来到了"丛林"中，这里有很多树木和石头阻挡了我们的去路，我们需要通过这些障碍，才能继续前进，要注意保护好自己的"云朵"，不要破掉哦！

宝宝与家长手持系好的"云朵"，一起从起点出发，穿过树林（路障、较高的体育器械或障碍），翻过石头（轮胎、梅花桩等均可），蹚过小河（平衡木）等（图4-14-4）。家长要关注宝宝安全，提醒宝宝保护"云朵"，直至走出"丛林"。

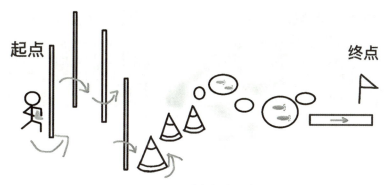

起点　　　　　　　　　　　　　　　　　　　　**终点**

图4-14-4　游戏场地示意图

3. 关卡三：云朵拍拍乐。

教师："云朵"在经历了重重障碍后，终于快要到家啦！让我们来手心向上拍拍它，小心不要让它掉下来，一起托着"云朵"回家吧！

宝宝与家长共同合作，轻轻向上拍"云朵"，并持续轻拍，将"云朵"托举起来向前行，途中注意不要让"云朵"掉落，最后到达终点，将"云朵"带回家。

> 观察与指导要点：
>
> 观察宝宝在游戏中能否积极投入，跑、跳等动作是否协调规范。引导宝宝掌握体育运动的基本动作，鼓励宝宝对玩法进行创新，引导宝宝与家长合作进行游戏。

家庭教育指导建议

袋子作为我们生活中不可或缺的一员，还能玩出什么花样呢？可参考以下游戏，我们一起让游戏"活"起来：

1. "袋子跳一跳"游戏：感受运动的乐趣，运用跳袋进行赛道闯关，锻炼宝宝下肢力量，发展肢体协调性。

2. "袋子起飞啦"游戏：探索利用蜡烛使塑料袋飞起来的科学原理，激发宝宝的科学探究欲望，发展其探究问题、解决问题的能力。

3. "袋子开花"游戏：用鼓起来的塑料袋蘸上颜料，在纸上拓印出朵朵美丽的花，培养宝宝审美情趣，体验艺术创作的乐趣。

在游戏中，家长要关注游戏的安全性，保证宝宝的安全，同时提高参与性，发挥游戏伙伴作用，增进亲子关系。

宝宝成长评价参照表

序号	评价领域	评价指标	行为观察	评价等级 （由弱到强）		
				★	★★	★★★
1	健康	手部精细动作	能灵活进行剪、画、粘贴等手部动作，装饰制作纸袋服装			
		身体大运动	能顺利完成运送云朵的关卡，动作协调、灵敏，有一定的耐力			
		情绪情感	能够积极参与游戏活动，喜欢与伙伴、家人共同游戏，情绪稳定			
2	语言	表达	能够主动清晰地表达自己的想法，与家长或同伴进行良好的沟通。如主动寻求帮助、提出自己的想法、建议等			
3	社会	人际交往	愿意亲近同伴，乐于交往			
		社会适应	对集体游戏活动有兴趣，能在提醒下遵守游戏中各环节规则			
4	科学	探究兴趣	乐于探索袋子的不同演奏方式，能用多种动作、方式进行探索			
5	艺术	欣赏与体验	乐于观看走秀及时装秀画面；容易被袋子演奏的声音所吸引			
		创造与表征	愿意动脑动手设计制作纸袋服装；能用袋子跟随音乐进行演奏、律动，并乐在其中			
6	品质	专注力	能够积极紧随各游戏环节，主动动脑动手投入到游戏中，专注时间长			
		创造性与合作性	能够与家长合作，共同配合进行游戏，根据游戏的任务需要，表达自己的想法			

恭喜宝宝获得____颗★！我们一起继续加油！

15. 美好"食"光

🌿 游戏价值

　　美食是世界上最美好的事物之一，也是宝宝成长绕不开的话题。围绕美食开展系列游戏，让宝宝食欲满满、身体棒棒。

　　美好"食"光系列游戏（图4-15-1）通过"果"然有你、橘子罐头、漂亮的面条画和田园午餐会等亲子互动游戏，可以让宝宝在了解、品尝、烹饪不同美食的同时，增进身体健康，开阔生活视野。通过认知游戏，带宝宝了解食物的特点；通过动手操作，让宝宝体验烹饪的乐趣并获得成就感；通过艺术游戏，帮助宝宝感受食物的美好，表达自己的想法。

图4-15-1

　　游戏通过识、触、尝等多感官增强宝宝对美食的了解和喜爱，在生活与健康、语言与交流、社会与情感、认知与表征等方面全面促进宝宝五大领域的发展。宝宝与家长在游戏中分工合作、相互配合，在促进亲子关系的同时，帮助宝宝了解幼儿园的生活和游戏，调动宝宝融入其中的积极性和主动性。

游戏内容

（一）宝贝认知："果"然有你

游戏目标：鼓励宝宝积极参与水果认知活动，敢于大声说出水果的名字。

游戏准备：音乐《水果歌》、音响、麦克风、各种水果的图片或实物模型玩具。

游戏过程：

1. 音乐律动：《水果歌》。

播放音乐，教师鼓励宝宝和家长来到场地中间积极参与音乐律动，随着音乐共同歌唱和舞蹈。

教师：宝宝们，我们邀请爸爸妈妈一起来跳舞吧！

2. 认知游戏：我和我喜欢的水果。

邀请宝宝上前指认水果图片或实物模型玩具，并鼓励宝宝大声说出自己的名字和指认的水果的名字。

教师：请宝宝来找一找。你认识哪一个水果？它叫什么名字？它是什么味道的？你喜欢吃这种水果吗？

> 观察与指导要点：
>
> 观察宝宝能否在教师的引导下说出自己认识的水果的名字，介绍出对应的味道。观察并记录每一名宝宝的口语表达能力。对于胆小的宝宝，指导家长陪同宝宝走到前面，帮助宝宝进行指认，并鼓励宝宝大胆说话，培养宝宝自信心，增强宝宝语言表达能力。教师可用语言提示家长多带宝宝亲近大自然，多品尝不同种类的水果，丰富宝宝的生活经验。

（二）巧手宝贝：橘子罐头

游戏目标：初步了解橘子的颜色、味道和营养成分；通过观察、动手实践，初步掌握罐头的制作方法。

游戏准备：橘子、冰糖，水盆、盘子、电磁炉、煮锅等工具。

游戏过程：

1. 认橘子。

教师介绍这个游戏用到的水果——橘子。

教师：这是什么？你知道它是什么味道的吗？

随后教师请家长与宝宝一起动手洗橘子，剥橘子，将果肉掰成一瓣一瓣的，然后把上面白色的橘络去掉，请家长及时鼓励宝宝自己动手操作。

2. 煮橘子。

邀请宝宝在家长和教师的帮助下，向锅里加入一定量的水和冰糖，水开后放入橘子，观察橘子在水中的变化。

3. 品尝橘子罐头。

将煮好的橘子分装后，邀请宝宝和家长共同品尝做好的橘子罐头，体验亲手制作美食的快乐和成就感。

观察与指导要点：

观察宝宝能否积极主动参与动手游戏，能否自己完成处理橘子的步骤。家长要注意提升自己参与活动的热情，带动宝宝参与的积极性，多与宝宝互动交流，及时用语言鼓励宝宝。同时，家长要注意给宝宝留足自己动手制作的时间，锻炼宝宝的动手能力，发展精细动作。对于不愿意动手参与活动的宝宝，家长允许宝宝在一旁观察，不强迫宝宝，共同品尝成品，增加沟通和交流。

（三）艺术花园：漂亮的面条画

游戏目标：引导宝宝用不同颜色的细纸条进行面条画创作。鼓励宝宝自主探索、创造，用自己的创意作画。

游戏准备：图画书《面条的选美比赛》，不同颜色的细纸条、彩色纸盘、剪刀、白乳胶、绒球、彩笔。

游戏过程：

1. 分享阅读：《面条的选美比赛》。

教师：今天老师邀请宝宝和爸爸妈妈们一起来欣赏一个好听的故事。你在故事中发现了哪些面条？哪一种面条最终赢得了选美比赛的冠军呢？

2. 美术游戏：制作面条画。

教师播放背景音乐，指导家长在轻松愉悦的氛围中鼓励宝宝自主选择材料进行创意制作面条画。

教师：宝宝们，这里有好多不同颜色的"挂面"（细纸条），我们要用这些挂面制作一幅面条画。你想怎样设计你的面条画？动手试一试怎样摆出最漂亮的面条画造型。宝宝自主选择材料进行创意绘制，家长适当地帮助宝宝使用剪刀、胶棒等工具。

3. 展示作品，交流分享。

教师为宝宝提供展示作品的区域，邀请宝宝把完成的面条画集中展示，并给同伴们讲一讲自己的作品。

观察与指导要点：

观察宝宝能否自主选择工具和材料，能否根据自己的喜好动手参与制作。此时家长帮助宝宝使用辅助材料，如宝宝选择了剪刀，家长就可以及时关注宝宝能否正确使用剪刀；宝宝选择了绒球，家长就可以提醒宝宝取白乳胶来配合使用。在创意制作的过程中，家长要以宝宝的想法为主体，协助宝宝充分发挥想象力和创造力，不包办代替，当发现宝宝的自主创意时要及时给予鼓励和支持。

（四）风采展示：田园午餐会

游戏目标：激发食欲，培养健康的饮食习惯；发展创造力和合作精神。

游戏准备：可邀请厨房为宝宝准备好各色菜品（包括各种冷盘、甜品、面点或少量热菜），并提前准备相应的盛装器皿，如盘子、碗、碟、甜品架等；成人和宝宝款围裙、套袖、手套、厨师帽若干；纸盘、纸杯、纸碗、勺子等宝宝餐具若干；餐桌、椅子、野餐垫若干；铃鼓、沙锤等小乐器若干（可根据园所实际情况调整材料）。

游戏过程：

1. 亲子互动：我是小主厨。

请家长和宝宝穿戴好围裙、厨师帽等。

教师：现在宝宝们都变身小主厨啦！让我们一起来动手将美味的食物摆得漂漂亮亮，开一场田园午餐会吧！

各组家庭分工合作，家长协助宝宝将菜品进行摆盘和装饰，布置午餐会的现场环境。

2. 欢乐午餐会。

午餐会的菜品摆盘和环境布置完成后，宝宝和家长一起品尝美味的午餐。

教师邀请宝宝以个人或家庭的形式到场地中间表演节目，营造轻松愉悦的午餐会气氛。

3. 音乐游戏：田园音乐会。

教师播放节奏轻快的背景音乐，鼓励餐后的宝宝和家长跟着教师的动作示范，用铃鼓、沙锤等小乐器共同玩打节奏的音乐游戏，放松心情。

观察与指导要点：

观察宝宝能否在家长的协助下尝试进行菜品摆盘，观察并记录宝宝的进食习惯，有针对性地向家长提出进食习惯培养方法和建议，指导家长既要放手让宝宝自主进食，又要时刻关注宝宝的进食习惯，在进食过程中给予及时的帮助和指导。

家庭教育指导建议

生活中还有很多好吃又易于制作的美食，建议家长和宝宝一起去探索其他与美食有关的亲子互动游戏。

1. "奇趣大自然"探索实践：为宝宝提供接触来自大自然的食材和自然物的机会，如带宝宝体验农耕、采摘、赶海等活动，开阔视野，增长见识。

2. "居家小帮手"操作游戏：鼓励宝宝参与家中日常的择菜、洗菜、摆碗筷等劳动，发展宝宝的动手能力，养成宝宝积极向上的生活态度。

3. "创意小达人"艺术游戏：家长与宝宝共同参与如水果沙拉、比萨、蛋糕等美食的拼摆制作过程，体验制作美食带来的乐趣和成就感。

宝宝成长评价参照表

序号	评价领域	评价指标	行为观察	评价等级（由弱到强）		
				★	★★	★★★
1	健康	手部精细动作	手指灵活，会做剥、剪、贴等动作，能够独立剥橘子，正确使用剪刀、胶棒			
		身体大运动	能跟随音乐有节奏地模仿音乐律动做动作			
		情绪情感	喜欢来园参与活动，与同伴接触的过程中情绪稳定、乐于参加集体游戏			
2	语言	表达	能较清楚地进行自我介绍，在提示下能用完整的句子说出"我叫×××，我喜欢吃……"			
		讲述	能够根据《面条的选美比赛》故事画面理解故事内容，尝试讲述自己的发现			
		阅读兴趣	喜欢阅读图画书《面条的选美比赛》，并愿意将看到的画面讲给家长听			

续表

序号	评价领域	评价指标	行为观察	评价等级（由弱到强）		
				★	★★	★★★
3	社会	人际交往	喜欢亲近老师和同伴，乐于交往，不抗拒和同伴、教师的身体接触（如拥抱、拉手等）			
4	科学	探究兴趣	乐于观察橘子的特点，愿意积极表达			
		科学认知	能指认不同种类的水果、面条等常见食物			
		逻辑比较	通过观察、比较，能发现不同面条的形象特点			
5	艺术	欣赏与体验	乐于观看图画书中的画面，喜欢参与创意制作面条画，并乐在其中			
		创造与表征	能跟着音乐做动作、用小乐器打节奏			
6	品质	专注力	能保持积极、专注、自信的状态，专注游戏			
		创造性与合作性	能根据游戏的任务需要，表达自己的想法，并能与家长共同合作			

恭喜宝宝获得＿＿＿颗★！我们一起继续加油！

16. 泡 泡 王 国

游戏价值

　　每个宝宝都想有个泡泡王国，在五彩斑斓的泡泡中徜徉，和小伙伴追逐嬉戏，感受童年的美好。

　　"泡泡王国"系列游戏（图4-16-1）通过"小青蛙找朋友""和泡泡做游戏""七彩泡泡""泡泡大冒险"等游戏，促进宝宝的语言表达能力，培养宝宝对颜色的认知以及归类能力，在游戏中感知艺术的美感，体验艺术游戏的快乐，同时培养单双脚交替跳跃能力，锻炼宝宝大肌肉力量。

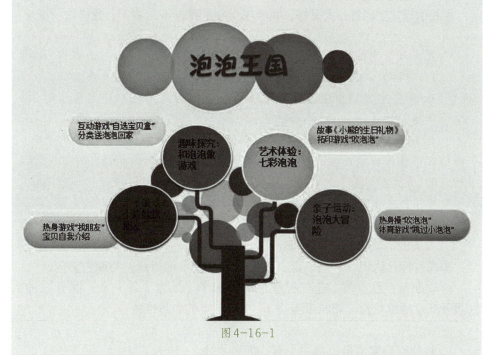

图4-16-1

　　宝宝通过动手操作、亲身体验，在和泡泡做游戏的过程中培养观察、探究等能力，在游戏中实现动作协调、社会交往、语言表达与科学探究等方面的提升；家长在进行亲子游戏活动时根据宝宝自身情况调整游戏难度，帮助宝宝解决问题，让宝宝获得更多解决问题的经验。

游戏内容

（一）亲子游戏：小青蛙找朋友

游戏目标：宝宝能在众人面前大胆介绍自己；乐于参与集体游戏活动。

游戏准备：青蛙手偶一个、音乐《找朋友》、音响、麦克风。

游戏过程：

1. 播放音乐《找朋友》，教师引导家长和宝宝在场地中围圈坐好，宝宝在前家长在后，家长与宝宝根据音乐任意做拍手动作。

教师：宝宝们，我们一起跟着音乐拍拍手吧。

2. 教师戴好青蛙手偶，走到宝宝面前引导宝宝介绍自己。

教师：今天老师带来一个好朋友，一只小青蛙，小青蛙想要交朋友，我们听听它是怎么说的吧！

大家好，我叫泡泡，我今年3岁了，我喜欢吹泡泡，请问你叫什么呀？

家长引导宝宝回答：大家好，我叫×××，我今年×岁了，我喜欢×××。

观察与指导要点：

1. 观察宝宝能否和教师进行积极互动，乐于参与集体游戏。

2. 观察宝宝能否在教师和家长的引导下清楚大胆地说出自己的名字、年龄与爱好。

3. 观察宝宝的口语表达能力，对于胆小的宝宝，可以在家长的引导和陪伴下进行自我介绍。

4. 通过语言提示家长多带宝宝出席不同场合，多引导宝宝与他人接触玩耍，鼓励宝宝勇敢介绍自己。

（二）趣味探究：和泡泡做游戏

游戏目标：认识红、黄、蓝，并能根据颜色名称指认，与颜色对应。

游戏准备：红、黄、蓝三种颜色的小房子（纸盒）各一个；混有三种颜色圆形纸片的游戏盒（塑料带盖盒），按照宝宝的数量准备。

游戏过程：

1. 教师引导宝宝自己选一个喜欢的游戏盒。

教师：宝宝们，你们去选择一个自己喜欢的游戏盒吧。看一看盒子里都有什么？都是什么颜色的？

2. 请家长配合宝宝打开游戏盒，并和宝宝一起说一说盒子里都发现了哪些颜色的泡泡。

3. 教师引导宝宝将游戏盒中的小泡泡们送回自己的家。

教师：小泡泡们在朋友家玩了一天想要回家了，它们要回到和自己颜色一样的家里，请帮助小泡泡们找到自己的家吧。

观察与指导要点：

1. 宝宝能否主动选择游戏盒；宝宝能否正确认识红、黄、蓝三种颜色，并将泡泡送入对应颜色的盒子中。

2. 家长在游戏中鼓励宝宝说出泡泡的颜色，在宝宝出现困难时能及时引导，帮助宝宝进行颜色对应。

3. 对于不能分辨颜色的宝宝，教师提醒家长不应过度焦虑，可以多带孩子去玩和颜色有关的游戏，如涂鸦、绘画等，在游戏中帮助宝宝认识不同的颜色。

（三）艺术体验：七彩泡泡

游戏目标：尝试用拓印的方法进行艺术创作，培养宝宝对美术活动的兴趣。

游戏准备：红、黄、蓝、绿水彩颜料，画纸、拓印工具（棉棒、切好的胡萝卜、手纸筒、纸巾、瓶盖等）、蜡笔。

游戏过程：

1. 情境导入。

教师通过故事导入吹泡泡主题，吸引宝宝的兴趣。

小熊的生日到了，妈妈问小熊需要什么礼物，小熊说："妈妈，我想要和好朋友一起在纸上吹泡泡。"妈妈答应了小熊，邀请宝宝们一起和小熊玩纸上吹泡泡游戏。我们来认识一下变出泡泡的小工具吧。

宝宝尝试使用拓印工具，家长可引导宝宝说说这些工具的名称。

2. 纸上"吹泡泡"。

教师示范正确拓印的方法：拿起小工具，抱抱小颜料，贴上图画纸，压一压，数三下，一二三。

宝宝尝试使用工具拓印，家长协助观察指导宝宝是否正确蘸取颜料，能否尝试按压拓印工具。

3. 创意游戏。

宝宝进行自选游戏材料拓印画，家长可以在宝宝的要求下帮助宝宝完成自己的作品，可以协助宝宝添画。

观察与指导要点：

1. 宝宝在对游戏产生兴趣时，家长可及时引导宝宝尝试选择不同的拓印工具，丰富宝宝的生活经验。

2. 宝宝能自行进行拓印时，家长要及时鼓励，鼓励内容应具体，例如："宝宝你这个泡泡圆圆的，一点也没破，你一定是压得特别用力。"

3. 在宝宝创作时，如果宝宝只选择了一种颜色进行拓印，家长在尊重宝宝想法的前提下可以鼓励宝宝尝试用不同的颜色。

（四）亲子运动：泡泡大冒险

游戏目标：能用双脚连续向前跳的动作玩游戏；遵守游戏规则，学会看简单的标志，能按箭头指示前进。

游戏准备：小呼啦圈，小脚丫标志，箭头标志。场地布置如图4-16-2所示。

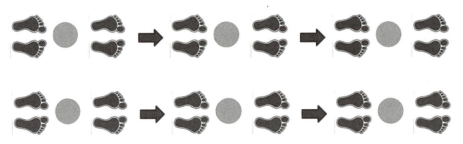

图4-16-2　场地布置图

游戏过程：

1. 以儿歌《热身歌》导入活动，带领宝宝热身，激发宝宝兴趣。

小手高高举，伸个小懒腰。

小脑袋左面摇摇，右面摇摇。

小手拍拍拍，小脚踏踏踏。

小胳膊打开，大鸟飞飞飞。

变出兔耳朵，小兔子蹦蹦跳。

脚尖点点地，活动小脚腕。

深呼吸，深呼吸，热身运动真有趣。

2. 请宝宝观察场地，了解不同标志的含义。

模仿小动物念儿歌：吹泡泡，吹泡泡。吹了一个大泡泡，双脚跳，跳一跳，跳过泡泡踩不到。

引导宝宝讨论泡泡、箭头、脚印分别表示什么意思。

　　小结：路上有好多泡泡，我们要跳过泡泡。箭头表示方向我们要沿着箭头指示的方向走，两个小脚印表示双脚跳。

　　请宝宝练习一个接着一个排队跳过泡泡，家长在旁指导宝宝正确单脚、双脚跳。

　　互动环节：宝宝在路线的一端，家长在路线另一端，宝宝向家长方向双脚跳，家长张开双臂迎接宝宝，并给予宝宝鼓励。

　　3. 拓展环节。

　　对双脚连续向前跳已经熟练掌握的宝宝，可以增加难度，尝试单双脚交替向前跳。场地布置如图4-16-3所示。

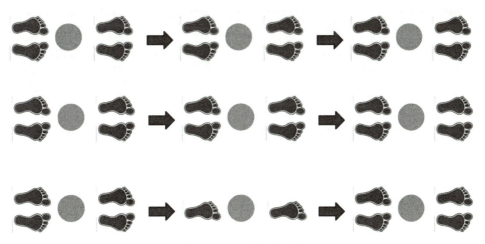

图4-16-3　场地布置图

　　观察与指导要点：

　　1. 热身环节中宝宝情绪积极，兴趣浓厚，愿意跟随教师参与活动，同时家长指导宝宝跟随教师规范动作。

　　2. 家长在指导过程中应尊重宝宝的意愿，对于可以双脚连续向前跳的宝宝给予及时的鼓励。对于不能双脚同时起跳的宝宝可适当降低难度，可先用走，单脚起跳等方式过渡，不可打击宝宝的自信心，以宝宝兴趣为主。

家庭教育指导建议

　　泡泡游戏是家庭中很好操作的游戏，家长可以在家中带宝宝参与以下几种活动：

1. 吹泡泡游戏：五彩的泡泡会吸引宝宝注意力，锻炼宝宝手眼协调跳跃、追逐能力。

2. 泡泡水游戏：找一找家庭中哪些物品可以制作出泡泡水，家长可以带宝宝进行尝试。

3. 寻找泡泡棒：除了吸管和泡泡棒我们还可以用哪些材料吹泡泡呢？家长和宝宝一起寻找一些有"孔"的材料，如积木、毛线等，大家一起来试一试吧。

4. 阅读图画书：和宝宝阅读图画书《肥皂泡泡》，让宝宝了解洗澡可以帮助身体变得干净，让宝宝养成讲卫生的良好习惯。

宝宝成长评价参照表

序号	评价领域	评价指标	行为观察	评价等级（由弱到强）		
				★	★★	★★★
1	健康	手部精细动作	手指灵活，能用按、压等方式进行拓印活动，能用手握住蜡笔进行涂鸦			
		身体大运动	能身体平稳地双脚连续向前跳			
		情绪情感	喜欢来园参与活动，与同伴接触的过程中情绪稳定、乐于参加集体游戏			
2	语言	表达	能清楚地自我介绍，在提示下能用完整的句子说出"我叫×××，今年×岁了，我喜欢×××。"			
		讲述	能用自己的语言描述看到的颜色与物品			
3	社会	人际交往	喜欢亲近教师和同伴、乐于交往，不抗拒和同伴、教师的身体接触（如拥抱、拉手等）			
		规则意识	能遵守游戏规则，会看简单的标志			
4	科学	探究兴趣	愿意好奇地摆弄物品，对生活中的物品有观察探究的兴趣			
		分类能力	能进行简单的分类，能将颜色一一对应			

续表

序号	评价领域	评价指标	行为观察	评价等级（由弱到强）		
				★	★ ★	★ ★ ★
5	艺术	欣赏与体验	喜欢进行艺术活动并大胆表现，能跟随教师唱唱跳跳			
		创造与表征	能用拓印的方法创作自己的作品			
6	品质	专注力	能保持积极、自信的状态，专注于游戏			
		创造性与合作性	能根据游戏的任务需要，表达自己的想法，并能与家长共同合作			
恭喜宝宝获得____颗★！我们一起继续加油！						

17. 声音真美妙

🍀 游戏价值

　　美妙的声音是宝宝探索世界的重要途径，通过感受声音的不同，进而发现声音与生活的紧密联系。《指南》指出：幼儿期是语言发展，特别是口语发展的重要时期。幼儿语言的发展贯穿于各个领域，也对其他领域的学习与发展有着重要的影响。

　　"声音真美妙"综合活动包括"小动物唱歌""脚步声""谁的声音""响铃彩虹伞"等游戏（图4-17-1）。宝宝通过倾听、表达以及肢体表现的方式，不断提升倾听能力与表达能力。在与家长的互动游戏中，宝宝可以感受来自游戏的快乐，同时也不断增进亲子关系，在快乐温馨的环境下，更好地体验声音的美妙与神奇。

图4-17-1

📖 游戏内容

（一）亲子音乐：小动物唱歌

游戏目标：尝试模仿不同动物的叫声，感受不同声音的不同节奏。

游戏准备：各种小动物的手偶、头饰、视频《小动物唱歌》。

游戏过程：

1. 是谁在唱歌。

教师模仿小动物的声音，引导宝宝听听是谁在唱歌，猜到后出示手偶和宝宝打招呼。

教师：听听这是哪个小动物在唱歌？

教师：请宝宝尝试学一学小动物的声音和同伴打个招呼吧！

2. 美妙的歌声。

教师播放小动物的声音表现小鸡、小狗、小猫、小鸭唱歌的不同节奏。

教师：小动物的声音不同，唱歌的节奏也不同，我们听一听每个小动物唱歌的节奏是什么样的。

　叽叽叽　　叽叽叽　｜　叽叽叽　　叽叽叽
　×××　　×××　｜　×××　　×××

　　汪汪　　汪汪汪　｜　汪汪　　汪汪汪
　　××　　×××　｜　××　　×××

　　　喵——喵——　｜　喵喵喵喵　｜　喵———
　　　×——×——　｜　××××　｜　×———

　　　　嘎嘎嘎—　｜　嘎嘎嘎—　｜　嘎嘎嘎—　｜　嘎嘎嘎—
　　　　×××—　｜　×××—　｜　×××—　｜　×××—

3. 歌唱表演。

宝宝和家长戴上小动物的头饰，用不同的声音配合拍手或点头等动作表现小动物唱歌的节奏。

观察与指导要点：

1. 观察宝宝能否模仿小动物的声音，鼓励宝宝用小动物的声音和同伴打招呼。

2. 观察宝宝能否用小动物的声音表现不同的节奏，鼓励宝宝尝试用不同的声音表现不同的节奏。

3. 在表演环节，除了引导宝宝模仿小动物的声音，还可以引导宝宝用拍手、点头等动作表现小动物唱歌的节奏。在生活中拓展宝宝的思维与想象，除了创编各种动物叫声的节奏，还可以拓展到其他事物所发出的不同声音，感受不同的节奏。

（二）亲子阅读：脚步声

游戏目标：初步学习故事表演；尝试分辨大羊和小羊走路时不同的脚步声。

游戏准备：故事《脚步声》、头饰。

游戏过程：

1. 故事讲述。

教师讲述故事《脚步声》。

2. 故事理解与讨论。

教师引导宝宝根据故事回答问题。

教师：故事里有谁？他们去做什么？

教师：为什么羊姥姥一听脚步声就知道是谁来了呢？

教师：大羊和小羊的脚步声是怎样的？（模仿两只羊不同的脚步声。）

教师：大羊和小羊发出的脚步声都不一样，所以羊姥姥一下就能听出是谁来了。

3. 分组表演。

家长与宝宝戴上头饰，家长扮演羊姥姥，宝宝扮演羊，分组表演故事。

教师：宝宝扮演的是谁？它的脚步声是怎样的？

教师：大羊和小羊说了什么？羊姥姥说了什么？（家长扮演羊姥姥，宝宝扮演羊，引导宝宝尝试表演，并配上动作。）

教师及时对家长和宝宝的表演作点评：大羊和小羊脚步声模仿得很像，羊姥姥也表演得很生动！

附：

故事《脚步声》

羊姥姥住在高高的山顶上。有一天，羊姥姥病了，不停地打喷嚏："啊——嚏！啊——嚏！"她真想小朋友们。大羊和小羊知道了，都要上山去看羊姥姥。大羊"踢——突，踢——突"上山。羊姥姥听见了，心想：肯定是大羊。连忙打开门，真的是大羊来了。大羊说："姥姥，我来看你啦，送你一把青草。"姥姥可高兴啦。过了一会儿，外面传来"笛笃笛笃，笛笃笛笃，啪嗒，骨碌碌碌"的声音。这是什么声音？连忙打开门，一看，原来是小羊。小羊笛笃笛笃笛笃跑得太快了，啪嗒，摔了一跤，手上的苹果骨碌碌碌滚下了山。"姥姥，送给你的礼物掉了。"小羊说着正要哭，但看见大家都哈哈笑，就说："没关系。"

观察与指导要点：

1. 观察宝宝能否认真倾听故事，引导宝宝安静倾听。

2. 观察宝宝能否理解故事内容，鼓励宝宝根据故事内容回答问题。

3. 根据故事内容模仿两只羊不同的脚步声，并尝试表演。家长带动气氛与宝宝一起表演，提高宝宝参与的热情，也可以与宝宝互换角色表演。

（三）亲子游戏：谁的声音

游戏目标：听声音辨别自己家长的声音；猜出家长模仿的生活中的声音。

游戏准备：生活中常见的能发出声音的物品或图片。

游戏过程：

1. 分成几个小组进行游戏，每小组4～5个家庭，请宝宝和家长一起参加。宝宝闭上眼睛，每位家长重复一句相同的话，引导宝宝辨别自己家长的声音。

2. 变换角色，请宝宝发出声音，家长来辨别。引导宝宝捏着鼻子改变声音，增强游戏的趣味性。

3. 听声我猜。家长模仿各种动物、生活中常见的物品或工具的声音（如汽车喇叭声、打气筒的声音、门铃等），宝宝仔细听，根据家长发出的声音猜出答案。

观察与指导要点：

1. 观察宝宝能否辨别出自己家长的声音，鼓励宝宝仔细倾听辨别。

2. 鼓励宝宝积极参与游戏，尝试捏着鼻子或其他方法改变声音，增强游戏的趣味性。

3. 宝宝能否猜出家长模仿的生活中常见的声音，引导宝宝积极参与游戏，大胆猜测。

（四）亲子运动：响铃彩虹伞

游戏目标：双脚原地向上跳跃，增强腿部肌肉力量，培养弹跳能力及身体协调能力。

游戏准备：彩虹伞、小铃铛。

游戏过程：

1. 宝宝在场地内寻找有不同声音的小铃铛，找到后放到彩虹伞上。

2. 铃铛收集好后，教师和家长将彩虹伞拉起，宝宝站在彩虹伞下，自由向上跳跃，用手、头碰触彩虹伞发出声响。

教师：彩虹伞变成了响铃彩虹伞。我们向上跳，用头或手碰一下，就会发出响声。大家跳起来试一试吧。

3. 教师和家长上下浮动、旋转彩虹伞，宝宝在下面再次尝试跳跃。

观察与指导要点：

1. 观察宝宝能否在场地内找到小铃铛，引导宝宝将找到的铃铛放到彩虹伞上。

2. 观察宝宝能否向上跳用头或手够到彩虹伞，教师和家长可调整变换高度，增加游戏难度。

3. 游戏前提示宝宝跳跃时要与同伴保持距离，避免与周围的同伴太近而发生碰撞。游戏中提示家长彩虹伞舞动与旋转的速度从慢到快，帮助宝宝逐渐适应。

家庭教育指导建议

声音的美妙远不止如此，生活中家长可以和宝宝一起继续探索，感受不同的声音。

1. 会唱歌的瓶子：找几个瓶子，装进不同的材料，如水、豆子、沙子、小玩具等，供宝宝摇晃、敲击，探索声音的不同。

2. 家用电器的声音：关注家里家用电器的声音，如洗衣机、吸尘器等，感受声音的不同。

3. 厨房里的声音：勺子、筷子敲击的声音，淘米、打鸡蛋、炒菜声音都不同，宝宝对厨房里的声音很熟悉，同时充满好奇与探索欲，在保证安全的前提下，应及时满足宝宝的探索欲望，支持宝宝多感官感受与体验。

4. 小小演奏家：为宝宝准备些小乐器，如小沙锤、铃鼓、小木鱼等，尝试发出不同的声音。提高对乐器声音的敏感度，带宝宝听音乐会也是一项特别的体验。

5. 交通工具的声音：生活中的声音无处不在，出行时引导宝宝关注火车、轮船、汽车的声音。

6. 大自然中的声音：大自然中也有非常多有趣的声音，如鸟鸣、下雨、打雷的声音。

日常生活中与宝宝一起捕捉有趣的声音，如人声、物品发出的声音、大大自然中的声音等，感受各种声音，提高对声音的认知，积累相关经验。

宝宝成长评价参照表

序号	评价领域	评价指标	行为观察	评价等级（由弱到强）		
				★	★★	★★★
1	健康	动作发展	能身体协调地原地向上跳			
		安全意识	在伞下向上跳时能躲避同伴，避免碰撞			

续表

序号	评价领域	评价指标	行为观察	评价等级（由弱到强）		
				★	★★	★★★
2	语言	倾听理解	能安静地听教师与同伴讲话，跟随教师与家长的引导玩游戏			
		表达交流	能够根据《脚步声》故事，清楚地复述故事内容，与教师和同伴交流			
3	社会	同伴交往	能友好地与同伴交往			
		适应群体	对群体活动有兴趣，愿意参与集体游戏			
4	科学	探究兴趣	对感兴趣的声音能仔细辨别、比较			
		探究能力	能运用多感官探索声音，发现、模仿不同的声音			
5	艺术	大胆表现	能自信地用声音模拟小动物的叫声			
		艺术表现	能随音乐节奏做动作			
6	品质	专注能力	能保持积极、自信的状态，专注地投入游戏			
		目标意识	能关注游戏中的目标，将找到的响铃放入彩虹伞中			

恭喜宝宝获得____颗★！我们一起继续加油！

18. 我的小手

游戏价值

　　随着宝宝的成长，宝宝逐渐从依靠成人走向独立自主，开始学习如何用自己的小手生活。《纲要》中也明确指出："要培养幼儿具有基本的生活自理能力。"因此，开展"我的小手"相关主题活动，让宝宝在游戏中讲述、操作、探索，能够更好地帮助宝宝适应幼儿园的生活。

　　在"我的小手真能干""小手变变变"等游戏中，宝宝可以通过与小伙伴的互动，提高社交能力。通过儿歌律动、自我介绍，增强自己的语言表达能力；通过"彩虹桥""钻隧道"等游戏，锻炼身体的协调性和大肌肉力量；通过观察和寻找不同的图形，培养科学探究精神等；音乐律动和色彩拓印游戏也能让宝宝感受艺术的魅力。游戏中，亲子之间可以得到良好的互动与交流，提升家长与宝宝之间的亲子关系，体验亲子交流的喜悦。

游戏内容

（一）亲子律动：我的小手真能干

　　游戏目标：引导宝宝了解自己的小手能做很多事情，激发自信与自豪情感。

　　游戏准备：小手能干的图片，音乐《小手拍拍》。

　　游戏过程：

　　1. 儿歌：小手真能干。

　　教师引导宝宝和家长围坐成圆圈，出示用小手做事情的图片，引导宝宝和家长边做动作边说一说：

　　我的小手真能干，自己来喂自己饭。吃青菜，剥鸡蛋，身体健康多可爱。

　　我的小手真能干，喝杯清水好健康。你一杯，我一杯，多喝水身体棒。

我的小手真能干，样样事情都能干。能画画，能跳舞，爱护图书和玩具。

　　我的小手真能干，自己的事情自己办。穿衣服，脱鞋袜，勤劳聪明人人爱。

　　2. 亲子律动：小手拍拍。

　　家长和宝宝面对面坐好，教师播放歌曲《小手拍拍》，鼓励宝宝和家长一边拍手，一边唱："小手拍拍，小手拍拍，手指伸出来，手指伸出来。"

　　当唱到"×××，在哪里，×××，在哪里？把他举高高"时，有能力的家长可以把宝宝举起来，再放下。

　　教师：请宝宝做自我介绍，说一说你叫什么名字，几岁啦，是男孩还是女孩，你的小手能干什么。

　　　观察与指导要点：

　　　1. 观察宝宝是否乐于进行拍手律动游戏，并能够大声地说出自己的小手能做哪些事情，产生自信、自豪的积极情感。

　　　2. 对于腼腆害羞的宝宝，指导家长引导宝宝大胆地说一说自己的小手能做什么。

　　　3. 自我介绍环节，观察宝宝能否在教师的引导下用完整的语句说出自己的姓名、年龄等。

　　　4. 语言提示家长在家里多鼓励宝宝自己的事情自己做，提高自主能力，让宝宝更加自信。

（二）亲子游戏：探秘宝袋

　　游戏目标：初步认识圆形、方形、三角形，能够用触摸的方法从神秘袋中找出不同的图形，能根据要求在活动室里找出相应形状的物品。

　　游戏准备：跟宝宝人数一致的神秘袋，以及三种图形的卡片和物品。

　　游戏过程：

　　1. 摸一摸。

　　教师：跳跳蛙有个神秘的大袋子，袋子里有很有趣的东西，我们来摸一摸，就知道是什么东西了。

　　2. 说一说。

　　教师：请宝宝把袋子里的材料取出来，看一看，和家长说一说，都有什么样的图形？数一数，一共有几种图形？

3. 找一找。

教师引导家长和宝宝一起寻找活动室柜子里什么地方有这些形状，平面的、立体的形状都可以，只要找到哪些地方有这些图形即可。找到之后，引导宝宝大胆、清晰地说出是什么图形。

观察与指导要点：

1. 观察宝宝能否观察认识圆形、三角形、正方形，并大胆说出不同图形。

2. 观察宝宝能否大胆地在活动室内观察、寻找对应的图形。

3. 家长要引导宝宝通过自己的探索，完成任务，当宝宝确实找不到时，家长可以给出提示，和宝宝共同寻找，完成任务。

（三）亲子绘画：小手大树

游戏目标：观察手的形态，了解手的各个部分，能根据自己的想法利用手型进行添画。

游戏准备：没有树叶的大树妈妈（图4-18-2），每组一盘绿色、黄色、红色的颜料，抹布，音乐《小树叶》。

图4-18-2

游戏过程：

1. 探索小手。

教师引导宝宝观察自己的小手，鼓励宝宝用小手随音乐跳舞。

教师：我们每个人都有一双能干的小手。小手上有什么？我们的小手像什么？

你能用小手变出什么？让我们跟随音乐用小手来跳舞吧！

2. 小手大树。

引导宝宝回忆不同季节树叶颜色的变化，玩小手印画游戏。

教师：树叶是什么颜色的？你见过黄色和红色的树叶吗？是什么季节你知道吗？

教师：大树是妈妈，小树叶是宝宝，小树叶要找大树妈妈了。我们一起找到不同的颜色，给小手穿上颜色衣服，在树枝上印一印，这样小树叶宝宝就找到大树妈妈啦。

提醒家长提前挽好宝宝衣袖，鼓励宝宝大胆尝试，在大树上，用小手和颜料印出不同姿态的树叶。

3. 作品展示。

请宝宝给小伙伴讲一讲自己的作品，并欣赏其他人的作品。

观察与指导要点：

1. 鼓励宝宝探索小手，能用小手变化出不同的形状。

2. 鼓励宝宝用小手模仿小树叶，用颜料拓印的方式表现小树叶宝宝，在游戏中感受颜色的变化。

3. 游戏时，提前引导宝宝挽好衣袖，注意卫生。

（四）亲子运动：小手变变变

游戏目标：锻炼宝宝钻、跑的基本能力，发展肢体协调性，培养宝宝对体育游戏的兴趣。

游戏准备：户外操场、呼啦圈若干、音乐《开火车》《放松音乐》。

游戏过程：

1. 游戏：彩虹桥。

教师引导宝宝和家长手拉手做成彩虹桥，听口令做高举、降落、下蹲等动作，以及上下连续摆动的动作，做好游戏前的准备活动。

2. 游戏：钻隧道。

家长们将两只手拉起来，做成彩虹桥，一个挨一个连接起来，变成隧道。

宝宝们排成一列，跟随教师，钻过隧道。

教师：宝宝们，家长们的手搭成桥，桥的下面是一条长长的隧道，我们变成一列小火车，从隧道钻过去吧。

教师引导，家长桥的高度可以变化，增加游戏的难度。游戏中，宝宝根据桥的高度，进行弯腰走、屈膝走、下蹲走等。

3. 游戏"开火车"。

请宝宝和家长手拿呼啦圈一个跟着一个走，并引导大家一起说儿歌："呜——我的火车就要开了，开到哪里去？开到积木区（操场的不同区域）……"

播放《开火车》音乐，教师鼓励宝宝一边排队走，一边做动作，如把呼啦圈前举、上举、坐在纸箱上等，游戏中教师提示注意安全，避免发生碰撞。

放松环节：播放音乐，宝宝在教师的带领下做手臂、腰部、腿部等放松活动。

观察指导要点：

1. 观察宝宝能否在教师的引导下进行游戏，游戏中观察宝宝钻、跑的基本动作水平。

2. 观察宝宝对体育游戏的兴趣和参与性，鼓励宝宝大胆参与游戏。

3. 指导家长在游戏中放手让宝宝参与游戏，同时关注宝宝的安全，提示宝宝在奔跑中注意观察四周，避免发生碰撞。

家庭教育指导建议

在家中，家长可以和宝宝开展"能干的小手"相关活动，帮助宝宝提高手部的灵活性，进而提高自主能力。

1. "剪刀石头布"游戏：锻炼宝宝手脑一致，乐于参与游戏，培养宝宝胜不骄败不馁的品格。

2. "烘焙小能手"实践活动：了解烘焙面包、蛋糕等的基本操作方法，锻炼手部灵活性，体验获得劳动成果的满足感。

3. "自己的事情自己做"游戏：鼓励家长在家里有意识地让宝宝尝试自己的事情自己做，如自己吃饭，自己穿衣，自己整理玩具、图书、书包等，还可以鼓励宝宝自己做如洗内裤、袜子，收拾碗筷，帮长辈倒水等力所能及的家务劳动。在宝宝做到时，及时表扬宝宝，提高宝宝的自信心。

宝宝成长评价参照表

序号	评价领域	评价指标	行为观察	评价等级（由弱到强）		
				★	★★	★★★
1	健康	手部精细动作	手指灵活，会随着音乐做基本的律动动作			
		身体大运动	随着音乐节奏，宝宝喜欢用身体模仿有趣的动作			
		钻、走、跑	喜欢并参与钻、走、跑等体育活动，能快跑15 m左右，并能够在分散跑时灵敏地躲避他人的碰撞			
		情绪情感	喜欢来园参与活动，与同伴接触的过程中情绪稳定，乐于参加集体游戏			
2	语言	大胆表达	能用普通话较清楚地进行自我介绍，在提示下能用完整的句子说出"我叫×××，今年×岁了，我是男/女孩"			
		认真倾听	能够认真倾听《我的小手真能干》儿歌内容，尝试讲述自己的小手能做什么			
3	社会	人际交往	喜欢亲近教师和同伴，乐于交往，自我介绍及互动游戏时不抗拒和同伴、教师的身体接触（如拥抱、拉手等）			
4	科学	主动探究	对周围的事物有好奇心和探究欲望，能够发现不同形状物体的不同特征，并愿意去寻找不同形状的物品			
		图形认知	能够感知和发现周围物体的形状是多种多样的，对不同的形状感兴趣			
		数学认知	愿意用数一数的方式发现物体的多少			
5	艺术	欣赏与体验	乐于用小手创作不同的造型，并感受大树妈妈的特征，并尝试用小手模仿树叶			

续表

序号	评价领域	评价指标	行为观察	评价等级 （由弱到强）		
				★	★★	★★★
5	艺术	创造与表征	喜欢用颜料印画、添画等不同方式大胆绘制树叶，并乐在其中			
6	品质	专注力	能保持积极、专注、自信的状态，专注地投入游戏			
		自尊、自信、自主	能为自己的积极行为或活动成果感到高兴，自己的事情愿意自己做，主动承担一些小任务			

恭喜宝宝获得____颗★！我们一起继续加油！

19. 小鱼找朋友

 ## 游戏价值

　　小鱼是宝宝生活中常见且喜爱的小动物,以"小鱼"为元素,"找朋友"为主线进行系列化的游戏,可以让宝宝身临其境,感受游戏和生活的趣味。

　　"小鱼找朋友"综合活动包括"小鱼问好""小鱼逃走了""小鱼吐泡泡""网小鱼"等互动游戏(图4-19-1)。宝宝可以通过与小伙伴的互动,提高社交能力;通过讲述故事,增强自己的语言表达能力;通过模仿小鱼的动作,锻炼身体的协调性和肌肉力量;通过观察小鱼的特点,培养科学探究精神等。同时,游戏中的音乐和舞蹈元素,也能让宝宝感受艺术的魅力。

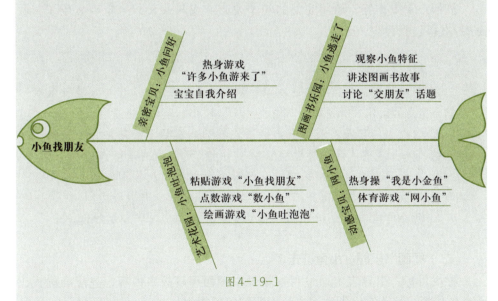

图4-19-1

　　游戏通过视、听、触多感官锻炼宝宝的精细动作及大肌肉力量,并在语言的倾听与交流、自我感知与表现、社会与情感、身体运动、认知与表征等方面全面促进五大领域的发展,使宝宝与家长在游戏中增进亲子关系,适应集体生活,缓解宝宝入园焦虑。

游戏内容

（一）亲密宝贝：小鱼问好

游戏目标：鼓励宝宝大胆在集体中做自我介绍，尝试说完整话。

游戏准备：音乐《许多小鱼游来了》。

游戏过程：

1. 热身游戏"许多小鱼游来了"。

播放音乐《许多小鱼游来了》，教师引导宝宝及家长围成圆圈，跟随音乐自主模仿小鱼游的动作。

教师：许多小鱼游来了，宝贝们，快和家长一起加入吧，变成小鱼游起来。当歌曲唱到"快快捉住"时，请你和家长抱一抱。

2. 自我介绍。

教师模仿捕鱼人，当音乐唱到"快快捉住"时，教师快速到一位宝宝的身前，拥抱宝宝，并邀请宝宝到圆圈中间做自我介绍。

教师：捕鱼人来啦！捉到了一条"小鱼"，请"小鱼"来做自我介绍吧！

教师：宝宝你好，请用完整的句子说出"我叫×××，今年×岁了，我是男/女孩。我喜欢……"

> 观察与指导要点：
>
> 1. 热身环节，观察宝宝是否乐于参加集体游戏，鼓励宝宝跟随音乐节奏做小鱼游的动作，听到歌词"快快捉住"时家长与宝宝快速抱在一起。
>
> 2. 自我介绍环节，观察宝宝能否在教师的引导下用完整的句子说出自己的姓名、年龄、性别等，观察每一名宝宝的语言表达能力。
>
> 3. 对于不愿自己介绍的宝宝，指导家长陪同走到圆圈中间，与宝宝共同进行自我介绍或代为介绍，给予宝宝充分的肯定与鼓励。
>
> 4. 每个宝宝自我介绍后，提醒其他家长与宝宝鼓掌表示欢迎。

（二）图画书乐园：小鱼逃走了

游戏目标：引导宝宝通过观察图画书画面理解故事内容，并能准确找出小鱼的位置，培养宝宝细致观察与大胆想象的能力。

游戏准备：图画书《小金鱼逃走了》图片、图画书《小金鱼逃走了》。

游戏过程：

1. 观察小鱼的外形特征。

教师：这是一条神奇的小鱼，它长什么样子？是什么颜色的？还有哪些特点呢？

教师：它有圆圆大大的身体，圆圆小小的眼睛，还有一条像骨头一样的小尾巴，宝宝一定要记牢。

2. 讲述故事，根据画面理解故事内容，尝试在复杂、相似的图画中寻找逃跑的小鱼。

教师：小鱼逃到哪里去了？猜一猜它还会躲到哪里呢？

教师引导宝宝说完整句子，并答复小结：小鱼会躲在××，会躲在××，还会躲在××。

3. 讨论、理解交朋友是件快乐的事情。

教师：小鱼为什么逃走了？它为什么不开心？后来它为什么又开心了？

观察与指导要点：

请家长与宝宝一起观察、比较、发现图画书中与小鱼相似的形象，在越来越复杂且相似的画面中找到逃走的小鱼。如果宝宝找不到，家长可以鼓励宝宝耐心细致地观察，并按照如从左到右等顺序观察画面。家长要鼓励宝宝充分发挥想象力，与宝宝讨论小鱼可能逃往的地方，并用完整的话表述出来。

（三）艺术花园：小鱼吐泡泡

游戏目标：引导宝宝手口一致点数5以内的数，并尝试用油画棒画出没有缺口的圆形。

游戏准备：小鱼卡片每人5个，蓝色彩纸，胶棒，彩色油画棒。

游戏过程：

1. 小鱼找朋友。

教师引导宝宝将小鱼粘贴在蓝色彩纸上。

教师：小鱼儿离不开水，这里有好多逃走的小鱼，它们迷路了，请宝宝们帮助她们游回到水里吧！

2. 数小鱼。

教师引导宝宝手口一致点数小鱼的数量。

教师：宝宝，你帮助几条小鱼游回水里了呢？请伸出小手，点一点，数一数吧！

3. 小鱼吐泡泡。

教师与家长引导宝宝画没有缺口的圆形。

教师：小鱼找到了好朋友，开心地吐起了泡泡。瞧！我的小鱼吐泡泡啦！咕噜咕噜，吐出一个没有缺口的泡泡，请为你的小鱼们画泡泡吧！

观察与指导要点：

如果宝宝不会使用胶棒，家长可以进行游戏化指导：一手拿胶棒的身体，一手拧胶棒的尾巴，转一圈，涂一涂，成功啦！家长通过观察了解宝宝对5以内数的点数情况，点数时引导宝宝手口一致，一个一个地点数。如果宝宝数不清，可以将小鱼排成一排点数，感知数与量的关系。家长可以帮助宝宝做示范：慢慢画一个圆圈，圆圈的头尾相连接，不要有缺口。可以用游戏化的口吻与宝宝游戏：宝宝要小心，泡泡不能有缺口，有缺口泡泡就破了。

（四）动感宝贝：网小鱼

游戏目标：提高宝宝快速躲闪的能力，促进宝宝肢体协调发展，培养宝宝对体育游戏的兴趣。

游戏准备：音乐《我是小金鱼》。

游戏过程：

1. 热身操：我是小金鱼。

教师邀请宝宝与家长模仿小鱼游的动作，跟随音乐舒展身体各关节。

2. 游戏：网小鱼。

两名教师手拉手举高，扮演渔网，宝宝排成一排，小手拉着前面伙伴的衣服下摆，扮演小鱼，依次从渔网下穿过。渔网随音乐逐渐降低高度或高低起伏。

教师：小鱼们，渔夫带着大渔网来啦，快快游起来，不要被渔网捕到哦。

第一次游戏，教师站立，高举渔网；第二次游戏，教师半蹲，高举渔网；第三次游戏，教师弯腰，随音乐节奏高低摆动渔网。每次游戏时，随音乐节奏捕捉小鱼，被捕捉的宝宝和家长合作，交握双手，与教师站一排共同当渔网。

家庭教育指导建议

在家中，家长可以继续和宝宝一起探索与"小鱼"有关的游戏：

1. "钓小鱼"游戏：观察宝宝拿鱼竿垂钓的动作是否协调，能否根据颜色、大小等特点将钓上来的鱼进行分类，并手口一致进行点数。

2. "养小鱼"科学实践：了解探索鱼的基本形态、结构、习性等，通过照顾小鱼萌发宝宝爱小动物的情感。

3. "小鱼吹泡泡"游戏：模仿小鱼吐泡泡的动作，通过练习增强肺活量，促进心肺功能发展。

4.“小鱼游”游戏：结合家中的实有物品，为宝宝营造富有挑战性的运动游戏情境，如钻爬椅子，跨过抱枕或毛绒玩具等30 cm左右高的障碍物等，在游戏中锻炼宝宝身体灵活性，发展宝宝运动协调能力。

宝宝成长评价参照表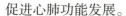

序号	评价领域	评价指标	行为观察	评价等级（由弱到强）		
				★	★★	★★★
1	健康	手部精细动作	会做捏、握、贴的动作，会正确使用胶棒，并涂抹在小鱼上			
		身体大运动	能跟随音乐有节奏地模仿小鱼的动作，能根据指令快速躲闪，反应灵敏			
		情绪情感	喜欢来园参与活动，与同伴接触的过程中情绪稳定、乐于参加集体游戏			
2	语言	表达	敢于在集体面前做自我介绍			
			在教师提示下，能用完整的句子说出“我叫×××，今年×岁了，我是男/女孩”			
		讲述	能够根据《小鱼逃走了》故事画面理解故事内容，尝试讲述自己的发现			
		阅读兴趣	喜欢阅读图画书《小鱼逃走了》，并愿意将看到的画面讲给家长听			
3	社会	人际交往	喜欢亲近教师和同伴，乐于交往，不抗拒和同伴、教师进行身体接触（如拥抱、拉手等）			
4	科学	探究兴趣	乐于观察书中小鱼的外形特点，愿意积极表达自己的发现			
		数学认知	能手口一致点数5以内的小鱼数量			

续表

序号	评价领域	评价指标	行为观察	评价等级（由弱到强）		
				★	★★	★★★
4	科学	逻辑比较	能通过观察、比较，发现书中与小鱼相似的形象，并能找到小鱼			
5	艺术	欣赏与体验	乐于观看书中的画面，喜欢粘贴小鱼，涂画泡泡，并乐在其中			
		创造与表征	能用油画棒画出没有缺口的圆形			
6	品质	专注力	能保持积极、专注、自信的状态，专注地投入游戏			
		创造性与合作性	能根据游戏的任务需要，表达自己的想法，并能与家长共同合作			

恭喜宝宝获得＿＿颗★！我们一起继续加油！

20. 有趣的毛绒娃娃

游戏价值

毛绒娃娃材质柔软舒服，形象可爱，比较易得，符合宝宝做角色扮演和想象游戏的需要，是不可多得的游戏材料。游戏中，宝宝很容易和毛绒娃娃建立情感链接，可以帮助其稳定情绪，提高社会交往水平，通过角色游戏，宝宝能够学习照顾他人，培养责任意识和担当意识。

"有趣的毛绒娃娃"综合活动，通过"猜猜我是谁""谁不见了""毛绒娃娃穿新衣""送毛绒娃娃回家"等互动游戏（图4-20-1），发展宝宝的观察、注意、记忆、探索、实践的能力；通过送毛绒娃娃回家的体育游戏，锻炼宝宝的上肢力量和下肢力量，提高身体的灵活性和协调性。游戏中，宝宝的艺术表现和语言表达也能够得到锻炼，在快乐游戏的同时，增进亲子之间的情感。

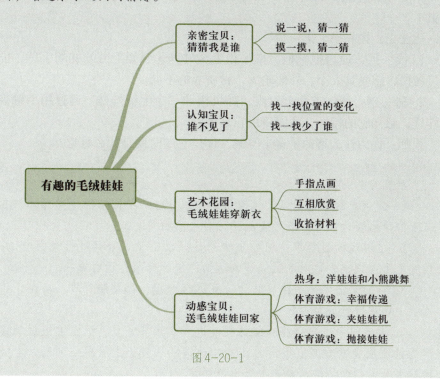

图4-20-1

 **游戏内容**

（一）亲密宝贝：猜猜我是谁

游戏目标：

1. 鼓励宝宝在集体中大胆表达。

2. 能够用形容词描述毛绒娃娃的颜色、形状、功能、触感等特征。

游戏准备：毛绒娃娃若干、蒙眼布。

游戏过程：

玩法一：说一说，猜一猜

1. 认识毛绒娃娃。

教师：今天邀请了好多毛绒娃娃来和宝宝们一起做游戏，我们一起来认识一下它们吧！

2. 我喜欢的毛绒娃娃。

教师：如果选一个毛绒娃娃和你抱一抱，你想选谁？不要直接告诉我它的名字，你可以说出它的特征，让我们猜一猜。

宝宝在教师或家长的引导下用形容词描述毛绒娃娃的主要特征，直到被猜出来。

玩法二：摸一摸，猜一猜

1. 摸一摸：通过抱一抱、摸一摸毛绒娃娃，感知毛绒娃娃的手感，能够通过触摸，感受其大小、外形轮廓、材质等的不同。

2. 猜一猜：请宝宝蒙上双眼，随机摸取一个毛绒娃娃。通过用手触摸毛绒娃娃，感知它的特征，从而猜出它是谁。

教师：你为什么猜的是这个答案？你摸它的时候是什么感觉？

观察与指导要点：

1. 宝宝能否通过观察、触摸了解毛绒娃娃的不同特征。观察每一名宝宝的口语表达能力，能否大胆验证自己的猜想。

2. 在游戏的过程中，引导宝宝充分调动听觉、触觉进行大胆尝试，尝试用形容词来表达对毛绒娃娃的认知，能够介绍自己喜欢的毛绒娃娃。

3. 引导宝宝根据毛绒娃娃的特征进行分类，如按照材质、功能、颜色、大小等进行分类游戏。

4. 游戏进阶。可以将毛绒娃娃装进一个大袋子里，让宝宝根据触摸到的特征从袋子里抓出指定的娃娃，如指定从袋子中抓出长颈鹿，宝宝则根据触摸到的特征从袋子中摸出长颈鹿。

（二）认知宝贝：谁不见了

游戏目标：通过观察，记住毛绒娃娃的位置，能够记起是谁被藏起来了。

游戏准备：每组3～5个毛绒娃娃。

游戏过程：

1. 教师出示毛绒娃娃：今天毛绒娃娃又来和小朋友一起做游戏，看看它们都是谁?

请宝宝上前请出毛绒娃娃，并和它打声招呼，抱一抱，然后将毛绒娃娃摆放好。

2. 教师引导宝宝观察3个毛绒娃娃的位置并记在心里，然后请家长捂住宝宝的眼睛，教师随机挪动其中一个毛绒娃娃的位置（图4-20-2），然后请宝宝找出是哪个毛绒娃娃换位置了。

图4-20-2

3. 游戏几次后，教师再增加2个毛绒娃娃，增加游戏难度。

再次请家长捂住宝宝的眼睛，教师随机藏起一个毛绒娃娃（图4-20-3），请宝宝找出是谁不见了。

图4-20-3

4. 亲子互动，家长和宝宝轮流藏毛绒娃娃、找毛绒娃娃。

观察与指导要点：

1. 观察宝宝能否通过记忆找出毛绒娃娃的位置变化，能否发现是谁不见了。

2. 根据宝宝的接受程度，逐渐增加毛绒娃娃的数量，一开始是三个，然后变成四个，依次增加数量。

3. 如果宝宝一次没有发现变化，可以重复几次进行。家长和宝宝轮流进行藏毛绒娃娃，找毛绒娃娃游戏，增强宝宝的自信心。

（三）艺术花园：毛绒娃娃穿新衣

游戏目标：能够通过手指点、拖的方法给娃娃画新衣。

游戏准备：衣服画纸、颜料盘、颜料、棉签、湿巾。

游戏过程：

1. 情境导入。

教师：娃娃想要一件带有漂亮点点的新衣服，我们有什么好办法来帮帮她？

2. 装饰新衣。

教师引导宝宝通过手指点画的方法装饰新衣。

教师：我们可以怎样来点画呢？快来尝试一下吧。（引导宝宝注意点画时蘸取颜料的多少，点画的力度，关注点点的疏密以及色彩搭配。）

3. 展示作品。

展示作品（图4-20-4），请宝宝给小伙伴讲一讲自己的作品，和家长一起为娃娃穿上新衣。

4. 收拾材料。

请宝宝把剩下的材料送回家。

图4-20-4　毛绒娃娃穿衣服

观察与指导要点：

1. 观察宝宝能否手眼协调地进行手指点画，在进行手指点画游戏时是否有耐心和专注力。

2. 在创作过程中，引导宝宝学会用心去感受和发现美，用自己的方式去表现和创造美，家长要以宝宝的思路为主体，不包办代替，宝宝有自己的想法时要及时鼓励、赞扬。

3. 游戏后引导宝宝把材料收纳整理好，养成良好的习惯。有的宝宝不喜欢用手指进行点画，可以借助棉签进行游戏。

（四）动感宝贝：送毛绒娃娃回家

游戏目标：

1. 发展宝宝上肢、下肢以及腰腹力量，锻炼四肢协调性。

2. 增强整体耐力，能够手眼协调专注地游戏，在游戏中锻炼反应能力。

游戏准备：毛绒娃娃若干，大脸盆1个，设置游戏起点和终点。

游戏过程：

1. 洋娃娃和小熊跳舞。

教师播放音乐，随着音乐做点脚、转圈等动作，在快乐的旋律中活动全身，宝宝和家长跟随教师一起做动作，做好运动游戏前的准备活动。

2. 游戏：幸福传递。

教师：毛绒娃娃要回自己的家，你愿意帮忙运送它们吗？

需要宝宝和家长面对面站在起点，用头顶头相接触夹住毛绒娃娃，也可以尝试用身体部位相接触夹住娃娃，家长和宝宝双手相握，横着向前出发，将毛绒娃娃运送至终点处。

3. 游戏：夹娃娃机。

宝宝用双脚夹住毛绒娃娃，通过抬起双腿，将毛绒娃娃运送至盆中，家长负责协助宝宝将毛绒娃娃夹在两脚中间。

4. 游戏：抛接娃娃。

家长站在起点，拿起毛绒娃娃向终点抛去，宝宝站在终点，尝试双手拿盆接住抛来的毛绒娃娃。通过左右跑动调整到最佳位置，将毛绒娃娃安全地接到盆里。也可以由宝宝来抛，家长来接。

5. 宝宝在教师的引导下做放松操，拉伸全身。

观察与指导要点：

1. 观察宝宝能否跟着音乐旋律做相应动作，观察宝宝抬腿和抛接的基本动作能达到的水平，观察宝宝参加大运动的情绪状态和身体协调性。

2. 指导家长和宝宝相互配合，共同完成游戏，在游戏中锻炼宝宝的反应能力和灵活性，体验成功护送毛绒娃娃回家的成就感。

家庭教育指导建议

和毛绒娃娃一起做游戏是不是很有趣？家长可以继续和宝宝一起探索与"毛绒娃娃"有关的游戏：

1. "我来照顾娃娃""过家家"游戏：让宝宝模仿成人扮演爸爸或妈妈，尝试做一些家长的日常工作，在照顾娃娃的同时学习生活本领，能够照顾自己，理解家长的辛苦。

2. "高空自抛自接娃娃""躲闪娃娃"游戏：观察宝宝手眼协调性，提高身体反应速度和灵活性。

3. "蒙眼添画五官"游戏：观察宝宝的空间方位感，了解人体五官，知道五官的重要性。

宝宝成长评价参照表

序号	评价领域	评价指标	行为观察	评价等级（由弱到强）		
				★	★★	★★★
1	健康	手部精细动作	手指灵活，能够用不同的手指蘸取颜料通过点、拖的方法进行创作			
		身体大运动	能通过上肢和下肢力量进行投掷、快走、夹住毛绒娃娃的体育游戏，在游戏中身体协调，反应灵敏			
		情绪情感	喜欢来园参与活动，游戏的过程中情绪稳定，乐于参加集体游戏			
2	语言	表达	能够大胆地在集体面前进行表达，能在提示下用形容词描述出毛绒娃娃的颜色、触感等主要特征			
		倾听	能够认真的倾听别人的讲述，并能从中提取出有用的信息			

续表

序号	评价领域	评价指标	行为观察	评价等级（由弱到强）		
				★	★ ★	★ ★ ★
3	社会	人际交往	喜欢亲近教师和同伴，乐于交往，不抗拒和同伴、教师的身体接触（如拥抱、拉手等）			
		自信、自主	能够根据自己的兴趣选择材料，能够给毛绒娃娃设计新衣，能够和家长一起成功送娃娃回家的过程中获得成就感			
		社会适应	喜欢参与集体游戏，并能在游戏中遵守游戏规则			
4	科学	探究兴趣	愿意调动感官帮助自己去观察与发现，能够根据事物的位置等规律进行记忆			
		数学认知	能手口一致点数5以内的毛绒娃娃的数量			
5	艺术	创造与表征	能用手指点画进行创意组合、设计漂亮的衣服			
6	品质	专注力	能保持积极、自信的状态，专注地投入游戏			
		创造性与合作性	能根据游戏的任务需要，表达自己的想法，并能与家长共同合作			
恭喜宝宝获得＿＿颗★！我们一起继续加油！						

21. 光影大作战

游戏价值

光与影是日常生活中最常见的现象，宝宝通过光影游戏能感受到光影的奥秘，产生对科学的好奇心。

"光影大作战"综合活动包括系列光影小游戏（图4-21-1），能锻炼手部的小肌肉群，促进精细动作的发展，同时也能掌握排序、数量关系、空间关系等数学概念。此外，宝宝在发现问题、思考解决方案并采取行动，及与其他人交流、协商、合作的过程中，不仅尝试解决问题的能力得到提升，也学会倾听和尊重他人，培养合作精神。

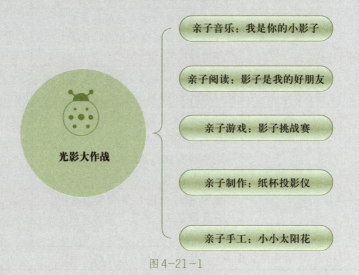

图4-21-1

在共同游戏的过程中，家长可以帮助宝宝通过亲子活动获得更加丰富的经验、知识、技能等，增进亲子情感，改善亲子关系。

游戏内容

（一）亲子音乐：我是你的小影子

游戏目标：能够在大家面前勇敢地介绍自己，情绪稳定地参与活动。

游戏准备：舞蹈音乐，小动物头饰。

游戏过程:

1. 手指游戏。

教师:欢迎大朋友、小朋友们来到幼儿园这个大集体中。我是××老师,我们一起来玩一个手指游戏吧!

手影儿歌:

> 一根手指头,变啊变啊变,变成毛毛虫。
> 两根手指头,变啊变啊变,变成小白兔。
> 三根手指头,变啊变啊变,变成小孔雀。
> 四根手指头,变啊变啊变,变成大螃蟹。
> 五根手指头,变啊变啊变,变成花蝴蝶。

2. 自我介绍。

教师:请各位家长戴上小动物头饰做动作,宝宝作为小影子做同样的动作。当儿歌说到爸爸妈妈头饰上的动物时,请与爸爸妈妈抱一抱并介绍自己。

教师:请“小影子”站到前面来,说出自己的姓名、性别、年龄,也可以说一说自己喜欢做的事情或者喜欢玩的玩具。之后再介绍一下自己的爸爸妈妈,可以说一说爸爸妈妈平常都带自己去哪里玩。

3. 亲子律动。

教师:请宝宝和爸爸妈妈站起来,跟随音乐,一起来尽情舞蹈吧!

> 观察与指导要点:
>
> 观察宝宝能否在教师的引导下说出自己的基本信息,能否清楚地介绍自己的爸爸妈妈。对于内向的宝宝,家长可以陪同宝宝站到前面,帮助宝宝进行自我介绍,引导宝宝勇敢表达自己的想法,培养宝宝的语言表达能力。当宝宝介绍完自己后,教师要鼓励其他宝宝一起说“×××,欢迎你”,并给予奖励。

(二)亲子阅读:影子是我的好朋友

游戏目标:知道影子与光线的关系,能根据图画书画面理解故事内容。

游戏准备:图画书《影子是我的好朋友》,光影艺术PPT。

游戏过程:

1. 问题导入,引导家长与宝宝一起讨论原因,并与其他人分享。

教师:我有一个好朋友,那就是我的小影子。我的小影子总是跟着我,可是有的时候我的小影子就不见了,这是为什么呢?

教师:大家都对影子感兴趣,那我们一起来跟随探究故事里影子的小秘密吧。

2. 讲述故事，根据画面理解故事内容。

教师：故事开始时，小男孩是怎么找到小女孩的呢？为什么晚上关掉灯光影子就消失了呢？我们有什么办法能将影子甩掉呢？

3. 欣赏利用影子创造的艺术作品。

教师：影子很奇妙，聪明的人们利用影子创造出了很多漂亮的作品，我们一起来欣赏一下吧。

> 观察与指导建议：
>
> 观察宝宝能否完整地表达自己的想法，家长可以进行必要的提醒和引导。当其他人表达自己的想法时，家长要提醒宝宝认真倾听，不要打断他人。家长也要树立榜样，为宝宝创造良好的家庭语言环境，培养宝宝良好的语言倾听与表达习惯。

（三）亲子游戏：影子挑战赛

游戏目标：知道影子形成的原因，在有光线时自己与影子是分不开的；能够在四散跑时躲避他人的碰撞。

游戏准备：谜语，阳光充足的环境，宽阔的场地。

游戏过程：

1. 谜语导入。

教师：今天老师请来了一位朋友，但是它要出谜语考考小朋友，小朋友猜对了它才愿意一起做游戏，我们一起来猜猜吧。

谜语：有样东西真有趣，有时长，有时短，有时在前，有时在后，有时在左，有时在右，你走它也走，你停它也停，和你做朋友，就是不开口。

2. 观察影子。

观察物体的影子。

教师：除了人以外，其他的物体也有自己的小影子，我们和爸爸妈妈一起来找一找操场上的小影子吧。

观察人的影子，鼓励宝宝说一说自己的发现，教师进行总结。

教师：现在，我们来观察一下爸爸妈妈的影子吧！

谁的爸爸妈妈有影子？为什么你的爸爸没有影子？

影子的动作和爸爸一样吗？它和爸爸的打扮一样吗？

教师总结：有光照射才会有影子。在阳光下，爸爸妈妈在哪儿，影子就在哪儿；爸爸妈妈做什么动作，影子也做什么动作；爸爸妈妈戴帽子，爸爸妈妈的影子也戴帽子。影子和我们是一样的，它们是我们分不开的好朋友。

3. 游戏：踩影子。

教师：我们都有小影子，那么我们与爸爸妈妈一起，跟影子朋友做个游戏吧。两个家庭为一组，跑动踩对方的影子，如果被踩到影子，则淘汰站到场地的另一端。每组获胜的成员再次进行游戏，直到场上留下最后一位成员则为获胜者，游戏结束。

观察与指导要点：

观察宝宝能否遵守游戏规则，能否在被踩到影子之后站到场地的另一端。家长可以在游戏开始前与宝宝一起讨论游戏技巧，同时引导宝宝正确看待挫折与失败。通过这种方式强化宝宝遵守规则的意识，让宝宝知道一些事物的原则，并且主动遵守，从而养成良好的行为习惯。

（四）亲子制作：纸杯投影仪

游戏目标：能尝试动手制作投影仪，体验制作投影仪带来的喜悦与成就感。

游戏准备：纸杯、宽胶带、美工刀、马克笔、手电筒。

游戏过程：

1. 选择材料。

教师引导宝宝选择自己喜欢的纸杯。

教师：这里有很多漂亮的纸杯，宝宝们去选择自己喜欢的纸杯吧！

2. 制作投影仪。

宝宝将纸杯开口朝下，倒扣在桌子上，家长协助宝宝用美工刀将杯子的底部全部割下来（图4-21-2）。

宝宝将宽胶带剪成若干小段，家长协助宝宝用胶带将空心的杯子底部全部粘好，杯子底部变成一个幕布（图4-21-3）。

宝宝用马克笔画出自己想要投射的图案（图4-21-4）。家长提醒宝宝用马克笔时不要画到手上。

图4-21-2

图4-21-3

图4-21-4

3. 展示作品。

关闭灯光，拉上窗帘，家长和宝宝来到白色的背景墙前，纸杯开口朝外，底部对着背景墙。打开手电筒，从纸杯开口处向内打光，就可以在背景墙上看见画的图案了。鼓励宝宝说一说自己的创作以及喜欢的作品。

观察与指导要点：

观察宝宝能否按照自己的意愿选择喜欢的纸杯。绘画时，引导家长提示宝宝使用正确的握笔姿势，注意不要画到手上和衣服上。除了绘画也可以尝试用粘贴的方式创作要投射的图案。

（五）亲子手工：小小太阳花

游戏目标：能在家长的帮助下制作纸杯花，愿意参加手工制作活动。

游戏准备：卡纸，纸杯若干，各色彩纸，剪刀。

游戏过程：

1. 欣赏纸杯花。

教师：这里有很多漂亮的小花，宝宝们瞧一瞧，小花是用什么做出来的呢？今天我们也来做纸杯花吧！

2. 制作纸杯花。

教师：选择一个纸杯，请家长协助宝宝用剪刀从纸杯开口沿着杯壁竖着剪到纸杯底部，重复几次，剪出宽窄相近的纸条，底部不剪断，直到纸杯壁一圈均剪完（图4-21-5）。

教师：请家长协助宝宝将剪好的部分沿着杯子底向外打开，将杯子扣粘到卡纸上。将剪好的纸条向内卷，可以一条卷得短一点，一条卷得长一点，做出错落有致的"花瓣"在杯底画出表情图案（图4-21-6）。

图4-21-5

图4-21-6

教师：选择一张卡纸，将纸从一边开始卷，卷成一个硬纸棒，用双面胶固定。硬纸棒一头粘到纸杯底部作为"花朵"的枝干，再剪两片叶子粘到枝干上（图4-21-7）。

3. 展示作品。

请宝宝分享自己的作品。

图4-21-7

观察与指导要点：

观察宝宝能否情绪稳定、专注地投入活动。家长要调动宝宝参与活动的热情，如果在制作过程中遇到困难，家长不要急于帮助宝宝去解决问题，而要引导宝宝先自己想办法，还可以给宝宝一些小提示。对于情绪不稳定，很快失去兴趣的宝宝，家长应允许宝宝在一旁观察，不强迫宝宝参与活动。

家庭教育指导建议

光影游戏玩法多样，生活中也容易取材。在家中，家长可以继续和宝宝一起探索与"影子"有关的游戏：

"找影子"等益智游戏：锻炼宝宝的手眼协调性及图形匹配能力。

"影子变变变"等科学实践：了解影子变化的科学知识，激发宝宝对科学探索的兴趣。

"画影子"等艺术活动：激发宝宝的创造力和想象力，提高宝宝的审美与鉴赏能力。

宝宝成长评价参照表

序号	评价领域	评价指标	行为观察	评价等级（由弱到强）		
				★	★★	★★★
1	健康	手部精细动作	手指灵活，能够将双面胶打开并进行粘贴			
		身体大运动	能在快速跑动的过程中躲避其他人，反应灵敏			
		情绪情感	喜欢来园参与活动，能够情绪稳定地投入集体游戏			
2	语言	表达	能清楚、大胆地进行自我介绍			
			在提示下能用完整的句子说出"我叫×××，今年×岁了，我是男/女孩"			
		倾听	能认真倾听他人说话，不插话			
3	社会	人际交往	愿意与他人（教师、同伴）一起做游戏，乐于交往			
			能遵守游戏规则			
4	科学	探究兴趣	乐于动手制作投影仪，愿意积极表达自己的发现			
5	艺术	创造与表征	能选择自己喜欢的材料做出不同的纸杯花			
6	品质	专注力	能保持情绪稳定，专注地投入游戏中			
		创造性与合作性	能用绘画、手工制作等艺术形式表达自己的想法			

恭喜宝宝获得____颗★！我们一起继续加油！

第五部分
家园共育主题课程

　　家庭是幼儿园重要的合作伙伴，家园共育主题课程旨在通过丰富、多元的活动形式，在教师的科学指导与引领下，助推家长全程参与幼儿园课程建设和实施，进而实现家园教育资源优势互补，共同促进幼儿全面发展。"家园共育主题课程"部分一共为家长提供了13个全面、完善的课程方案。本部分遵循"以幼儿发展为本"的课程理念，根据幼儿年龄发展特点、身心发展规律，从幼儿的兴趣和生活经验出发，为幼儿设计了相应的主题活动，通过"春天来了""特别的六一儿童节""传统节气"等主题课程，将《指南》中的五大领域、目标之间进行相互渗透和融合，最大限度地支持幼儿通过直接感知、实际操作和亲身体验获取经验，促进幼儿身心全面发展。同时，本部分还设置了富有趣味的亲子美食、亲子摄影、亲子徒步等活动，为家长提供启发式、鼓励式、引导式等多种教育方法，以及由简到难、层层递进、关联生活的教育策略，帮助幼儿园教师逐步引发家长对教育的深度思考和尝试，形成家园共育的良好态势。值得一提的是，各主题课程中都附有与幼儿各领域发展目标相对应的"评价参照表"，家长可根据宝宝在游戏中的行为表现，结合具体评价指标对宝宝的成长发展情况进行解读与评价，并在了解宝宝需求的基础上，灵活运用多种家园教育资源，为宝宝创设一个快乐、温馨的成长环境，建立和谐的亲子关系。

1.春天来了

主题说明

　　3～6岁是宝宝发展的黄金阶段，他们开始建立自我意识，逐渐独立，开始探索世界，养成良好的行为习惯。在情感方面，家长给予宝宝足够的关爱和支持，能够更好地建立亲密和谐的亲子关系。在"以幼儿发展为本"的课程理念引领下，我们确定以贴近宝宝生活的"春天来了"作为活动的主题，注重从宝宝的兴趣和生活经验出发，充分利用宝宝身边熟悉的事物和环境，结合宝宝的年龄特点、身心发展规律选择适宜的亲子活动内容。

　　本课程通过亲子活动的形式开展，有助于在和谐的亲子关系中提高宝宝的智力、动手能力、反应能力与创造能力，使宝宝在德、智、体、美、劳等各个方面得到全面发展，丰富宝宝对主题内容的感受和体验，进而获得对核心经验的整体理解，促进宝宝全面发展。其中，学会叠衣服，可以培养宝宝的生活自理能力，促进其手部精细动作的发展；制作美食，可以提高宝宝动手制作的能力，养成良好的生活习惯，激发其对美食的兴趣；有趣的运动可以帮助宝宝学会与他人合作，提高身体素质；具有创意性的美术活动可以增强宝宝的创造力和动手能力。

　　主题活动通过吸引宝宝的注意力，增加学习乐趣，使宝宝在知识、技能、情感和态度等方面得到提高，不仅可以全面促进宝宝的发展，还可以增进家庭成员的相互了解和沟通，促进家庭的情感交流，培养合作精神，创造快乐的回忆。

主题课程

（一）亲子生活：我会叠衣服

游戏价值：

1. 初步掌握叠衣服的方法。

2. 养成将衣服叠放整齐的好习惯。

3. 学会自己的事情自己做，初步培养生活自理能力。

游戏准备：

衣服（带拉链或帽子的）、裤子、袜子，以及宽敞的场地。

游戏玩法：

1. 家长说叠衣服的儿歌，宝宝倾听。

2. 家长一边叠衣服一边说儿歌，让宝宝观察，帮助宝宝理解儿歌的含义。

3. 请宝宝尝试叠衣服。

（1）叠带拉链的衣服的儿歌：小衣服放放好（衣服展开、铺平），左右小门关一关（衣服拉链对齐），两只小手抱一抱（两只袖子折叠好），我们一起弯弯腰（抓住衣服下摆的两边将衣服对折），我的衣服叠叠好（衣服叠成长方形，完成）。

（2）叠带帽子的衣服的儿歌：小衣服放放好（衣服展开、铺平），我来把你叠叠好（整理衣服上的帽子），两只小手抱一抱（两只袖子折叠好），点点头（帽子折到衣袖上），弯弯腰（抓住衣服下摆的两边将衣服对折），我的衣服叠叠好（衣服叠成长方形，完成）。

（3）叠裤子的儿歌：拿起小裤腰，平铺放放好（裤子展开、铺平），两路小纵队（整理两条裤腿），一条摞一条（一条裤腿折叠放在另一条裤腿上），裤脚对裤腰（裤子中间折叠一下），我的裤子叠叠好。

（4）叠袜子的儿歌：袜尖对袜尖（袜子的脚尖放在脚尖上），袜跟对袜跟（袜子的脚跟放在脚跟上），袜口对袜口（袜口放在袜口上），卷卷卷，卷卷卷（从袜尖开始卷），张开大嘴巴（卷到袜口，打开一个袜口），啊呜，一口吃掉它，变成小包子（将卷起来的袜子包上）。

家庭教育指导建议

1. 学习叠衣服前，先帮助宝宝认识衣领、衣袖、裤腰、裤腿等。

2. 家长要给宝宝做正确的示范和指导，帮助宝宝逐步掌握叠衣服的技巧。

3. 家长示范时动作要慢一些，便于宝宝观察。

4. 家长说话时要注意语速和发音。

5. 鼓励宝宝边说儿歌边掌握叠衣服的方法。

（二）亲子美食：做春卷

游戏价值：

1. 了解立春节气吃春卷的习俗，知道春卷又称为"薄饼""薄皮卷"。

2. 培养动手能力，提高自我服务和服务他人的意识。

3. 体验亲子共同制作美食的乐趣。

游戏材料：

1. 食材：准备面粉，各种蔬菜（如胡萝卜、菠菜、金针菇、平菇、香菇、葱等），适量的米醋、食盐，还可以根据宝宝的喜好增加肉、虾等。

2. 工具：盆、擀面杖、保鲜膜、油刷。

制作方法：

1. 在碗中倒入适量的面粉，面粉内加入温水，搅拌成絮状。

2. 面粉向中间按压，根据面粉情况适当加水，揉成面团。

3. 将面团翻转，盖上保鲜膜静置15分钟。

4. 在面板上撒适量面粉，将面团揉成长条，切成同样大小的剂子。

5. 取两个剂子分别按压，刷油后叠放在一起，擀成薄薄的面皮。

6. 把胡萝卜、平菇、香菇切成丝，菠菜切成段，金针菇去根，肉、葱切末。

7. 将锅烧热放入油煸炒葱末，放入肉末煸炒；肉末煸炒出香味后放入蔬菜煸炒；加入盐等调料，盛出晾凉。

8. 将以上做好的馅料放在面皮中央，沿着两侧折好卷起来裹紧，直至卷成一个包裹。

9. 将卷好的面皮底部稍稍蘸一点油，用清水将卷口封好，放入锅中油煎，煎至一面变硬后翻面，再煎至两面金黄即可盛出，撒入黑芝麻。

家庭教育指导建议

1. 在和面的过程中，家长可以让宝宝尝试着自己动手，自己在旁指导，从而提高宝宝的动手能力和生活经验。

2. 建议家长选择适合宝宝使用的工具，注意安全。

3. 制作完成后，家长和宝宝共同分享，并引导宝宝将做好的美食分享给家庭中的其他成员，培养宝宝学会分享的好品质。

（三）亲子游戏：美丽的花冠

游戏价值：

1. 能够想象设计、制作叶子和花朵。

2. 利用多种材料对花冠进行装饰。

3. 喜欢参与手工游戏，体验亲子手工带来的快乐。

游戏材料：

彩色纸条、正方形彩纸、圆形卡纸（有绿色更好）、彩笔、胶棒、剪刀。

游戏玩法：

1. 家长帮助宝宝一起制作花冠底衬。将圆形卡纸对折三次，折出米字花纹，从圆心向外用剪刀剪开（图5-1-1）。

2. 宝宝用剪、撕、折、拼贴等方法制作树叶、彩条、花朵等，粘贴在底衬上（图5-1-2）。

图5-1-1

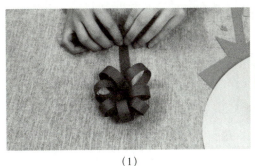
(1)

(2)

图 5-1-2

家庭教育指导建议

1. 活动前家长可以为宝宝提供多种春天里花朵的图片，供宝宝欣赏。

2. 引导宝宝安全使用剪刀，用完后放好。

3. 如没有圆形卡纸，可以利用牛皮纸壳、大白纸、挂历纸，找一个直径大于33 cm的盆，扣过来画出圆形，剪裁好就行。

4. 家长可以帮助宝宝制作花冠底衬，背面可以用绿色颜料或彩纸装饰。

5. 鼓励宝宝自己设计（绘画、彩纸拼贴、撕贴、折纸、卷缠，或家里现成的装饰贴纸）装饰花冠。

6. 如果没有彩纸，可以把白色的纸涂上颜色，依然可以做出漂亮的花朵。

（四）亲子运动：春暖运球乐

游戏价值：

1. 锻炼平衡能力及肢体动作的协调能力。

2. 提高双脚跳跃能力及反应能力。

3. 共同体验合作游戏带来的乐趣。

游戏材料：

1. 大矿泉水瓶、皮筋、裁纸刀等材料，并用其自制一顶塑料小帽子（图5-1-3）。

2. 小矿泉水瓶、透明胶、壁纸刀带等材料，并用其自制一个小脚杯（图5-1-4）。

3. 海洋球或报纸球若干。

4. 硬卡纸一张。

游戏玩法：

1. 头顶运球。家长和宝宝每人拿起一个小球放在塑料小帽子上，把小帽子戴在头上，从起点出发快速将小球平稳运到终点，投放至筐里。

图5-1-3 自制小帽子

图5-1-4 自制小脚杯

2. 障碍运球。家长和宝宝每人拿起一个小球放在塑料小帽子上，从起点出发绕过脚下障碍物，将小球平稳运到终点，投放至筐里。

3. 跳跃运球。宝宝手拿一个小球从起点出发双脚跳过障碍物，最后将小球放到大塑料瓶中。

4. 小脚运球。宝宝在地垫上躺下，家长将一个小球放到宝宝的两脚中间，宝宝双脚夹住小球用力抬高小腿和腰部，将小球送至头顶处的小筐中。

5. 脚杯运球。家长和宝宝每人拿起一个小球放在小脚杯中，从起点出发快速将小球运到终点，放至筐里。

6. 快乐传递。家长手拿小球并将小球沿一定坡度滚下，宝宝手拿小筐接住家长不断传递过来的小球。

家庭教育指导建议

1. 游戏开始前，家长和宝宝可以跟随欢快的音乐做热身运动。

2. 游戏中，为使宝宝头上的小球不轻易掉落，家长可以指导宝宝将两臂侧平举来保持身体的平衡。

3. 家长可以根据宝宝的能力与实际情况适当调整宝宝开合跳的数量与间距。

4. 游戏中家长可以不断加快传递小球的速度与增加小球数量，以此锻炼宝宝的反应能力和专注力。

5. 宝宝和家长可以以竞赛的形式参与到游戏之中，增强游戏的趣味性和娱乐性。

6. 游戏结束后，家长和宝宝要进行放松活动，如跟随舒缓的音乐互相捏一捏肩膀、手臂、大腿等，减少运动带来的疲惫感。

宝宝成长评价参照表

评价领域	评价指标	一般	良好	优秀
健康	1. 不偏食、挑食，不暴饮暴食，喜欢吃蔬菜			
	2. 知道制作前要用七步洗手法把手洗干净			
	3. 有一定的动手能力，愿意自己动手制作			
	4. 爱惜粮食，不浪费食物			
	5. 喜欢参加体育游戏			
	6. 能身体平稳地双脚向前跳			
语言	1. 能注意倾听家长的话并做出回应			
	2. 能听懂日常会话			
	3. 说话自然，声音大小适中			
	4. 能听懂短小的儿歌			
	5. 能口齿清楚地说儿歌			
社会	1. 愿意与家长一起动手制作美食			
	2. 在活动中愿意接受其他人的意见和建议			
	3. 愿意对新的事物和有一定难度的事情进行挑战			
	4. 能积极参与合作性的游戏活动			
	5. 掌握与他人合作开展游戏的方法			
	6. 能做到自己的事情自己做			
	7. 愿意并主动参与家庭活动			
科学	1. 能动手动脑探索材料，并乐在其中			
	2. 能感知和发现周围物体的形状是多种多样的，对不同形状感兴趣			
	3. 能感知物体的结构特征，画出或拼搭出该物体的造型			
	4. 能感知物体基本的空间位置与方位，理解上下、左右、前后、里外等方位词			
艺术	1. 在欣赏自然界和生活环境中美的事物时，能关注其色彩、形态等特征			
	2. 能用多种工具、材料或不同的表现手法表达自己的感受和想象			

续表

评价领域	评价指标	一般	良好	优秀
艺术	3. 能用自己制作的美术作品布置环境、美化生活			
	4. 愿意和别人分享、交流自己喜欢的艺术作品和美感体验			

注：请根据幼儿的实际情况在表中打√。

2. 特别的六一儿童节

主题说明

　　3～6岁是宝宝成长的关键期，家长需要和宝宝保持良好的亲子关系，促进宝宝的身心全面健康发展。《纲要》指出："幼儿园应与家庭、社区密切合作，与小学相互衔接，综合利用各种教育资源，共同为幼儿的发展创造良好的条件。"为此，我们确定以贴近宝宝生活的六一儿童节作为活动的主题，主题活动注重从宝宝的兴趣和生活经验出发，充分利用宝宝身边熟悉的事物和环境，并根据宝宝的年龄特点、身心发展规律及培养目标选择适宜的亲子活动内容。

　　在本主题下，家长和幼儿通过阅读表达、动手制作、亲身感受、操作体验、合作探究等多样化的学习方式，丰富对主题内容的感受和体验，主动建构经验，升华主题情感，获得对核心经验的整体理解，从而达到促进宝宝多方面和谐发展的目的。其中，高质量的亲子阅读能够激发宝宝对阅读的兴趣，使幼儿逐渐养成爱看书的好习惯；家长和幼儿共同制作美食，能够让宝宝热爱生活，体会劳动的乐趣；有趣的手工游戏，可以提高宝宝探索发现、动手操作及想象创造等能力；具有创意性的美术活动能够增强节日的仪式感；快乐的运动游戏可以增强幼儿的体能，促进宝宝的身心发展。

　　主题活动使宝宝在动手能力、表达能力、观察能力等方面得到发展，也促进亲子之间的交流。家长在互动过程中更加了解宝宝的发展特点，进而能在未来的教育道路上采取更有质量和有效的教育方法。

主题课程

（一）亲子生活：我爱看书

游戏价值：

1. 知道看书的正确姿势和方法。

2. 学会正确地翻阅图书。

3. 养成爱看书的好习惯。

游戏材料：

利用柔和的灯光、高度适中的桌椅、宝宝喜欢的图书等营造一个安静、舒适的阅读环境。

游戏玩法：

1. 亲子共读。家长陪同宝宝共同阅读，一起探讨书中的内容和情感，分享读书的快乐和感受，并用儿歌的形式鼓励宝宝掌握看书的正确方法。

2. 独立阅读。宝宝选择自己喜欢的图书，按照看书的正确方法独立阅读。家长也要拿本书，陪在宝宝身边，以自己的言传身教影响和引导宝宝独立阅读。

家庭教育指导建议

1. 家长可在家庭中增设阅读角或阅读柜，为宝宝选择适宜其年龄特点和审美经验的图书，图书画面和情节由简至繁；制订家庭阅读计划，逐渐激发宝宝的阅读兴趣。

2. 家长可引导宝宝知道书有封面和封底，掌握翻阅图书的规则，学会从右下角逐页翻书阅读，养成不涂、不折、不撕等爱护图书的习惯。

3. 家长引导宝宝认真观察图书的画面，通过互动问答帮助幼儿理解故事情节或发挥想象力续编故事。

4. 家长可配合与情节相适应的语气、情绪等变化，边读边用手指指点词句，帮助宝宝建立语言与文字、情节及图画之间的联系。

5. 家长可以带宝宝通过模仿故事里人物的语言、动作和神情进行讲述或表演，鼓励宝宝在阅读中大胆表现自我。

（二）亲子美食：草莓慕斯蛋糕

游戏价值：

1. 知道草莓等水果对人体生长发育有很好的促进作用。

2. 通过动手制作美食增强动手能力，体会劳动的意义和乐趣。

游戏材料：

1. 食材：草莓、奥利奥碎、黄油、酸奶、软糖、牛奶、炼乳。

2. 工具：电磁炉、锅、模具、勺子、榨汁机、擀面杖、筛子、盆。

制作方法：

制作前要用洗手七步法将手清洗干净；宝宝在家长的帮助下穿上围裙，戴上防尘帽和套袖。

1. 使用擀面杖将奥利奥饼干压碎，倒入碗中。

2. 将块状黄油融化，将融化好的黄油倒入奥利奥碎中，搅拌均匀。

3. 将搅拌好的奥利奥碎倒入模具里，使用勺子压实，压好后放入冰箱冷藏半小时。

4. 将草莓清洗干净，和酸奶一起倒入榨汁机中榨汁。

5. 将牛奶和炼乳倒入奶锅中加热，用勺子搅拌均匀。

6. 将软糖加入奶锅中搅拌。

7. 将榨好汁的草莓奶昔倒入奶锅里，继续使用勺子搅拌均匀，并使用筛子过滤。

8. 将冷藏好的奥利奥碎从冰箱拿出，将草莓切片贴在模具内侧。

9. 将做好的草莓奶昔倒入模具中，将切片草莓轻放到草莓奶昔中，最后将蛋糕中的气泡排出，放入冰箱冷藏4小时。

家庭教育指导建议

1. 家长可以将蛋糕中的草莓更换为其他宝宝爱吃的水果。

2. 在制作蛋糕过程中，操作步骤中简单易操作的部分，可以请宝宝一同完成，不仅让宝宝有参与感，也增强宝宝的动手制作能力和合作意识。

3. 分享蛋糕时可以邀请宝宝来分配盘子和叉子，培养宝宝乐于服务他人的情感。

4. 家长要提醒宝宝注意安全使用电器和工具，提高宝宝的自我保护意识。

（三）亲子游戏：小风车

游戏价值：

1. 能按照图纸制作风车。

2. 通过户外玩风车，探索风车转动的方法。

3. 提高动手操作能力，培养制作玩具的兴趣。

游戏材料：

正方形彩纸、剪刀、胶棒、粗吸管、细吸管、胶带。

游戏玩法：

1. 对角折：宝宝按照图纸将正方形对角折成三角形，打开，将另一个角再次对角折，再次打开后看到折痕（图5-2-1）。

2. 沿线剪：家长可帮助宝宝画出剪纸终点，宝宝沿着折痕剪到标记处（图5-2-2）。

图5-2-1

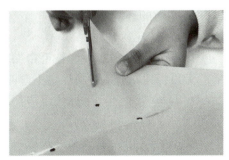

图5-2-2

3. 创意添画：宝宝装饰小风车。

4. 对角粘：家长可帮助宝宝画出对角粘贴的标记，宝宝按照图纸将风车的标记角粘贴到中心点上（图5-2-3）。

5. 制作风车杆：家长将细吸管的一头剪成四段，向上翻折，粘贴在风车背面，再将粗吸管套在细吸管上（图5-2-4）。

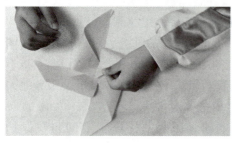 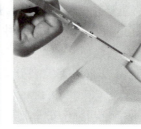

图5-2-3　　　　　　　　　　　　　　图5-2-4

家庭教育指导建议

1. 在制作风车时，家长引导宝宝自己观察图纸，自主探索制作方法。

2. 风车制作好后家长可以引导宝宝自主探索让风车转起来的方法。

3. 在宝宝装饰风车时家长避免过多指导，让宝宝按自己的想法自由添画，发挥宝宝的想象力。

（四）亲子运动：我和毛巾做运动

游戏价值：

1. 能利用生活用品进行家庭运动游戏。

2. 锻炼手眼协调力、肢体灵活性和肌肉力量。

3. 体验亲子运动的快乐，增进亲子感情。

游戏准备：

1. 毛巾两条，能在毛巾上抛接的玩偶一个。

2. 宽敞的环境。

游戏玩法：

1. 拉拉毛巾：双手握住毛巾两端，从胸前举过头顶绕到后背，再从后背举过头顶绕到胸前。胳膊尽量不弯曲。

2. 玩转毛巾：双手握住毛巾两端，双脚依次跨过毛巾后，将毛巾从身后绕到胸前，反复进行运动。

3. 玩跨毛巾：宝宝和家长取一条毛巾，分别握住毛巾的一端，合作跨过毛巾，反复进行运动。

4. 毛巾蹦床：宝宝和家长分别握住毛巾两端，将毛巾撑开，保持高度一致，形成平面，合作抛接玩偶。

家庭教育指导建议

1. 游戏前，请家长和宝宝选择家中宽敞的地方，可以给宝宝准备防滑袜或运动鞋，注意游戏安全。

2. 游戏时，请家长带领宝宝先拿毛巾做热身运动，熟悉、掌握每个游戏的动作要领，再进行亲子合作互动。

3. "毛巾蹦床"游戏中的"玩偶"材料可用家中常见的不怕摔的物品替代，如毛绒玩具、塑料玩偶、袜球等。

宝宝成长评价参照表

评价领域	评价指标	一般	良好	优秀
健康	1. 能经常保持愉快的情绪，不高兴时能在成人的安抚下逐渐平静下来			
	2. 喜欢参加体育活动			
	3. 运动时能主动躲避危险，保证自己的安全			
	4. 不偏食、挑食，不暴饮暴食，喜欢吃瓜果蔬菜等新鲜食品			
	5. 能画出简单图形，并能沿轮廓线剪下图形			
	6. 能在家长的提醒下，饭前便后洗手			
语言	1. 有意识地听爸爸、妈妈讲故事			
	2. 能基本完整地讲述看到或听到的故事			
	3. 能回应家长的话			
	4. 能根据故事内容，体会故事所表达的情感			
	5. 喜欢反复阅读自己喜欢的图书，并能把故事讲给别人听			
社会	1. 能感受到家庭生活的温暖，爱父母，亲近和信赖父母			
	2. 在活动中愿意接受其他人的意见和建议			
	3. 能做到自己的事情自己做，不依赖别人			
	4. 愿意并主动参与到家庭活动中			
	5. 愿意对新的事物和有一定难度的事情进行挑战			
科学	1. 喜欢动手动脑，探索生活中的材料			
	2. 能仔细观察感兴趣的事物，发现其明显特征			

续表

评价领域	评价指标	一般	良好	优秀
科学	3. 能注意到物体明显的形状特征，并用语言描述			
	4. 能感知和区分物体的大小、多少、长短等特征，并用相应的词语描述			
艺术	1. 在自然界和生活环境中，能感受美的事物，关注其色彩、形态等			
	2. 能经常用绘画、捏泥、手工制作等方式表现自己的所见所想			
	3. 喜欢欣赏美好的事物，并会产生相应的联想和情绪			
	4. 喜欢模仿有趣的动作或表情			

注：请根据幼儿的实际情况在表中打√。

3. 小小中国心　浓浓家乡情

主题说明

《幼儿园保育教育质量评估指南》指出："幼儿园与家庭、社区密切合作，积极构建协同育人机制，充分利用自然、社会和文化资源，共同创设良好的育人环境。"同时还指出："要培育幼儿爱集体、爱家乡、爱党爱国的情感。"因此，借助家园共育有效途径，是对宝宝进行爱家乡教育的良好契机，为宝宝的成长提供更丰富的成长体验。

本主题通过"奇妙博物馆""小小摄影师""舌尖上的美食""跨栏小能手""你好，大自然"活动的开展，让宝宝了解更多关于祖国、家乡的知识，激发宝宝爱祖国、爱家乡的情感，同时通过艺术活动，提高宝宝的审美能力和欣赏能力。

通过本主题亲子游戏的开展，宝宝的学习品质、创造力及想象力得到发展，同时，家长在与宝宝互动的过程中充分发挥主动性和参与性，提升家园合力，增进亲子感情。

主题课程

（一）亲子生活：奇妙博物馆

游戏价值：

1. 通过参观家乡博物馆，感受家乡的历史、文化，萌发爱家乡的情感。

2. 了解家乡物产丰富，对自己的家乡产生自豪感。

活动内容：

1. 亲子共同参观博物馆。

家长陪同宝宝一起到博物馆参观，为宝宝营造一个轻松愉悦的氛围，时刻关注宝宝在参观过程中的兴趣，对宝宝感兴趣的事物可以重点讲解，激发宝宝对家乡历史文化的兴趣，启蒙宝宝爱家乡的情感。

2. 说说、画画观展感受。

家长和宝宝探讨博物馆中令人印象深刻的展品，互相说一说自己的观展感受。请宝宝将感兴趣的事物画下来，和家人一起分享参观博物馆的快乐和体验。

3. 引导宝宝填写"博物馆里的奥秘"记录单（表5-3-1）。

表5-3-1　"博物馆里的奥秘"记录单

观察员	我的发现	我喜欢的作品

家庭教育指导建议

家长可在家中增设阅读区，为宝宝提供与中国历史文化相关的图画书故事，如《博物馆里的奇妙中国》《中国国家博物馆儿童历史百科绘本》《唐妞带你游大唐》等，故事内容及画面要符合宝宝年龄特点和审美能力，引起宝宝阅读兴趣，激发宝宝爱国情感。

（二）亲子生活：小小摄影师

游戏价值：

1. 喜欢观察大自然，学习用摄影表达自己的思想和情感。

2. 能用相机捕捉家乡的美丽景色。

3. 感受家乡特有的自然风景和人文景观。

游戏材料：

手机（或照相机）、防晒帽，根据天气选择适合的衣物、舒适的鞋子。

活动内容：

1. 制订摄影计划。家长和宝宝共同商量想去哪里玩、想拍摄什么内容等，一起制订摄影计划。

2. 拍摄家乡的美丽景色。家长与宝宝一起拍摄家乡的美丽景色，了解家乡的自然风景和人文景观，亲近大自然，体验用相机记录生活的乐趣。

3. 举办家庭影展。将摄影作品打印出来，在家里举办一个摄影作品展，家长和宝宝一起欣赏作品，互相说一说每张照片想要表达的思想和情感。

4. 布置"我是摄影家"主题墙。家长和宝宝一起筛选出自己喜欢的摄影作品，镶嵌在相框中，挂在家里合适的墙面，让宝宝获得成就感。

5. 填写摄影记录单（表5-3-2）。

表5-3-2　摄影记录单

拍摄时间	拍摄地点	自然风景	人文景观

家庭教育指导建议

1. 在活动过程中，家长可以为宝宝讲解拍摄到的家乡自然风景和人文景观，加深宝宝对家乡的认识，为自己的家乡而感到骄傲自豪。

2. 家长可以与宝宝共同制作相册，将作品完整保存，增强宝宝的成就感。

（三）亲子美食：舌尖上的美食

游戏价值：

1. 感受家乡美食的丰富，体验动手制作美食的乐趣。

2. 初步了解家乡美食的悠久历史，知道各地区的特色美食，如大连的海鲜、北京的冰糖葫芦、新疆的羊肉串等。

游戏玩法：

1. 海鲜大拼盘。

游戏准备：各种海鲜食材、葱姜料酒、蒸锅等。

游戏过程：家长和宝宝一起制作海鲜大拼盘（图5-3-1），准备好各种海鲜食材，宝宝亲自动手，将海鲜清洗干净，在蒸锅中依次放入食材，开火加热，然后静等美食出锅。

图5-3-1

2. 冰糖葫芦。

游戏准备：水果若干、白糖、清水、签子、盐。

游戏过程：

将一小勺盐撒到水果上，加清水泡5分钟，去核、去蒂，洗干净（图5-3-2）。

（1）水果撒盐泡5分钟　　　　　　　（2）洗净去核去蒂

图5-3-2

将洗干净的水果用签子串成小串，晾干水分备用（图5-3-3）。

（1）串成小串　　　　　　　　　　　（2）晾干水分备用

图5-3-3

按白糖和水2∶1的比例开大火熬制后转中火煮开，变色后转小火熬制。

将串好的水果裹上熬好的糖浆，注意糖不要变成深棕色。

3. 羊肉串。

游戏准备：羊肉、洋葱、签子、盐、糖、烧烤料、空气炸锅等。

游戏过程：

（1）把半颗洋葱切成丁，在碗中放入300 g羊肉、一勺盐、半勺糖，抓拌均匀，腌制30分钟。

（2）将腌制好的羊肉块肥瘦交替串成串，放入空气炸锅，温度设为180℃，烤15分钟（图5-3-4）。

图5-3-4

（3）15分钟后打开空气炸锅，在肉串上均匀撒上烧烤粉和孜然粉，翻面再撒点调料粉，再烤10分钟，美味的羊肉串就制作完成了。

家庭教育指导建议

1. 在制作海鲜大拼盘的过程中，家长要注意检查锅中水量是否充足。

2. 在制作糖葫芦时，提供的水果种类可以多一些，便于宝宝在串糖葫芦的时候搭配不一样的口味。

3. 在制作糖葫芦时，熬糖浆需要的时间比较长，可以提前熬制。

4. 在做羊肉串的过程中，家长要提醒宝宝摸完洋葱后，不要揉搓眼睛。

5. 在使用工具的过程中，家长要提醒幼儿注意安全，时刻关注宝宝的行为。

6. 在品尝环节，家长可以邀请宝宝将制作美食的流程与大家分享，说一说每一道美食都是怎么做的，用到了哪些食材，用到了什么工具等。

（四）亲子运动：跨栏小能手

游戏价值：

1. 通过玩跨栏游戏，感受中国体育精神。

2. 了解中国跨栏运动员，知道刘翔曾创造了男子110米栏的世界纪录。

游戏材料：

能进行跨跳的工具、刘翔跨栏的故事或视频。

游戏玩法：

1. 热身活动。

家长与宝宝一起做一些拉伸运动，提高运动效果，减少受伤风险。

2. 摆放障碍物。

亲子共同设计路线，摆放障碍物，为接下来的跨栏运动做准备。

3. 家长介绍动作要领。

家长为宝宝做跨栏运动的示范，并为宝宝介绍正确跨栏的动作（跑跑跑，跑跑跑，前脚起跳向前跨，后脚高抬跟上来，轻轻落地向前跑）。

4. 亲子共玩跨栏游戏。

家长与宝宝一起做跨栏的体育游戏，设计达成目标，如能助跑连续跨跳4个障碍物，培养宝宝敢于尝试、不怕困难的体育精神。

5. 放松运动。

家长带领宝宝做放松运动，深呼吸，敲打捏揉放松，解除体育运动中的亢奋状态，平复情绪，合理促进宝宝身心健康发展。

家庭教育指导建议

1. 跨栏运动前，家长可以和宝宝观看跨栏运动小视频，探讨正确的跨栏动作，鼓励宝宝进行尝试。家长找出宝宝动作的优点与不足，与宝宝一起总结正确的跨栏方法，加深宝宝对正确跨跳动作的理解。

2. 家长可以根据宝宝的年龄特点及目标达成程度，加深游戏难度，鼓励宝宝尝试有一定难度的活动和任务，养成宝宝遇到困难不轻易放弃的良好品质。

（五）亲子运动：你好，大自然

游戏价值：

1. 通过游玩，亲近大自然，感受家乡的美好风光。

2. 锻炼宝宝行走的能力，培养宝宝抗挫折、做事坚持等良好个性品质。

游戏材料：

根据天气情况为宝宝选择轻便的运动鞋、运动装；水壶、适量食物、野餐垫、宝贝盒（用来收集宝贝捡拾的物品）等。

游戏玩法：

1. 徒步小达人。

抵达家乡户外景区，家长与宝宝沿着小路前进。一路上邂逅各种可爱的昆虫，捡拾各种各样的树叶、果实、石头等，装进备好的宝贝盒中，感受大自然的美好风光，体验户外徒步的魅力。

2. 野餐与休息。

午间时，家长与宝宝在草地上铺开野餐垫，邀请宝宝一起布置野餐环境，摆放食物，共同体验美好的家庭野餐。

3. 户外寻宝。

家长将某件"宝藏"藏到某个角落，宝宝在家长的引导下，根据线索寻找神秘宝藏。在这个过程中，宝宝锻炼了观察能力，亲子间加深了彼此间的信任与默契。

 家庭教育指导建议

1. 在徒步过程中，家长时刻关注宝宝的身体状况，途中适当休息。

2. 活动结束后，家长可以与宝宝讨论活动感受，并请宝宝用喜欢的方式（插画、歌唱、舞蹈等）记录本次活动，表达自己的心情。

3. 回到家中后，家长可以请宝宝将今天捡拾到的"宝贝"和寻找到的"宝藏"展示出来，讨论可以用这些"宝贝"做些什么，给予宝宝支持和鼓励，帮助宝宝完成"宝贝"的存放。

宝宝成长评价参照表

评价领域	评价内容	一般	良好	优秀
健康	1. 能坚持走完全程，情绪状态良好			
	2. 能沿轮廓线剪出由线条构成的简单图形，边线吻合			
	3. 喜欢玩跑的游戏，能快跑20 m左右			
	4. 愿意把自己的情绪告诉亲近的人，一起分享快乐或求得安慰			
语言	1. 能经常与成人谈论自己感兴趣的话题			
	2. 能比较生动地描述一件事情或表达自己的观点			
	3. 能注意倾听他人的讲话，不会分心			
	4. 愿意用图画来表达自己的愿望和想法			
社会	1. 能感受到与成人交往的快乐，建立起亲密的亲子关系			
	2. 能遵守公共场所的规则			
	3. 敢于尝试有一定难度的活动和任务			
	4. 能借助升旗仪式、爱国影片等资料，知道自己是中国人，并为此感到骄傲和自豪			

续表

评价领域	评价内容	一般	良好	优秀
科学	1. 喜欢接触新事物，经常问一些与新事物有关的问题			
	2. 能在成人的鼓励下根据观察或发现提出值得继续探究的问题			
	3. 能通过户外活动、观察考察，感知生物的多样性和独特性			
	4. 能描述物体较明显的特征			
	5. 能使用基本方位词（上下、前后、里外）进行描述			
艺术	1. 能感受、发现和欣赏自然环境和人文景观中美的事物			
	2. 外出散步时，会欣赏或捡拾一些自己喜欢的树叶、树枝或石子等			
	3. 能用自然的、音量适中的声音基本准确地唱歌			
	4. 能运用绘画、手工制作等表现自己观察到或想象的事物			

注：请根据幼儿的实际情况在表中打√。

4. 欢欢喜喜过大年

主题说明

　　"春节"是中华民族最隆重的传统节日。春节贴近宝宝的生活，同时宝宝对春节充满了兴趣与期待。"欢欢喜喜过大年"主题活动可以让宝宝更好地了解我国的传统节日，加深对春节的认识和了解，体验过年的喜庆气氛。

　　《纲要》指出："家庭是幼儿园重要的合作伙伴，应本着尊重、平等、合作的原则，争取家长的理解、支持和主动参与。"《指南》更突出强调了家园沟通、家园合作、家园一致的教育理念。为此，本主题通过亲子阅读、亲子游戏、亲子美食、亲子运动等活动，引导幼儿动手操作、大胆探究、体验分享，促进宝宝身心的健康成长，在游戏中获得新经验，同时开发宝宝的智力，培养其良好的学习品质，提高其动手能力、反应力、创造力，使宝宝德智体美劳全面发展。

主题课程

（一）亲子阅读："年"的由来

游戏价值：

1. 通过亲子阅读增进亲子之间的感情。

2. 培养对图画书的兴趣及阅读能力，提高语言表达能力。

3. 通过亲子阅读了解"年"的由来。

游戏准备：

关于"年"的由来的图画书，适合亲子阅读的环境，如布置靠垫、小桌子等。

游戏玩法：

1. 共同阅读。

家长与宝宝共同观察图画书《年的由来》的封面、环衬、扉页、正文、封底，一起探讨图画书中的人物。

家长与宝宝共同阅读，家长读字、宝宝读图，家长引导宝宝理解故事情节。

2. 讨论思考。

家长与宝宝讨论图画书中故事内容和情感，适当引导宝宝理性思考。

3. 宝宝阅读。

宝宝根据自己对图画书的理解，看图用自己的语言讲述故事内容。

4. 角色扮演。

家长与宝宝选择自己喜欢的角色进行扮演，深切体会故事情节。

家庭教育指导建议

1. 家长在家中为宝宝提供一个舒适、宽松、自然光好的阅读环境，温馨舒适的阅读环境可以激发宝宝的阅读兴趣。

2. 角色扮演图画书中的人物，体验不同角色状态下的情感，有助于建立宝宝换位思考与共情的能力。

3. 宝宝善于运用肢体语言与形态语言，家长引导宝宝适当地"动"起来，将图画书阅读融入游戏活动中，有利于调动宝宝的学习热情，维持宝宝对图画书的持久兴趣。

（二）亲子制作：做"鞭炮"

游戏价值：

1. 通过制作装饰品装饰自己的家，增加春节的仪式感。

2. 通过剪纸、粘贴等方式进行制作，提高宝宝的动手操作能力和审美能力。

3. 感受春节的喜庆，增进亲子关系。

游戏准备：

彩纸、剪刀、胶棒、彩笔、一根小棍、彩泥、亮片等（图5-4-1）。

游戏玩法：

1. 家长和宝宝共同把红色的纸剪成几个长方形，大小由宝宝决定（图5-4-2）。

2. 在长方形边缘涂上胶，把纸卷成一个纸卷粘贴好（图5-4-3）。

图5-4-1

图5-4-2

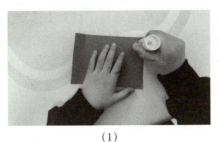
(1)
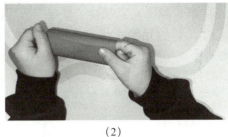
(2)

图 5-4-3

3. 用宝宝喜欢的彩纸、彩泥、亮片等材料进行装饰（图5-4-4）。

4. 剪一条长长的纸条，将装饰好的纸卷有序地粘贴在长纸条的两侧（图5-4-5）。

图 5-4-4
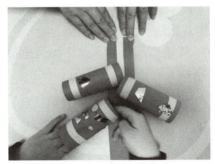
图 5-4-5

5. 把粘好的鞭炮一端粘在小棍上，"鞭炮"就做好了（图5-4-6）。

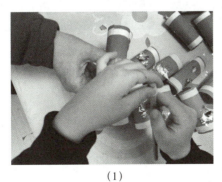
(1)
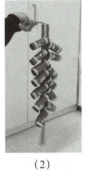
(2)

图 5-4-6

家庭教育指导建议

1. 制作前家长同幼儿可一起看看关于过年放鞭炮的图片或者视频，了解鞭炮的外形特征。

2. 家长倾听宝宝制作"鞭炮"的想法，为宝宝的需求提供材料支持。

3. 家长引导宝宝说说春节除了"鞭炮"还有哪些环境装饰和风俗习惯，如写福字、贴春联、剪窗花等，家长与宝宝一起尝试操作，布置家中春节的环境，共同感受春节的快乐。

（三）亲子美食：做年糕

游戏价值：

1. 了解做年糕是春节的传统习俗。

2. 感受做年糕的乐趣，培养宝宝的动手能力。

3. 体验春节阖家欢乐的气氛，增进亲子之间的情感。

游戏准备：

食材：糯米面粉、红枣（图5-4-7）。

工具：盆、剪刀、蒸锅。

游戏玩法：

1. 将糯米面粉放入盆中加入适量的水搅拌，先搅拌成絮状，再揉成面团（图5-4-8）。

图5-4-7　　　　　　　　　　　　图5-4-8

2. 清洗大枣，去核，用剪刀把大枣剪成两半，把剪好的大枣放在面团里揉均匀（图5-4-9）。

图5-4-9

3. 取适量面团，用手捏成窝头的造型（图5-4-10）。

图5-4-10

4. 放入蒸锅里，蒸20分钟，年糕就熟了。

家庭教育指导建议

1. 家长可以和宝宝一起准备食材，还可以放芝麻、花生等宝宝喜欢的食材。蒸年糕寓意新的一年步步高。

2. 在做年糕的各个过程中，家长可以让宝宝亲自动手，体验做年糕的全过程。

3. 年糕蒸熟后，全家品尝，家长请宝宝分享给家人，引导宝宝说一句春节的祝福语。

（四）亲子游戏：木射

游戏价值：

1. 了解木射是春节的传统体育游戏。

2. 训练宝宝对手部力量的控制及协调能力。

3. 感受传统游戏的乐趣，增进亲子之间的情感。

游戏准备：

15个卫生纸筒芯（或其他圆柱体），直径5～6 cm的球若干，彩笔。

游戏玩法：

1. 家长和宝宝一起在10个纸筒上画上关于有礼貌、好习惯的图案，如爱劳动、爱阅读、与人问好等。在5个纸筒上画上关于没礼貌、坏习惯的图案，如不讲卫生、打人等（图5-4-11）。将纸筒竖直摆成一排，家长和宝宝站在距离纸筒2 m左右的起点线处。

2. 在起点线处亲子轮流滚球，每人10次机会，击倒有礼貌、好习惯纸筒多的为胜。

图 5-4-11

1. 游戏前家长和宝宝讨论木射游戏绘画图案的意思，引导宝宝要做善良、有爱心的人。

2. 家长与宝宝在室内或户外游戏，感受春节传统游戏的快乐。

3. 逐渐增加游戏难度，把纸筒换成更稳固的瓶子等物品。

（五）亲子运动：打年兽

游戏价值：

1. 了解年兽在传说里是一个反面角色。

2. 训练宝宝的投掷能力和快跑速度。

3. 感受体育游戏的乐趣，增进亲子之间的情感。

游戏准备：

沙包3个、彩笔、白纸、筐或盆。

游戏玩法：

玩法一：

1. 了解年兽的形象，家长和宝宝一起按自己的理解在白纸上画出年兽（图5-4-12）。

2. 把年兽粘贴在筐后面，放在与宝宝身高相符的柜子或桌子上（图5-4-13）。

图5-4-12

图5-4-13

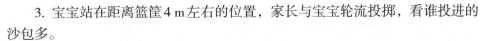

3. 宝宝站在距离篮筐 4 m 左右的位置，家长与宝宝轮流投掷，看谁投进的沙包多。

玩法二：

1. 把年兽粘在家长的后背上，家长快速跑。

2. 宝宝手拿沙包，快速跑追逐"年兽"，并投掷沙包攻打"年兽"，每次快速跑 20 m 左右。

家庭教育指导建议

1. 游戏前家长和宝宝讨论年兽的样子，可以参照图画书里的年兽形象或根据自己的想象绘画。

2. 家长与宝宝在户外平坦的地面处游戏，感受体育游戏的快乐。

3. 游戏开始可以先进行短距离的投掷和奔跑，逐渐延长距离增加游戏的难度。

宝宝成长评价参照表

评价领域	评价内容	一般	良好	优秀
语言	1. 喜欢阅读图画书，对图画书很感兴趣			
	2. 认真专注地看图画书，理解图画书中的故事情节			
	3. 根据图画书中的图案，可以用自己的语言讲述故事内容			
	4. 愿意扮演不同的角色，表演故事内容			
艺术	1. 喜欢用各种美工材料进行手工制作			
	2. 能大胆创新，用多种方式表达自己的想法			
	3. 能用自己制作的美术作品布置环境、美化生活			
社会	1. 喜欢和家长交谈，有事愿意分享			
	2. 能按自己的想法进行游戏或其他活动			
	3. 自己的事情尽量自己做，不依赖别人			
	4. 敢于尝试有一定难度的活动			
科学	1. 喜欢接触新事物，经常问一些与新事物有关的问题			
	2. 常常动手动脑探索物体和材料，并乐在其中			
	3. 能感知和发现简单的物理现象，如物体的形态变化			

续表

评价领域	评价内容	一般	良好	优秀
健康	1. 愿意把自己的情绪告诉家长，一起分享快乐或求得安慰			
	2. 喜欢参加体育活动			
	3. 在玩体育游戏时动作协调、灵活			
	4. 运动时能主动躲避危险			

注：请根据幼儿的实际情况在表中打√。

5. 正月十五闹元宵

🔔 主题说明

　　传统文化是我们中华民族的根基，在幼儿时期进行传统文化的启蒙教育，既可以丰富幼儿教育的内容，也可以促进幼儿对于中华优秀传统文化的认识，增强幼儿的文化自信和民族自豪感。因此，我们将传统文化教育与亲子游戏相融合，结合《纲要》提出的"幼儿社会态度和社会情感的培养尤应渗透在多种活动和一日生活的各个环节之中"的要求，以我国重要的传统节日元宵节为主题，开展一系列亲子游戏，对幼儿进行品德启蒙，同时促进宝宝语言表达能力的发展，锻炼宝宝的小肌肉和体能的发展，提高幼儿的艺术审美和创造力，使幼儿在一系列亲子游戏中体验传统节日中富含的情趣，激发爱国情感，让幼儿在传统节日活动中增强体能和培养积极的情感。

📗 主题课程

（一）亲子阅读：共读元宵节主题图画书

　　游戏价值：

　　1. 通过阅读了解元宵节的由来。

　　2. 知道元宵节和人们生活的密切关系。

　　3. 感受故事中元宵节的欢乐氛围。

　　游戏准备：

　　1. 安静舒适的阅读环境。

　　2. 元宵节相关图画书《元宵节的由来》《打灯笼》《灯孩儿》《故乡的元宵》等。

　　游戏玩法：

　　1. 亲子共读。

　　家长讲述故事内容，宝宝安静认真倾听并观察故事画面。家长应示范正确的阅读姿势和方法，可在讲述过程中用手指读文字或画面，并和宝宝一起探讨图画书中的内容，帮助宝宝理解故事情节，共同体会阅读的快乐。

　　2. 独立阅读。

　　宝宝自行翻阅图书，从前往后一页页翻，并尝试参考图画书中的画面讲述故事的基本内容。家长陪在宝宝身边共同阅读，在宝宝需要时给予提示，帮助宝宝更好地理解和讲述书中内容。

家庭教育指导建议

1. 家长可多带宝宝去书店、图书馆等地方，让宝宝感受阅读氛围，激发阅读兴趣，根据宝宝兴趣点和年龄发展需要与宝宝一起挑选亲子共读图画书，字数由少到多，内容由简单到复杂，逐步培养宝宝的阅读兴趣。

2. 家长可引导宝宝爱护图书，不乱撕乱扔图书，学会从前往后一页页翻书，形成良好的阅读习惯。

3. 家长可引导宝宝认真观察图书的画面，尝试通过观察书中画面说出画面展现的内容和事件，或猜测故事情节，并在有需要时向家长提问。

4. 家长可在宝宝熟悉故事后共同结合故事情节进行表演，帮助宝宝体会故事中蕴含的情感，在进一步理解书中内容的同时融洽亲子关系。

5. 家长可引导宝宝将书中自己感兴趣的情节或画面画下来讲给别人听，锻炼宝宝的语言表达能力。

6. 家长可以身作则，每周在固定时间进行亲子共读，可与宝宝共同阅读同一本书，也可各自阅读感兴趣的图书，培养宝宝的阅读习惯。

（二）亲子美食：制作豆沙汤圆

游戏价值：

1. 知道食物中的营养成分对生长发育有很好的促进作用。

2. 通过揉搓、压扁、团球等动作锻炼手部小肌肉的发展，感知糯米粉与面团的不同形态。

3. 体验与家人一同制作的快乐，激发乐于参与家庭活动的情感。

游戏准备：

1. 食材：豆沙馅、糯米粉、热水。

2. 工具：盆、擀面杖、勺子、保鲜膜、锅。

游戏玩法：

1. 在460 g糯米粉中加360 g热水，一点一点地加，一边加水一边用筷子搅拌（图5-5-1）。（水的温度是烧水时刚刚有小水泡冒出，还没有烧开，如果水烧开了，水温就过高，糯米面团会过软过黏。）

2. 把揉好的糯米面团盖上保鲜膜醒半小时（图5-5-2）。

3. 根据食量，把豆沙馅揉成大约10 g的一个个小球（图5-5-3）。

4. 将糯米面团分成一个个小剂子，再团成球压扁成汤圆皮（图5-5-4）。

5. 把揉好的豆沙馅球放在汤圆皮中间，用汤圆皮把豆沙馅完全包裹并团成球（图5-5-5）。

6. 水开后下汤圆，不断轻轻搅拌至汤圆煮熟浮于水面（图5-5-6）。

图 5-5-1

图 5-5-2

图 5-5-3

图 5-5-4

图 5-5-5

图 5-5-6

7. 盛到碗中品尝。建议宝宝适量食用。

家庭教育指导建议

1. 家长可以将豆沙更换为宝宝爱吃的其他食材，如黑芝麻、红糖、红枣泥、香芋泥、巧克力等。

2. 在和面团、揉豆沙馅、压汤圆皮、包汤圆的过程中，家长可以鼓励宝宝自己动手，自己在旁辅助，以此促进宝宝手部肌肉的发展。

3. 在品尝环节，家长可以邀请宝宝将制作好的豆沙汤圆分享给其他家人，以此培养宝宝爱分享的好习惯。

4. 品尝后家长可以和宝宝讨论豆沙汤圆的口感以及制作过程，说说豆沙汤圆中的营养价值以及对身体的益处等，引导宝宝进行记录、分享。

（三）亲子实验：纸杯烟花

游戏价值：

1. 促进手眼协调、手部肌肉发展，提高宝宝动手动脑、尝试操作、观察思考等能力。

2. 在游戏中感受弹性。

3. 体验科学小实验的乐趣，增进亲子关系。

游戏准备：

纸杯、彩纸、气球、皮筋、剪刀。

游戏玩法：

1. 将纸杯底部去掉（图5-5-7）。

2. 把气球的头部剪下来套在纸杯底部，用橡皮筋固定（图5-5-8）。

图5-5-7

图5-5-8

3. 把彩纸剪成碎纸倒进纸杯里（图5-5-9）。

4. 拉扯气球（图5-5-10）。

5. "烟花"绽放，实验成功（图5-5-11）。

图 5-5-9

图 5-5-10

图 5-5-11

家庭教育指导建议

1. 游戏前，家长要和宝宝一起观看实验步骤图，和宝宝一起讨论实验操作的方法和工具。

2. 在游戏过程中，家长应该鼓励宝宝自己动手操作，如剪气球、剪碎纸、套气球等，在宝宝需要时家长再提供帮助，让宝宝在尝试操作的过程中体验科学小实验的乐趣。

3. 游戏后，家长可以和宝宝探讨实验原理，并和宝宝一起寻找生活中其他具有弹性的物体和弹性导致的现象、弹性对我们生活的影响等。

（四）亲子制作：制作小橘灯

游戏价值：

1. 制作元宵节小橘灯，增加节日的仪式感。

2. 提高动手能力和艺术创造力。

3. 增进温馨和谐的亲子关系，体验元宵节的欢乐气氛。

游戏准备：

橘子、蜡烛一根、刀、勺子。

游戏玩法：

1. 准备一个完整的橘子，将其顶端切下一部分（图5-5-12）。

图5-5-12

2. 用勺子将橘子里的果肉掏空，做成一个橘子壳，在掏空过程中注意不要将橘子皮弄破（图5-5-13）。

3. 准备一根蜡烛，将蜡烛用刀削成碎屑，将蜡烛芯取出备用（图5-5-14）。

图5-5-13

图5-5-14

4. 将蜡烛碎屑加热成液体状（图5-5-15）。

5. 将蜡烛芯绕在牙签上，牙签平放在橘子壳边缘，使蜡烛芯垂悬在橘子壳中央，固定在橘子壳中心（图5-5-16）。

图5-5-15

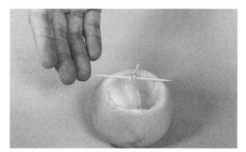

图5-5-16

6. 将烧热的蜡油倒在橘子壳中，至八分满高度（图5-5-17）。

7. 待蜡烛完全凝固后，抽出牙签，即可点燃使用（图5-5-18）。

图5-5-17

图5-5-18

家庭教育指导建议

1. 制作前家长可以和宝宝一起了解元宵节放花灯的习俗，扩大宝宝对元宵节的认知。

2. 制作中家长可以提供合适的材料工具让宝宝尝试自行操作，如挖橘子果肉、削蜡烛等，提高宝宝手眼协调能力。

3. 橘子灯制作完成后家长可以引导宝宝用彩笔、彩纸等进一步装饰橘子灯，提升宝宝艺术审美和表现力。

4. 家长可以引导宝宝记录橘子灯制作过程并分享给家人，锻炼宝宝的思维能力、记录能力和语言表达能力。

5. 家长可以准备几个写好灯谜的纸条粘贴在橘子灯底部，和宝宝一起猜灯谜，增强趣味性，进一步丰富宝宝对元宵节传统习俗猜灯谜的认知。

6. 家长鼓励宝宝一起上网查找元宵节的花灯样式，并尝试在家中利用废旧材料进行制作，在扩大宝宝对灯笼认知的同时提高宝宝的动手动脑能力。

（五）亲子运动：趣味套圈

游戏价值：

1. 掌握套圈游戏的玩法。

2. 锻炼手臂控制等肢体的协调性及手眼协调能力。

3. 亲子共同体验民间传统体育游戏的快乐。

游戏准备：

1. 亲子自制或购置套圈5个，自制可用硬纸壳等材料裁剪成环状。

2. 家中若干大小、高矮不同的物品。

游戏玩法：

1. 家长带领宝宝共同摆放套圈物品，共同设置标准线。

2. 家长示范套圈的方法，讲解套圈的动作要领：手拿塑料套圈站在横线上，双脚不能超出横线，对准物品投扔，套圈套住物品即为成功。投扔的力度要适中，眼睛瞄准物品。

3. 宝宝在家长的指导下自由练习、玩耍，乐于参与其中。

4. 游戏比赛"谁是套圈王"。在轻快的音乐中游戏，家长和宝宝比赛，每人5个套圈，谁套中的圈多为赢，是套圈王。

家庭教育指导建议

1. 家长可以带领宝宝在家选择合适的材料共同自制大小不同的套圈，让宝宝体验亲子游戏的快乐。

2. 宝宝掌握套圈游戏的基本玩法后，家长可以根据宝宝的游戏水平适当调整套圈距离和物品大小以及套圈的大小，增加游戏难度，进一步锻炼宝宝手眼协调和肢体协调能力。

3. 家长可以准备一些小奖励，激励宝宝参与游戏，增强游戏的娱乐性。

4. 家长可以和宝宝一起学习套圈游戏的历史由来，体会套圈游戏蕴含的民族情感。

宝宝成长评价参照表

评价领域	评价内容	一般	良好	优秀
健康	1. 能保持愉快的情绪，情绪不良时能够较快缓解			
	2. 能通过控制手臂力量进行套圈游戏			
	3. 在运动的时候能主动躲避危险，保证自己的安全			
	4. 能掌握正确使用剪刀的方法并能安全使用剪刀，用完放回原位			
	5. 喜欢参加体育活动			
语言	1. 能认真倾听家长讲故事			
	2. 能基本完整地讲述所看到或所听到的故事			
	3. 能回应家长的讲话			
	4. 能根据故事内容，体会故事表达的情感			
	5. 喜欢翻看家长讲过的图书			
	6. 在家长提要求或布置任务时能注意听，并主动提问			
	7. 会从前往后一页页翻书，形成良好的阅读习惯			
	8. 能看懂图书的画面内容，或者会猜测和提问			
	9. 能将自己感兴趣的事情或故事画下来或讲给别人听			
社会	1. 喜欢和家长交谈，分享自己的想法			
	2. 在活动中愿意接受其他人的意见和建议			
	3. 能做到自己的事情自己做，不依赖别人			
	4. 愿意并主动参与到家庭活动中			
	5. 愿意对新的事物和有一定难度的事情进行挑战			
	6. 能为自己做的好事或取得的成果感到高兴			
	7. 家长讲话时能认真听，并能听从家长的要求			
	8. 能感受到家庭生活的温暖，爱父母，亲近与信赖家长			

续表

评价领域	评价内容	一般	良好	优秀
科学	1. 喜欢动手动脑，探索生活中的材料			
	2. 能感知并区分物体的大小、高矮等特点			
	3. 对生活中的事物能进行观察、比较，发现相同和不同的地方			
	4. 能使用数量词描述事物，如我有五个套圈			
	5. 能识别前后、远近的空间关系			
艺术	1. 在自然界和生活环境中，能感受美的事物，关注其色彩、形态等			
	2. 能用绘画、手工制作等方式表现自己的所见所想			
	3. 喜欢欣赏美好的事物，并会产生相应的联想和情绪反应			

注：请根据幼儿的实际情况在表中打√。

6. 九九重阳节　浓浓敬老情

主题说明

重阳节是中国民间的传统节日，日期在每年农历九月初九。古时重阳节有登高祈福、饮宴祈寿等习俗，传承至今，又增加了感恩敬老等内涵。因此，将重阳作为亲子活动的主题内容，一方面有助于宝宝了解中国传统节日的风俗文化，另一方面也非常适合家长和宝宝一起向长辈们表达敬爱和感恩。在本主题下，家长同幼儿一起通过观察发现、实际操作、合作探究、交流分享等多种途径，逐步加深对重阳节主题内容的多种感官体验，帮助宝宝获得新经验的积累。其中，亲子创意拓印画能提高宝宝的想象力和创造力；亲子美食制作能锻炼宝宝手部的精细动作；亲子折纸能培养宝宝的耐心、专注力和逻辑思维能力。此外，具有节奏美感的击鼓传花游戏、全家一起出行的亲子郊游活动，能促进亲子关系进一步和谐。

本主题以"重阳节"作为载体，通过丰富多彩的亲子活动，促进宝宝的动作协调发展、语言表达、社会交往、科学探究、艺术审美，使其在这些方面得到显著提升。在美好的亲子时光里，家长与宝宝共同参与完成的一个又一个挑战，在加深亲子之间情感交流的同时，也促进了宝宝的全面发展。

主题课程

（一）亲子绘画：菊花

游戏价值：

1. 知道菊花的名称和其明显的外形特征（菊花的大小、颜色、气味、花瓣的形状）。

2. 培养观察、操作、表达能力。

3. 感受绘画的乐趣，喜欢参与绘画活动。

游戏准备：

彩笔、水粉笔、彩色水粉纸、水粉颜料、圆形海绵刷、儿童剪刀、一次性盘子、抹布。

游戏玩法：

1. 用圆形海绵刷蘸满绿色的颜料，均匀地盖在整个纸面上。

2. 用水粉笔蘸上白色的颜料，分散地点在画面上，表示菊花的花蕊（图5-6-1）。

图5-6-1

3. 用水粉笔蘸上黄色颜料在菊花花蕊周围画上花瓣。

4. 重复以上步骤，直至画出一束菊花。

家庭教育指导建议

1. 家长指导宝宝用儿童剪刀和彩纸剪出一个花瓶的形状，贴在花束下。

2. 鼓励宝宝大胆想象，对图案进行添画，进一步引导宝宝丰富画面的内容。

3. 家长可以为宝宝提供丰富的材料，如纸团、棉签等，和宝宝一起尝试用纸团拓印菊花、用棉签拓印菊花，增强亲子绘画的趣味性。

（二）亲子美食：重阳糕

游戏价值：

1. 通过亲自动手制作传统糕点，了解重阳节的意义和风俗习惯。

2. 通过揉搓面团、过筛细粉等，发展手部动作协调。

3. 体验和父母一起动手操作、制作美食的快乐。

游戏准备：

糯米粉、粘米粉（大米磨成的粉）、绵白糖、葡萄干、蔓越莓干、红豆沙（图5-6-2），食用油、蒸锅、一次性手套。

图5-6-2

游戏玩法：

1. 准备所需食材。

2. 把糯米粉、粘米粉、绵白糖混合在一起搅拌均匀，边倒水边搅拌，使其变成小块状（图5-6-3）。

图5-6-3

3. 用手揉搓小块面团，过筛出细粉，并将模具底部适量铺满，在模具的底部和内壁刷一层油，方便脱模（图5-6-4）。

图5-6-4

4. 水烧开后大火蒸5分钟，之后将软糕取出，在上面铺一层红豆沙（图5-6-5）。

图5-6-5

5. 在豆沙上面再过筛一层细粉，铺平后将蔓越莓干和葡萄干均匀地撒在上面（图5-6-6）。

图5-6-6

6. 水烧开后放入锅中，大火蒸20分钟至熟透即可。

家庭教育指导建议

1. 家长为宝宝提供圆形、方形、花朵形模具等，指导宝宝制作不同形状的重阳糕。

2. 家长可以带宝宝一起了解重阳糕中丰富的营养物质，如蔓越莓含有丰富的维生素C、花青素等营养物质，可以帮助宝宝增强身体免疫力。

3. 家长邀请宝宝将做好的重阳糕送给爷爷、奶奶等长辈，使宝宝懂得尊敬长辈，关心老人。

（三）亲子制作：折纸寿桃

游戏价值：

1. 掌握基本的折纸技巧，如对折、翻折等。

2. 锻炼手部精细动作和手眼协调能力。

3. 培养耐心和专注力。

4. 能够用自己的方式表达对长辈的爱意。

游戏准备：

彩纸、儿童剪刀、彩笔、双面胶。

游戏玩法：

1. 将彩纸平整展开放在桌面上，沿着一个角对折，使两条边重叠，折成三角形，用剪刀剪去多余的边角（图5-6-7）。

2. 将三角形展开，沿着另一对角线再次折叠，再展开（图5-6-8）。

3. 将彩纸翻一面，沿着两条中线折叠，再展开（图5-6-9）。

4. 左手按住彩纸左边相邻边角的两个面，右手按住彩纸右边相邻边角的两个面，双手同时按住后往中间挤压，形成一个三角形（图5-6-10）。

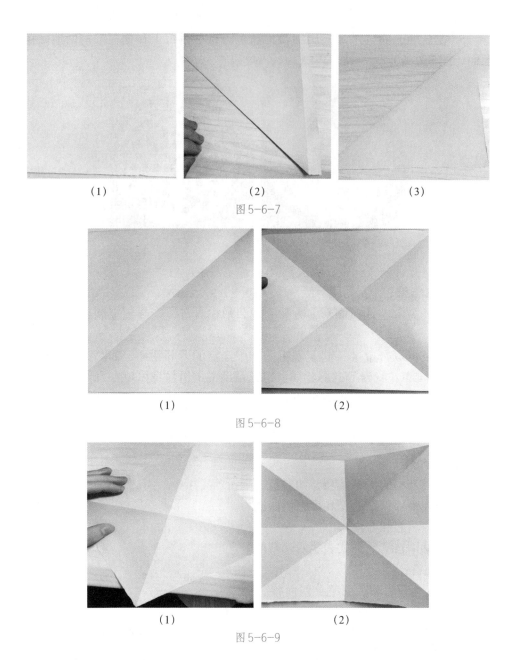

（1）　　　　　　　　（2）　　　　　　　　（3）

图5-6-7

（1）　　　　　　　　（2）

图5-6-8

（1）　　　　　　　　（2）

图5-6-9

5. 将固定后的折纸平放在桌面上，两侧沿中线向内折叠，反面重复此步骤（图5-6-11）。

6. 将折纸下面的角折向中线，反面重复此步骤（图5-6-12）。

7. 将折纸下面的小尾巴往上折叠至水平，反面重复此步骤（图5-6-13）。

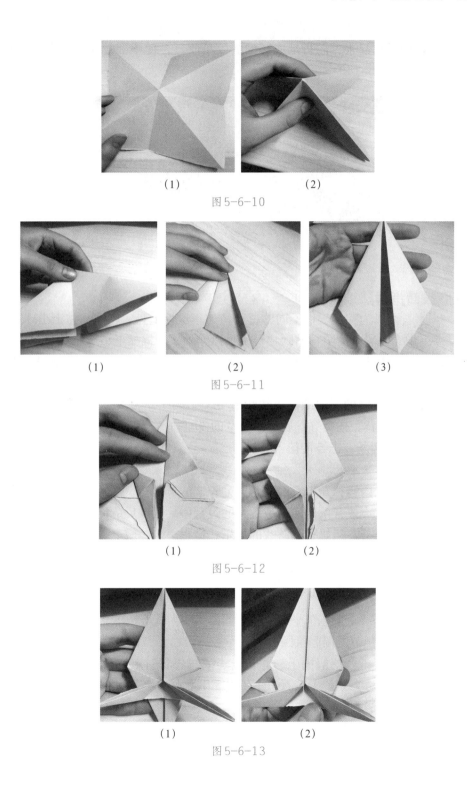

（1）　　　　　　（2）

图 5-6-10

（1）　　　　　（2）　　　　　（3）

图 5-6-11

（1）　　　　　　（2）

图 5-6-12

（1）　　　　　　（2）

图 5-6-13

8. 把折纸拿起来，向折纸底部的缝隙里吹气，使中部鼓起来，完成纸寿桃的制作（图5-6-14）。

(1)　　　　　　　　　　(2)

图5-6-14

家庭教育指导建议

1. 家长可以为宝宝提供不同的材料，如一次性纸盘、印泥、黏土小球等，引导宝宝做寿桃彩纸团子粘贴画、寿桃手指印画、寿桃黏土小球点点画。

2. 家长可以带领宝宝一起对折好的纸寿桃进行装饰，为纸寿桃画上小眼睛、小嘴巴、小胡子等，将纸寿桃变得更好看。

3. 引导宝宝将做好的纸寿桃送给爷爷、奶奶，并为爷爷、奶奶做力所能及的事情，如敲背、捶腿等，表达对长辈的爱意。

（四）亲子音乐：击鼓传花

游戏价值：

1. 理解儿歌内容，知道重阳节是关爱长辈的节日。

2. 在根据鼓声或音乐传递毛绒玩具的过程中，锻炼反应能力和注意力。

3. 感受和爷爷、奶奶一起游戏的快乐，懂得尊老、敬老、爱老。

游戏准备：

音乐《重阳乐》、手鼓、毛绒玩具、眼罩。

游戏玩法：

1. 播放音乐《重阳乐》，家长带领宝宝一起学唱儿歌并说一说重阳节的风俗习惯，感受重阳节的温馨氛围。

2. 宝宝和爷爷、奶奶围坐一圈，爸爸或妈妈背对宝宝和爷爷、奶奶敲击手鼓或播放音乐，大家一个接着一个传递毛绒玩具，当鼓声或音乐停止时，毛绒玩具传到谁的手上，谁就来表演节目。

3. 爷爷、奶奶和爸爸、妈妈手拉手围成一个圈，宝宝戴上眼罩站在圆圈的中间，爷爷、奶奶发出声音让宝宝找一找，爸爸、妈妈可以引导宝宝前进的

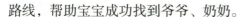

路线，帮助宝宝成功找到爷爷、奶奶。

家庭教育指导建议

1. 在进行击鼓传花的过程中，当鼓声或音乐停止时，毛绒玩具就不可以再继续传递了。同时，毛绒玩具必须要传到每个人，不可以跳传或漏传。

2. 家长可以为宝宝表演节目提供多种支持，如好看的头饰、小扇子等，增强游戏的趣味性和亲子之间的互动性。

3. 当爷爷、奶奶表演完节目时，宝宝可以为爷爷、奶奶画一幅表演画像，并当作礼物送给爷爷、奶奶，表达对爷爷、奶奶的感情。

附：

儿歌《重阳乐》

九月九，是重阳，我陪爷爷登高山。

风儿吟，鸟儿唱，爷爷和我乐呵呵。

九月九，是重阳，我伴奶奶看菊花。

花儿笑，蝶儿舞，奶奶和我笑哈哈。

（五）亲子郊游：登高踏秋

游戏价值：

1. 通过爬山，锻炼心肺能力与腿部肌肉动作，强健体质。

2. 能够在家长的指导下，掌握儿童照相机的使用方法。

3. 能够以自己喜欢的方式记录登高踏秋的快乐，培养创造力。

游戏材料：

帽子、运动装、休闲鞋、水杯、儿童照相机。

游戏玩法：

1. 登高爬山。选择较为平缓、较低的山坡，保证爬山路线有较好的道路条件和安全设施，如防护栏、扶手等，保障宝宝的行动安全。家长可以为宝宝准备一面小红旗，当宝宝克服困难爬到山顶时，鼓励宝宝将小红旗插到山顶，带领宝宝一起体验成功的快乐。

2. 赏秋。在爬山途中，家长引导宝宝观察秋天的变化，如树叶都变黄了等，引导宝宝欣赏秋天的美景，激发宝宝积极探索、热爱大自然的情感。

3. 亲子摄影。家长提前教会宝宝使用照相机的方式，尝试让宝宝自己拿着照相机为喜欢的美景拍照。

家庭教育指导建议

1. 登山前，家长应带领宝宝一起做一做热身运动，如屈伸、原地转体等，让宝宝骨关节活动开，降低受伤风险。

2. 登山时，家长需引导宝宝避开草丛和山石陡峭处，防止宝宝摔倒受伤。

3. 准备好野餐垫、帐篷、餐具和美味的食物，在秋日的美景中，一家人共同享受野餐的快乐。

4. 家长可以为宝宝提供画笔、毛球、纽扣等材料，也可以引导宝宝收集登高路途中遇见的花朵、树叶、石头等，用以手工制作或装饰照片。

5. 为宝宝提供彩纸、彩笔、双面胶等材料，引导宝宝画出登山路线图。和宝宝一起将登高途中的风景用自己喜欢方式记录下来（表5-6-1），如将宝宝拍的照片粘贴或画在路线图相应的位置上。

表5-6-1　"秋天的色盘"记录单

记录人		记录时间	
秋天的色盘多漂亮呀！宝宝和家长一起去大自然中找一找与色盘中色块颜色相近的宝贝吧，并把它们粘贴在下面的空白格子中			
秋天是黄色的			
秋天是红色的			
秋天是绿色的			
秋天是棕色的			
……			

宝宝成长评价参照表

评价领域	评价要素	一般	良好	优秀
健康	1. 能保持愉快的情绪，知道引起自己某种情绪的原因，并努力缓解			
	2. 能在较热或较冷的户外环境中持续活动半小时以上			
	3. 能在斜坡或有一定间隔的物体上较平稳地行走			
	4. 能连续行走1.5 km以上（途中可适当停歇）			
	5. 能根据需要画出图形，线条基本平滑			
	6. 能沿轮廓线剪出由曲线构成的简单图形，边线吻合且平滑			
语言	1. 愿意和爸爸、妈妈分享自己的想法与观点			
	2. 能结合儿歌情境理解一些表示因果、条件的句子			
	3. 能有序、连贯、清楚地讲述一件事情			

续表

评价领域	评价要素	一般	良好	优秀
语言	4.在和长辈进行交谈时，懂得按次序轮流讲话，不随意打断别人			
	5.与长辈交流时，能积极主动地回应			
	6.在提示下能够仿照儿歌的句式进行创编			
社会	1.有高兴的或有趣的事愿意与长辈分享			
	2.在游戏时能与家长分工合作，遇到困难能一起克服			
	3.当家长的想法和自己不一样时，能倾听和接受家长的意见，如不能，接受也会说明理由			
	4.自己的事情自己做，不会的愿意学			
	5.愿意主动承担任务，遇到困难能够坚持自己解决，不轻易求助			
	6.能关注家长的情绪和需要，并能给予力所能及的帮助			
科学	1.能对自己感兴趣的问题充满探究欲望，喜欢刨根问底			
	2.能通过观察与比较，发现并描述事物前后的变化			
	3.在家长的帮助下能制订简单的调查计划并执行			
	4.能用图表、符号进行记录。			
	5.愿意经常动手动脑寻找问题的答案			
	6.能借助实际情境和操作（如合并或拿取），理解"加"与"减"的实际意义			
艺术	1.能用表情、动作、语言等方式表达自己对美的感受			
	2.愿意和长辈一起分享、交流自己的美感体验			
	3.能用多种工具、材料或不同的表现手法表达自己的感受和想象			
	4.能用基本准确的节奏和音调唱歌			
	5.能用律动或者简单的舞蹈动作表现自己的情绪或自然界的情境			
	6.能在艺术活动中与家长相互配合，也能独立大胆表现自我			

注：请根据幼儿的实际情况在表中打√。

7. 二十四节气之立春

主题说明

　　3~6岁是宝宝成长中的重要阶段，良好的亲子关系能够让宝宝获得安全感，愿意积极探索外界环境。《纲要》指出："幼儿园教育必须与家庭教育互相支持，互相配合，向家长宣传科学教育宝宝的知识，共同担负教育宝宝的任务。"在"以幼儿发展为本"的课程理念引领下，开展"二十四节气之立春"主题活动，能够加深宝宝对中国传统节日立春的认识和了解，让宝宝真实体验立春的有趣与快乐，同时激发宝宝进一步探究民俗文化的兴趣，加深对中国传统节日的热爱之情。

　　在本主题下，我们以宝宝的兴趣爱好和生活经验为出发点，引导宝宝观察自然界的变化，了解春天的特点和作物的生长变化。其中，温馨的亲子阅读时光，能够培养宝宝的语言表达能力，帮助幼儿养成良好的阅读和倾听习惯；在制作春饼的过程中，宝宝能锻炼手部肌肉；进行水培植物种植活动不仅能让宝宝对植物的生命周期有更深入的了解，而且也能培养宝宝的观察力和耐力；在创意剪纸活动中，宝宝锻炼眼、手、脑的同时，也发展智力，还能激发对中国传统节日的热爱之情。

　　本主题活动能激发宝宝参与活动的兴趣，促进其社会交往和沟通能力发展。亲子互动能充分发挥家长参与活动的积极性，促进亲子之间的情感，家长能够深入了解宝宝的发展水平和兴趣爱好，从而掌握家庭教育的有效策略。

主题课程

（一）亲子阅读：立春

游戏价值：

1. 知道立春是二十四节气中的第一个节气。

2. 了解立春的日期、来历及风俗。

3. 喜欢阅读。

游戏准备：

立春的相关图画书，如《立春》《立春的故事》等，营造一个安静、舒适的阅读环境。

游戏玩法：

家长陪着宝宝共同阅读，每天的阅读不需要持续很长时间，应讲究效率，只要认真和专注地阅读，即便是10分钟，也会有很好的效果，给宝宝留下深刻的记忆。

家庭教育指导建议

1. 家长不可过分要求，不要急着教宝宝识字，否则会让宝宝有压力，要让宝宝慢慢发现读书的乐趣。

2. 家长应该根据宝宝的喜好和需求，以及该年龄段宝宝的认知情况挑选阅读的书籍。

（二）亲子美食：春饼

游戏价值：

1. 感受传统民俗节日的气氛。

2. 学习简单的制作春饼的方法。

3. 体验与家人一起操作的快乐，激发参与家庭活动的兴趣。

游戏准备：

食材：面粉、开水、冷水、植物油，以及葱丝、肉丝、黄瓜丝等配菜。

工具：面板、擀面杖、刀、刷子、蒸锅。

游戏玩法：

1. 用煮开的沸水冲烫面粉，和成面团（图5-7-1）。

图5-7-1

2. 将烫好的面揉透，做成小圆剂子，每两个剂子中间刷满植物油，合在一起擀成薄薄的一张饼（图5-7-2）。

3. 面饼擀好后放入蒸锅中，盖上盖子，开火蒸10分钟左右即可，再趁热将春饼一张张揭开（图5-7-3）。

（1）　　　　　　　　　　（2）

图 5-7-2

（1）　　　　　　　　　　（2）

图 5-7-3

4. 在面饼中放入自己喜欢的配菜，卷起来即可（图5-7-4）。

（1）　　　　　　　　　　（2）

图 5-7-4

家庭教育指导建议

1. 家长鼓励宝宝帮厨，做择菜、洗菜、切菜、擀面饼等力所能及的事，家长要耐心地教宝宝这些家务劳动的具体方法和注意事项，这样才能提高宝宝的劳动技能，增强宝宝的成就感。

2. 家长提醒宝宝注意餐桌礼仪，如帮忙端菜、请长辈先入座等。全家围坐一起，品尝全家共同参与制作的美味春饼，感受其乐融融的家庭气氛。

（三）亲子游戏：水培植物种植

游戏价值：

1. 学习栽种水培植物，如大蒜、白菜心、萝卜等，观察植物的生长过程，并进行观察记录，培养观察记录能力。

2. 激发对观察和照顾植物的兴趣，培养美好的生活情趣。

3. 进行绿植写生，培养观察能力。

游戏准备：

大蒜、白菜心、萝卜等便于水培的蔬菜，水培器皿，观察记录表（图5-7-5）。

游戏玩法：

1. 家长和宝宝一起选择适合水培的蔬菜。

2. 选择合适的器皿栽种。

3. 观察植物的生长情况，用照片、测量、绘画、书写等多种形式记录植物的生长过程。

图 5-7-5

家庭教育指导建议

1. 家长与孩子可以利用废旧瓶子等进行亲子创意手绘，让盛装绿植的器皿更有创意感和美感。

2. 家长可以引导幼儿进行植物写生，培养发现美、记录美的生活情趣。

（四）亲子游戏：剪春花

游戏价值：

1. 知道立春这一节气及特点。

2. 通过动手操作提高手指协调能力和精细动作。

3. 增强和谐快乐的亲子关系，体验节日的快乐气氛。

游戏准备：

安全剪刀、正方形彩纸、笔。

游戏玩法：

1. 取一张正方形彩纸，将其沿着中线分别上下和左右对折，再将左右对折部分打开，成为一个长方形（图5-7-6）。

（1）　　　　　　　　　　（2）

图5-7-6

2. 将长方形右侧的小正方形沿着正方形的两条对角线对折后打开，找出两条对角线的交点，也就是小正方形的中心。将长方形左侧向右折叠，使左下方的端点与正方形的中心对齐（图5-7-7）。

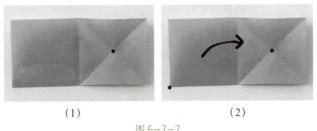

（1）　　　　　　　　　　（2）

图5-7-7

3. 沿着虚线将右侧小三角向左对折，将右侧部分的小正方形对折至虚线，再沿着箭头方向向后对折（图5-7-8）。

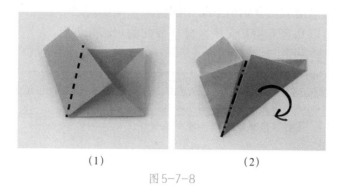

(1) (2)

图5-7-8

4. 然后在纸的上方画一条弧线，在纸的右下方画一半的水滴形，并沿着线条将虚线部分剪掉（图5-7-9）。

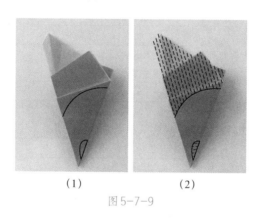

(1) (2)

图5-7-9

5. 最后打开纸张，就是一朵漂亮的花（图5-7-10）。

图5-7-10

家庭教育指导建议

1. 家长可以给宝宝介绍剪纸是中国传统艺术形式之一。
2. 家长可以和宝宝相互交流，分享彼此的想法和创意。

宝宝成长评价参照表

评价领域	评价要素	一般	良好	优秀
健康	1. 表达情绪的方式比较适度，不乱发脾气			
	2. 能在较热或较冷的户外环境中连续活动30分钟以上			
	3. 能在斜坡、荡桥和有一定间隔的物体上较平稳地行走			
	4. 能沿轮廓线剪出由曲线构成的简单图形，边线吻合且平滑			
	5. 能主动保护眼睛，不在光线过强或过暗的地方看书，连续看电视等不超过30分钟			
语言	1. 愿意与他人讨论问题，敢在众人面前说话			
	2. 能依据所处情境使用恰当的语言，如在别人难过时会用恰当的语言表示安慰			
	3. 能专注地阅读图书			
	4. 能根据故事的部分情节或图书画面的线索猜想故事情节的发展，或续编、创编故事			
	5. 愿意用图画和符号表现事物或故事			
社会	1. 有自己的好朋友，也喜欢结交新朋友			
	2. 知道别人的想法有时和自己不一样，能倾听和接受别人的意见，不能接受时会说明理由			
	3. 能自己的事情自己做，不会的愿意学			
	4. 能关注别人的情绪和需要，并能给予力所能及的帮助			
	5. 知道自己的民族，知道中国是一个多民族的大家庭，各民族之间要互相尊重，团结友爱			
	6. 能理解规则的意义，能与同伴协商制定游戏和活动规则			
科学	1. 能在探索中有所发现时感到兴奋和满足			
	2. 能用数字、图画、图表或其他符号记录			
	3. 能察觉到动植物的外形特征、习性与生存环境的适应关系			

续表

评价领域	评价要素	一般	良好	优秀
科学	4. 能发现事物简单的排列规律，并尝试创造新的排列规律			
艺术	1. 愿意和别人分享、交流自己喜爱的艺术作品和美感体验			
	2. 能用多种工具、材料或不同的表现手法表达自己的感受和想象			
	3. 能用自己制作的美术作品布置环境、美化生活			

注：请根据幼儿的实际情况在表中打√。

8. 多彩的叶子

主题说明

　　城市的秋天色彩斑斓，丰富的树叶为宝宝创造了广阔的探索、发现和表达空间。"多彩的叶子"主题课程，充分运用自然资源，以贴近宝宝生活的树叶作为游戏材料，引导宝宝开展树叶探究和学习。

　　本主题通过开展"我的树叶影集""树叶粘贴画""绿茶饼干""拉树叶梗游戏""叶脉的秘密""树叶敲染""树叶找影子"共7个亲子活动，使家长与宝宝共同探索不同种类树叶的特点及相关知识。在活动中，宝宝可以观察并了解树叶的形状、颜色、大小，以及叶脉在植物生长过程中的重要作用。

主题课程

（一）亲子制作：我的树叶影集

　　游戏价值：

　　1. 通过收集树叶，认识和了解不同种类的树叶，并能按某一特征给树叶分类，如颜色、大小、形状等。

　　2. 培养细致观察的能力及对自然界探究的欲望，感受生活乐趣。

　　游戏材料：

　　1. 家长与宝宝共同收集的各种各样的树叶。

　　2. 水、喷壶、小块的布或湿纸巾。

　　3. 大且厚的书本或相册等。

　　游戏玩法：

　　1. 家长与宝宝共同对收集的树叶进行筛选和清理。

　　2. 家长引导宝宝对树叶进行分类，将具有相同特征的树叶归为一类，如颜色、形状等，通过此过程了解树叶的色泽、形状、叶脉等特征。

　　3. 宝宝和家长共同将分类后的树叶放入书籍或相册中，注明树叶名称，如银杏叶、枫叶等，制作成树叶影集（图5-8-1）。

　　4. 家长可随时陪同宝宝翻阅影集，引导宝宝进一步认识和了解树叶。

家庭教育指导建议

　　1. 在收集树叶时，应选择完整且干净的树叶，并尽量收集多种不同类别的树叶。

　　2. 清洗树叶时，注意控制用水量，清洗完成后需及时晾干。

3. 可以用变成标本的树叶制作手工艺品，如树叶书签、树叶粘贴画、树叶风铃、树叶墙等。

（1）　　　　　　　（2）　　　　　　　（3）

图 5-8-1

（二）亲子手工：树叶粘贴画

游戏价值：

1. 通过制作对树叶的颜色、形状，大小等特征有初步的了解。

2. 能运用不同形状的树叶进行贴画。

3. 激发想象能力，体验和家人一起做手工的快乐。

游戏材料：

1. 亲子共同采集树叶。家长与宝宝在秋游中的登山、散步等户外活动时，收集和捡拾各类大小不一、形状颜色各异的树叶，将所收集的树叶进行压平、晾干处理后，分类保存。

2. 家长可为宝宝选择关于树叶主题的图画书。

3. 白纸、剪刀、乳白胶以及彩色卡纸若干。

游戏玩法：

1. 阅读图画书《树叶跳舞》。

家长引导宝宝关注并欣赏图画书中的树叶小人所使用的不同树叶，鼓励宝宝根据叶子的形状、颜色等特性展开想象。

2. 树叶创意粘贴。

家长指导宝宝进行树叶粘贴，引导宝宝展开想象，尽情创作（图5-8-2）。

（1）　　　　　　　（2）

图 5-8-2

3. 装饰我的家。

幼儿向家人展示自己的作品，并说明选用何种叶子作为创作元素。将制作的作品摆放在家中展示，如窗台上、书架上等，以此装点家居空间。

家庭教育指导建议

1. 家长可以启发宝宝通过拼接、剪切和粘贴等简单操作，将日常生活中的物品，如布料、瓜子壳和蛋壳等，制作成富有创意和趣味的作品。

2. 家长可以鼓励宝宝直接在树叶上使用彩色蜡笔进行绘画装饰，将完成的作品制作成小型门帘或窗帘，以此装点家居环境。

3. 家长可以与宝宝共同探讨树叶中的叶绿素、叶脉等特征，培养宝宝对自然现象的认知和兴趣。

（三）亲子美食：绿茶饼干

游戏价值：

1. 通过实际动手制作饼干，培养宝宝动手能力和注意力。

2. 增进家庭成员间的沟通与互动，营造家庭温馨的氛围。

游戏材料：

1. 食材：低筋面粉、黄油、糖、蛋液、绿茶粉。

2. 工具：盆、擀面杖、刀、刷子、保鲜膜、烤箱。

游戏玩法：

1. 黄油软化，加入糖和蛋液，搅拌均匀（图5-8-3）。

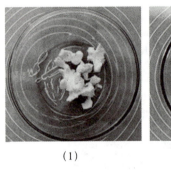 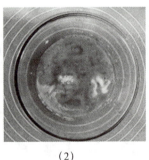 

（1） （2） （3）

图5-8-3

2. 筛入低筋面粉，搅拌均匀（图5-8-4）。

3. 加入绿茶粉，搅拌均匀（图5-8-5）。

4. 将面团揉成长方体（或圆柱体），用保鲜膜包住，放冰箱冷藏半小时左右（图5-8-6）。

5. 取出面团，切成薄片放在烤盘上（图5-8-7）。

（1） （2）

图 5-8-4

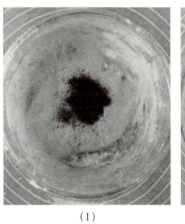 

（1） （2）

图 5-8-5

图 5-8-6

图 5-8-7

6. 请家长将烤箱温度设置为 165 ℃预热 5 分钟，之后将准备好的烤盘放烤箱中层用 165 ℃烤 20 分钟。

7. 饼干制作完毕后，家长可引导幼儿将饼干分发给家人、邻居及小伙伴等，借此培养幼儿乐于分享的美德，增进相互间的了解，促进人际关系和谐发展。

家庭教育指导建议

1. 家长可与宝宝一同观看关于茶叶制作过程的资料。如果条件允许，可以带领宝宝前往有茶树的地方进行实地观察，并让宝宝亲身体验制茶的过程。

2. 家长可将绿茶替换为宝宝喜爱的材料，如草莓、巧克力或薄荷等。

3. 在切面时，家长可为宝宝准备一把尺寸和重量适中的刀具，以防宝宝拿握不稳而导致意外伤害。

4. 和面团时，家长与宝宝共同参与。家长示范，鼓励宝宝自己动手，提升宝宝的动手能力，使其建立自信。

5. 使用电饼铛、电烤箱、煤气灶、电蒸锅等电器时会产生大量的热量，在宝宝初学阶段，家长务必密切监护，以防烫伤。

（四）亲子游戏：拉树叶梗游戏

游戏价值：

1. 参与亲子树叶游戏，共享其中的欢乐。

2. 通过拉树叶梗的方式，感知和体验树叶梗的韧性、软硬等特性。

3. 在游戏过程中，体验胜负。

游戏材料：

1. 带梗的树叶若干。

2. 拉树叶梗游戏记录单。

游戏玩法：

1. 选择两片树叶，去除树叶的叶片，保留叶梗，将它们叠交成十字状。每位参与者手持一根，双手握住叶梗两端，用力向内拉，比较各自手中的树叶梗强度，脆弱的叶梗会在拉力作用下断裂。继续进行下一轮游戏（图5-8-8）。

2. 根据游戏需求，可尝试将两根树叶梗合并进行游戏。

3. 家长与宝宝记录并统计输赢情况（表5-8-1）。

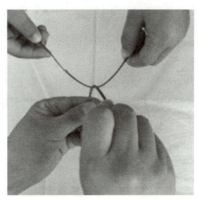

图5-8-8

表5-8-1 拉树叶梗游戏结果记录单

比赛局数	参赛人员1	参赛人员2	参赛人员3
第 1 局			
第 2 局			
第 3 局			
……			
总 计			

注：比赛胜利得2分，平局各得1分，失败得0分（根据总分判定输赢）。

家庭教育指导建议

1. 在游戏中，若要成功将对方的树叶梗拉断，选择较成熟的叶子将更具竞争力。

2. 建议选择杨树树叶作为游戏材料，原因有两点：一是杨树分布广泛，落叶繁多；二是杨树叶梗具有韧性，可为游戏增添更多趣味性。

3. 进行游戏时，请注意安全防护，在双方势均力敌的情况下，拉力较大的一方可能会将对方拉动或摔倒。此外，还需留意手部滑脱的情况。

（五）科学小实验：叶脉的秘密

游戏价值：

1. 了解叶脉的功能在于为树叶输送养分。

2. 亲近自然，提升科学探究的兴趣，以及对手工小游戏的热爱。

3. 耐心细致地观察，并提升记录的能力。

游戏材料：

树叶、多种颜色的色素水、装色素水的容器。

游戏玩法：

1. 选择要进行观察实验的叶子。

2. 把叶子插到装有色素水的容器里。

3. 家长引导宝宝每天观察，发现叶脉有没有发生变化，请宝宝将观察到的现象记录下来（表5-8-2）。

表5-8-2 叶脉的秘密观察记录单

观察天数	日期：	日期：	日期：
第一天			
第二天			
第三天			
……			

家庭教育指导建议

1. 树叶可选择不同状态的叶片，如新鲜脱落的树叶、落地多日的树叶等，亦可尝试使用其他植物，如白色花卉、蔬菜等。

2. 用透明材料制成的容器更适用于装载色素水，如透明水杯等，也可将矿泉水瓶剪半作为容器使用。

3. 除使用记录单外，家长还可以为宝宝提供摄影设备，如手机、照相机等，以记录叶脉变化。

4. 家长可给宝宝讲解科学概念：毛细现象与光合作用。叶片中有众多

"管道"，植物通过根部吸收水分，通过"管道"运输水分。"管道"半径越小，水分上升越高。因此，水分能轻松从根部输送到叶片各部分，这就是毛细现象。自然界和日常生活中有许多毛细现象的例子，如纸巾吸水、毛巾吸汗、粉笔吸墨水等。

（六）亲子美术：树叶敲染

游戏价值：

1. 在摆摆、敲敲中发现树叶的颜色痕迹，并进行创意敲染。

2. 培养精细动作，提高动手能力。

3. 感受树叶敲染画的美感，体验敲染的有趣。

游戏材料：

水里浸泡过的各种形状的树叶、白布、锤子、塑料膜（图5-8-9）。

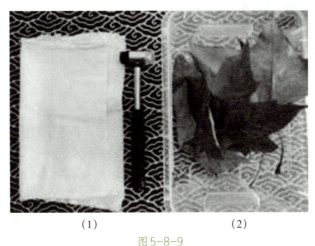

（1）　　　　　　　　　（2）

图5-8-9

游戏玩法：

先将白布放好，将树叶放在白布上，放上塑封膜，用锤子敲打树叶的边边角角，让树叶的形状留在白布上。

家庭教育指导建议

1. 用锤子敲打树叶时中间用较大力，周围用力轻（图5-8-10）。

2. 家长和宝宝一起回忆树叶的外形、颜色、结构，探究树叶内里的颜色。

3. 可以把树叶敲染在白色衣服上进行装饰（图5-8-11），如制作敲染亲子装。

4. 除了树叶敲染外，家长还可以和宝宝一起进行树叶拓印游戏。

图5-8-10

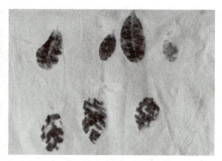
图5-8-11

（七）亲子拼图：给树叶找影子

游戏价值：

1. 培养观察能力和比较能力。

2. 通过游戏提高注意力和解决问题的能力。

游戏材料：

不同形状的树叶图片、部分树叶影子图片。

游戏玩法：

1. 打乱不同形状树叶的位置。

2. 宝宝观察树叶的外形特点，根据树叶的外形来找相对应的影子。

家庭教育指导建议

1. 家长可以针对不同年龄和能力的宝宝，调整树叶影子的大小，如既可以是完整的树叶影子，也可以是局部的影子，增加找影子的难易程度。

2. 家长可以根据宝宝的兴趣选择材料进行找影子游戏，如动物、植物或交通工具等，让宝宝在找影子游戏中了解更多的知识。

宝宝成长评价参照表

评价领域	评价要素	一般	良好	优秀
健康	1. 饮食健康			
	2. 能按类别整理物品			
	3. 会恰当地表达和调控情绪			
	4. 能画出边线较直的简单图形			
	5. 能用剪刀沿着轮廓线剪出简单的图形，边线吻合			
语言	1. 能认真听并听懂常用语言			
	2. 愿意讲话并能清楚地表达			

续表

评价领域	评价要素	一般	良好	优秀
语言	3. 养成良好的语言行为习惯			
	4. 对生活中常见的标识、符号感兴趣，知道它们表示一定的意义			
	5. 能随着作品的展开产生喜悦、担忧等相应的情绪反应，体会作品所表达的情绪情感			
社会	1. 敢于尝试有一定难度的活动和任务			
	2. 愿意并主动参与到家庭活动中			
	3. 能遵守游戏和公共场所的规则			
	4. 在活动中愿意接受其他人的意见和建议			
	5. 在生活中能感受到家庭生活的温暖，爱父母，亲近与信赖长辈			
科学	1. 喜爱亲近大自然，喜欢探究			
	2. 能对事物或现象进行观察比较，发现其相同与不同			
	3. 能察觉到动植物的外形特征、习性与生存环境的适应关系			
	4. 能用数字、图画、图表或其他符号做记录			
	5. 能感知和发现周围物体的形状是多种多样的，对不同的形状感兴趣			
	6. 能感知和区分物体的大小、多少、高矮等量的方面的特点，并能用相应的词语描述			
	7. 能感知和区分物体的粗细、长短、厚薄、轻重等量的方面的特点，并能用相应的词语描述			
	8. 能使用上下、前后、里外、中间、旁边等方位词描述物体的位置和运动方向			
艺术	1. 在艺术欣赏作品时常常用表情、动作、语言等方式表达自己的理解			
	2. 喜欢用绘画、捏泥、手工制作等方式表达自己的所见所想			

续表

评价领域	评价要素	一般	良好	优秀
艺术	3. 愿意和别人分享、交流自己喜爱的艺术作品和美感体验			
	4. 经常涂涂画画、粘粘贴贴并乐在其中			
	5. 能用多种工具、材料或不同的表现手法表达自己的感受和想象			
	6. 能用自己制作的美术作品布置环境、美化生活			

注：请根据幼儿的实际情况在表中打√。

9. 快乐过冬至

主题说明

　　冬至，亦称"冬节"、"贺岁"或"长至节"，每年的 12 月 22 日左右，是我国二十四节气中的重要节点，同时也是民间传统节日。宝宝学习节气，有助于加深对传统文化的理解，增强对中华民族的认同感。《纲要》将"适当向幼儿介绍我国各民族和世界其他国家、民族的文化"视为宝宝社会性发展的关键指导内容。家长作为宝宝"最亲密的陪伴者与支持者"，对宝宝的成长与发展具有不可或缺的重要影响。基于此，本主题以"冬至"为线索，策划了一系列亲子主题活动。

　　本主题通过直接感知、亲身体验和互动合作，强化亲子间的情感纽带，同时促进宝宝在认知思维、语言表达、动手操作、问题解决等多方面的能力综合发展。在活动过程中，温馨的阅读环境能激发宝宝的阅读兴趣，加深其对冬至节日的理解；包饺子美食活动有助于宝宝手部肌肉力量和精细动作的发育，同时体验劳动与分享的快乐；丰富多样的户外游戏有助于提高宝宝的运动能力，培养其积极主动、认真专注、不怕困难、敢于探究、乐于想象的良好学习品质。

　　亲子游戏既是幼儿游戏的特殊形式，也是亲子交往的重要途径。开展亲子游戏对于构建正向亲子关系、提升家庭教育质量具有特殊意义。家长的参与能更有效地激发宝宝的热情，助力宝宝身心全面发展，健康成长。

主题课程

（一）亲子阅读：冬至我知道

游戏价值：

1. 认识冬至节气，知道冬至的由来。

2. 基本了解冬至的风俗习惯。

3. 养成良好的阅读习惯，体会阅读的快乐。

游戏材料：

图画书《冬至》；温馨舒适的阅读环境，如高度适宜的桌椅及自然柔和的灯光。

游戏玩法：

1. 家长陪同宝宝共同阅读图画书《冬至》，引导宝宝掌握正确的阅读姿势，与宝宝讨论书中内容，细心观察书中的画面，共同品味冬至的节日气氛。

2. 家长通过启发提问的方式，鼓励宝宝运用适宜的语气、情绪等，大胆表述书中的语言和情节，进一步理解冬至的风俗习惯。

家庭教育指导建议

1. 家长可以基于宝宝的年龄特点和生活经验，在家庭中投放关于冬天的图画书，并与宝宝一起欣赏，制订家庭阅读清单，激发宝宝的阅读兴趣。

2. 家长可以引导宝宝掌握正确的阅读姿势，如背部挺直，眼睛离书本约一尺远等，帮助宝宝养成良好的阅读习惯。

3. 家长可以为宝宝提供丰富多样的材料，如彩纸、蜡笔、儿童剪刀、黏土、垫板等，鼓励宝宝大胆表现自己眼中的冬至。

（二）亲子美食：包饺子

游戏价值：

1. 综合运用搓、团、压扁、拉长等技能包饺子、做饺子馅，促进宝宝手部肌肉力量和精细动作的发展。

2. 加深与家人之间的情感交流，体验劳动和分享的快乐。

游戏材料：

1. 食材：面粉、鸡蛋、肉、菜、调料、食用油。

2. 工具：擀面杖、搅拌机、刀、菜板、盆、锅。

游戏玩法：

1. 以面和水2∶1的比例，将水分多次倒入面粉里，和成柔软的面团，放在一旁醒着备用。

2. 将切成小块的肉丁放入搅拌机中，做成肉馅。

3. 在肉馅中加入生抽、适量盐、一小勺香油、两大勺油搅拌均匀。

4. 将菜清洗干净，切成丝，剁碎后，用手攥出多余水分，和肉馅放一起。

5. 揉搓醒好的面，做成剂子，开始擀皮包馅。

6. 拿起饺子皮，手弯成窝形，放入适量的馅，对折成半圆，捏牢中间，由两边向中间捏住封口。

7. 请家长在锅中加入适量的水，煮沸后将饺子下入锅中。

家庭教育指导建议

1. 家长可以通过生动有趣、通俗易懂的儿歌形式，帮助宝宝理解和掌握正确的包饺子方法。

2. 家长可以增强包饺子活动的趣味性，如为宝宝提供胡萝卜素等材料，引导宝宝将饺子面皮染成不同颜色，从而体会到创新的快乐。

3. 在饺子制作完成后的品尝环节，家长可以邀请宝宝将制作好的饺子分享给爷爷、奶奶或邻居、朋友，培养宝宝乐于分享的品质和习惯。

附：

儿歌《包饺子》

擀擀皮，和和馅，

捏捏饺子剁三下，

饺子香，饺子大，

放到锅里煮一煮，

煮一煮，翻一翻，

翻一翻，翻两番，

翻两番，捞起饺子晾一晾，

晾一晾，尝尝饺子香不香。

（三）亲子制作：花样堆雪人

游戏价值：

1. 感受季节变化，对冬季的自然现象感兴趣。

2. 通过设计独特的雪人形象，发展想象力、创造力和艺术审美能力。

3. 体验在冬季的自然环境中和家人游戏的快乐。

游戏材料：

雪铲、扫帚、小桶；帽子、手套；胡萝卜、围脖、纽扣、瓶盖、玩具鼻子等。

游戏玩法：

1. 开始堆雪人。用铲子清理地面上的杂物，在选定堆雪人的地点后，开始堆雪人。先堆一个大雪球作为雪人的底座，再堆一个中等大小的雪球作为雪人的头（图5-9-1）。在堆雪人时，需要不断地将雪球压紧，以确保雪人的稳定性。

图5-9-1

2. 装饰雪人。当雪人完成后，就可以开始为雪人装饰了（图5-9-2）。例如，可以用胡萝卜作为雪人的鼻子，用纽扣作为雪人的眼睛，给雪人戴上围巾和帽子等。在装饰雪人时，需要注意不要用容易把雪弄碎的材料，以免影响雪人的稳定性。

（1）　　　　　　　　　　　　　　　　（2）

（3）　　　　　　　　　　　　　　　　（4）

图 5-9-2

家庭教育指导建议

1. 家长在选择雪场时要注意环境安全，注意雪场的滑度和雪质的硬度，防止宝宝滑倒或受伤。

2. 家长需要提醒宝宝注意保暖，如为宝宝准备五指分开的防水手套或高筒棉皮靴，防止宝宝生病或被冻伤。

3. 家长可以鼓励宝宝发挥想象力和创造力，使用多种多样的素材装饰雪人，使每个雪人都有独特的特色。

4. 家长可以启发宝宝根据自己的想法制作不同形状、不同类型的雪人，尊重宝宝的奇思妙想，增强雪人的观赏性和堆雪人游戏的趣味性。

（四）亲子运动：欢乐拉雪橇

游戏价值：

1. 锻炼手部肌肉力量、身体协调能力和平衡能力，培养他们的勇气和自信心。

2. 加深对工具的认识，满足探索工具的欲望。

3. 在雪橇游戏中提高感知觉能力，发展动手操作能力。

游戏材料：

宽阔的场地；纸箱、泡沫箱、板凳、塑料板；塑料袋、剪刀、胶带、绳子、软垫等。

游戏玩法：

1. 制作雪橇（图5-9-3）。

找一个能够让宝宝伸直腿坐进去的纸箱子，底部用宽的透明胶带贴满，这样既可以减少摩擦力，又能起到防水的作用。

在距离纸箱子底部约5 cm的地方用绳子围一圈并系好，这样是为了在牵拉时保持低重心。

用双点固定是为了保持行进时方向稳定。

在纸箱内放入泡沫塑料或软垫，这样既可以防止宝宝着凉，也能减少行进时颠簸带来的不适感。

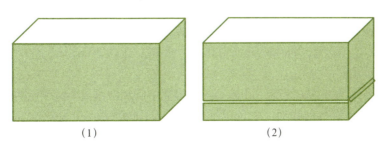

（1）　　　　　　　　　　（2）

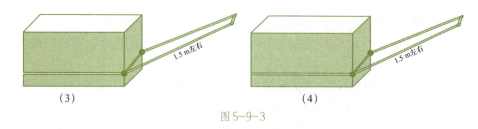

（3）　　　　　　　　　　　（4）

图 5-9-3

2. 雪橇玩法。

幼儿乘坐雪橇时，家长引导宝宝保持身体的平衡，将重心放在雪橇中央。

幼儿抬起膝盖，使其稍微弯曲。

家长双手握住两侧绳子，拉动雪橇前进。

宝宝可以和家长交换位置，尝试拉动家长前进。

家庭教育指导建议

1. 家长需要提前观察场地，确保雪橇活动区域没有障碍物和危险物品，尽量避免在陡坡上滑行，以免发生危险。此外，家长可以为宝宝提供速干衣、头盔、护膝和其他防护装备，防止宝宝被冻伤或受伤。

2. 家长可以指导宝宝利用脚步的力量和重心的移动，学会控制滑雪橇的速度和方向，如想要减速时，可以用脚来刹车，轻轻摩擦雪地；想要改变滑行方向时，可以稍微倾斜身体等。

3. 家长可以通过在地面上放置障碍物，设计不同的滑雪橇路线，从而增强滑雪橇游戏的挑战性和趣味性。

（五）科学实验：美丽的冰花

游戏价值：

1. 感受冬天的气温变化，探索水的形态变化与气温的关系。

2. 初步掌握操作方法，能够使用多种材料做出冻冰花。

3. 在观察、测量和调查冰花的过程中，萌发探索科学现象的兴趣。

4. 通过制作和欣赏冰花，体验冻冰花的乐趣，发展动手操作和艺术审美能力。

游戏材料：

冰箱或0℃以下的户外；不同形状的广口容器（酸奶盒、果冻盒、浅盘、小碗等）；花、线绳、彩色碎纸、雪花片、贝壳、纽扣等饰物；颜料水。

游戏玩法：

1. 家长引导宝宝在浅盘、小碗等各种容器中倒纯净水或不同颜色的颜料水。

2. 请宝宝将各种线绳、彩色碎纸或贝壳等装饰物放入水中。

3. 家长带领宝宝将容器放到冰箱制冷区或冬天较冷的户外结冰，并和宝宝共同观察水在不同气温下的形态变化。

4. 完成冻冰花后，家长可以和宝宝共同欣赏作品。

家庭教育指导建议

1. 家长可以引导宝宝在观察不同温度下水的形态变化后，通过测量、拍照、绘画等多种方式，将水遇冷凝结成冰或冰遇热融化成水的状态记录下来，填入调查表（表5-9-1）中，激发宝宝探索科学现象的热情。

表5-9-1　冰花的形成小调查

材料			
时间			
地点			
温度			
我发现了			

2. 提供丰富多样的材料，如不同形状的容器（球状、三角状等），为丰富宝宝的感知体验、开发更多的游戏玩法创设条件，促进宝宝认知思维能力、想象力和创造力的发展。

3. 在家长的指导下，宝宝可以尝试使用多种工具和方法，将冰花从容器中取出，提高宝宝思考、解决问题的能力以及动手操作的能力。

4. 取出冰花后，家长和宝宝可以共同装饰冰花，或将冰花挂在窗上、布置在门廊中，感受温馨的亲子游戏时光。

宝宝成长评价参照表

评价领域	评价要素	一般	良好	优秀
健康	1. 知道保护眼睛，不在光线过强或过暗的地方看书			
	2. 能经常保持愉快的情绪，不高兴时能较快缓解			
	3. 能在较冷的环境中连续活动半小时左右			
	4. 在运动时能主动躲避危险，知道简单的求助方式			
	5. 能在家长引导下，使用简单的工具进行游戏			
语言	1. 在成人引导下，掌握正确的读书姿势			
	2. 养成良好的读书习惯，懂得爱护图书，不乱撕、乱扔			
	3. 喜欢与家长讨论图书和故事的有关内容			

续表

评价领域	评价要素	一般	良好	优秀
语言	4. 会看画面，能根据连续画面提供的信息，大致说出故事情节			
	5. 尝试使用写写画画的方式表达自己的想法和情感			
社会	1. 认识我国传统的节日，愿意了解不同节日的风俗习惯			
	2. 喜欢和家长交谈有趣的事情			
	3. 愿意和家长、朋友分享自己喜欢的东西			
	4. 敢于尝试有一定难度的活动和游戏			
	5. 遇到困难能够尝试独立解决而不轻易求助			
科学	1. 喜欢接触大自然，对自然的事物和现象感兴趣			
	2. 愿意动手动脑探索工具和材料，并乐在其中			
	3. 能用绘画、照相等方法记录游戏的过程和结果			
	4. 能感知和发现"水遇冷凝结成冰、冰遇热融化成水"的科学现象			
	5. 对感兴趣的事物能仔细观察，发现其明显特征，并尝试描述事物的前后变化			
艺术	1. 愿意接触大自然，能发现、欣赏和感受自然界与生活环境的美好			
	2. 喜欢欣赏美好的事物，并能产生相应的联想和情绪反应			
	3. 能用适宜的情绪、动作或表情，大胆表现故事情节			
	4. 愿意主动和家长交流分享自己的艺术作品			
	5. 能用自己制作的美术作品布置环境、美化生活			

注：请根据幼儿的实际情况在表中打√。

10. 浓情端午 乐享童趣

主题说明

《纲要》指出：培养幼儿德育目标的一条有效途径就是让幼儿乐于参加各种节日活动，从活动中感受节日的愉快。传统节日蕴含着丰富的传统文化，充分展示了各民族浓厚的生活气息和当地的地方特色。《指南》在社会领域内容中也明确指出：利用民间游戏、传统节日等，……帮助幼儿感知文化的多样性和差异性，理解人们之间是平等的，应该互相尊重，友好相处。作为中国人，从小就应该了解中国传统节日，以及相关传统节日的来源和习俗。端午节是我们中国重要的传统节日之一，其中蕴含了很多民俗文化。每年农历五月初五，人们为了纪念伟大的爱国主义诗人屈原，衍生出许多节日习俗，其中包括吃粽子、挂艾草、赛龙舟等。本主题活动不仅可以让宝宝充分了解端午节悠久的历史文化，感受祖国文化的丰富与优秀，还可以培养宝宝的民族认同感与归属感，激发宝宝对家乡和祖国的热爱之情。

主题课程

（一）亲子生活：顶鸡蛋

游戏价值：

1. 了解顶鸡蛋的文化意义：顶鸡蛋来源于滚鸡蛋，将煮熟的鸡蛋在身体上来回滚动，就能够吸收身体里的各种湿气和毒素，起到帮助人体除湿祛毒的作用。

2. 探索顶鸡蛋的窍门，感受顶鸡蛋游戏的乐趣。

游戏准备：

两枚熟鸡蛋。

游戏玩法：两人一组，每人手中握住一枚熟鸡蛋，轻轻地将两枚熟鸡蛋顶在一起，同时用力，保证自己的鸡蛋不碎的前提下，将对方的鸡蛋顶碎，鸡蛋不碎的一方获胜。

家庭教育指导建议

1. 游戏开始前，鸡蛋的选择很重要。从外表上看，选择壳硬、表面粗糙的鸡蛋；从形状上看，选择尖一点、小一点的鸡蛋不易被顶碎。

2. 顶鸡蛋也是有窍门的：尽量用手握住整个鸡蛋，用尖的一端顶。不要主动出击，耐心等待，找准中心。

3. 游戏结束后，可以将鸡蛋剥皮吃掉，鸡蛋中含有丰富的营养价值，对宝宝的成长是有帮助的。

（二）亲子美食：粽香飘飘

游戏价值：

1. 了解粽子中的糯米、红枣、花生能够为身体提供所需的营养成分。

2. 了解粽子的来源。

3. 通过制作粽子促进手部小肌肉群的发展，初步学习包粽子。

4. 体验和家人一起包粽子的乐趣，感受端午节阖家团圆的氛围。

游戏准备：

1. 食材：苇叶、糯米、大枣、花生（图5-10-1）。

2. 工具：盆、碗、勺子、高压锅。

游戏玩法：

1. 将苇叶、糯米、大枣、花生放在清水中洗干净，将苇叶晾干（图5-10-2）。

图5-10-1　　　　　　　　　　　　图5-10-2

2. 家长帮助宝宝将两片苇叶交叠，从叶根处向内弯折成漏斗状，在漏斗中放入一小把糯米，再放一个大枣，糯米的作用是固定大枣，接着放入糯米和花生（图5-10-3）。

（1）　　　　　　　　　　　　（2）

图5-10-3

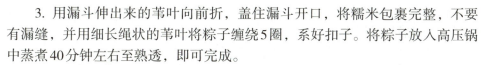

3. 用漏斗伸出来的苇叶向前折，盖住漏斗开口，将糯米包裹完整，不要有漏缝，并用细长绳状的苇叶将粽子缠绕5圈，系好扣子。将粽子放入高压锅中蒸煮40分钟左右至熟透，即可完成。

家庭教育指导建议

1. 家长可以将花生、大枣更换为宝宝爱吃的其他材料，如豆沙、枣泥、咸蛋黄、咸肉等。

2. 用苇叶折叠成漏斗时，可以先让宝宝自己动手尝试，如果宝宝实在无法完成，家长再提供一定的帮助。

3. 在制作完成的品尝环节，可以邀请宝宝将制作好的粽子分享给其他家庭成员，感受端午节阖家团圆氛围的同时，又可以培养宝宝爱分享的好习惯。

（三）亲子制作：平安五彩绳

游戏价值：

1. 认识五彩绳，了解五彩绳的文化意义。

2. 学做五彩绳，锻炼搓、拧、系、串等动作能力。

3. 体验传统节日的氛围，激发爱家庭成员的情感。

游戏准备：

红、黄、黑、青、白五色细绳，剪刀、小彩珠（图5-10-4）。

图5-10-4

游戏玩法：

1. 量好手腕的长度，并按照该长度剪下绳子（图5-10-5）。

2. 将五种颜色的绳子合在一起，扭成一股绳（图5-10-6）。

图5-10-5

图5-10-6

3. 在其中一段打一个结，并固定好（图5-10-7）。

4. 选择自己喜欢的小彩珠，按顺序串进彩绳里。如果想固定珠子，可以在每颗珠子后打结固定（图5-10-8）。

5. 绳子留出5 cm，不要串珠子，打好结固定住。

6. 系在手腕上，五彩绳制作完成。

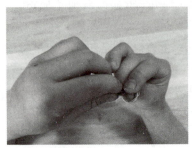

图5-10-7　　　　　　　　　　　　图5-10-8

家庭教育指导建议

1. 制作前，家长可以引导宝宝理解端午节系五彩绳的意义。

2. 家长尊重宝宝的创作想法，根据宝宝的设计，选择适宜的制作材料。

3. 宝宝使用剪刀时，家长要在一旁看护与帮助。

4. 家长邀请宝宝将制作好的五彩绳亲子系在家中成员手上，替家庭成员祈福，还可以激发宝宝爱父母和长辈的情感。

（四）亲子生活：区分生鸡蛋和熟鸡蛋

游戏价值：

1. 了解区分生鸡蛋和熟鸡蛋的方法。

2. 尝试区分生鸡蛋和熟鸡蛋，并大胆表达自己的发现。

3. 大胆操作，体验探究的乐趣。

游戏准备：

一枚生鸡蛋和一枚熟鸡蛋、手电筒。

游戏玩法：

1. 分别拿起两枚鸡蛋摇晃，听声音。

2. 将两颗鸡蛋平躺放在桌子上，用手旋转鸡蛋，观察哪枚鸡蛋旋转速度快。

3. 用手电筒分别照射两枚鸡蛋，观察不同。

4. 小结：

生鸡蛋晃动后有声音，因为生鸡蛋的蛋清和蛋黄是液体，晃动会有声音。而熟鸡蛋是固体，晃动没有声音。

生鸡蛋旋转时，重心往下，旋转较慢，生鸡蛋旋转1秒后，用手指按一下鸡蛋后快速离开，鸡蛋还是会自己旋转起来；熟鸡蛋旋转时，重心在中间，旋转较快，把熟鸡蛋旋转1秒后，用手指按一下鸡蛋后快速离开，鸡蛋就会停止不动。

生鸡蛋里面是液体，在手电筒灯光的照射下是通透的；而熟鸡蛋是固体，光线无法穿过鸡蛋。

家庭教育指导建议

1. 游戏开始前，家长可以用记号笔在生鸡蛋和熟鸡蛋上分别画笑脸和哭脸，以便区分两种鸡蛋。

2. 家长提醒宝宝要轻拿轻放生鸡蛋，尝试让宝宝用自己的方式保护鸡蛋。

3. 家长可以让宝宝将每种测试方法及结果记录下来，进行对比。

（五）亲子运动：龙舟竞渡

游戏价值：

1. 了解赛龙舟的文化意义。

2. 锻炼小手抓握能力和腿部肌肉的动作能力。

3. 愿意参加体育活动，感受端午节的节日氛围。

游戏准备：坐垫。

游戏玩法：

1. 宝宝和家庭成员各自坐在坐垫上，两手抓住前端的坐垫，两脚当作船桨前后滑动，从同一起点开始出发，谁先到达终点，谁就获胜。

2. 可以增加难度，游戏路线变成往返。

家庭教育指导建议

1. 游戏开始前，有条件的可以制作龙舟的头饰，宝宝和家庭成员进行比赛时，可以戴头饰"赛龙舟"。

2. "赛龙舟"需要宽敞的场地，注意家具的棱角，以免宝宝磕碰到，发生意外。

3. 如果家中没有坐垫，可以用报纸、硬纸壳等，可以坐下、又方便抓握以及易于滑动的物品代替。

宝宝成长评价参照表

评价领域	评价要素	一般	良好	优秀
健康	1. 能保持愉快的情绪，不高兴时能较快缓解			
	2. 在运动时能主动躲避危险，保证自己的安全			
	3. 喜欢参加体育活动			

续表

评价领域	评价要素	一般	良好	优秀
健康	4. 不偏食、挑食，不暴饮暴食			
	5. 会用剪刀			
	6. 能用蹲、走、滑等方式坐着前进			
	7. 喜欢参加搓、拧、系、串的游戏活动			
语言	1. 愿意与家长交谈有关端午节的话题			
	2. 有意识地听家长讲故事			
	3. 能基本完整地讲述自己的所见所闻			
	4. 能反复看自己喜欢的图书			
	5. 能把听过的故事或看过的图书讲给别人听			
社会	1. 喜欢和家长交谈，分享自己的想法			
	2. 在活动时愿意接受同伴的意见和建议			
	3. 能自己的事情尽量自己做，不愿意依赖别人			
	4. 敢于尝试有一定难度的活动和任务			
	5. 愿意并主动参与到家庭活动中			
	6. 能感受游戏规则的意义，并能基本遵守规则			
	7. 知道接受了的任务要努力完成			
	8. 能在提醒下，节约粮食、水电			
科学	1. 能动手动脑探索物体和材料，并乐在其中			
	2. 能用颜色词描述事物的排列顺序和位置			
	3. 能通过实际操作或其他方法进行5以内的数字关系			
	4. 能通过感知觉的实验，区分生、熟鸡蛋			
	5. 能感知和区分鸡蛋的大小、轻重以及鸡蛋壳质地厚薄、表面粗糙光滑等方面的特征，并能用相应的词语描述			
	6. 通过图画或其他符号，将测试结果记录下来			

续表

评价领域	评价要素	一般	良好	优秀
艺术	1. 在欣赏自然界和生活环境中美的事物时，能关注其色彩、形态等特征			
	2. 欣赏艺术作品时，会产生相应的联想和情绪反应			
	3. 能经常用绘画、捏泥、手工制作等多种方式表现自己的所见所想			

注：请根据幼儿的实际情况在表中打√。

11. 二十四节气之秋分

 **主题说明**

《指南》指出，中班幼儿应该"能够感知和发现不同季节的特点，体验季节对动植物和人的影响"。秋分是农历二十四节气中的第十六个节气，秋分还有一层意思是平分了秋季，此时无论是气候的变化、动植物的生长，还是人们自身的体验，都具有秋天的特点。

秋分节气有很多有趣的民俗，如立蛋、吃秋菜、摸秋等。为了让宝宝更好地了解秋分节气的传统文化，弘扬中华民族习俗，本主题以"秋分"为主线，从儿童视角出发，结合二十四节气的知识与内容，通过亲子美食、亲子游戏、亲子阅读等活动，带领宝宝充分地感知和体验秋分的节气文化，真正做到活动有价值、宝宝有收获、亲子关系有提升。该主题结合五大领域，在亲子阅读中发展宝宝初步的语言表达、社会交往、科学探究、艺术欣赏等多种能力，让宝宝亲身经历、体验、动手操作，调动多种感官感受秋天的美丽，增加对节气的认识，让传统节气文化在宝宝的心中生根发芽。

主题课程

（一）亲子游戏：趣味竖蛋

游戏价值：

1. 了解秋分习俗。

2. 通过竖鸡蛋游戏，锻炼手部精细动作。

3. 体验玩竖鸡蛋游戏的乐趣，增加亲子之间的感情。

游戏准备：

彩笔牙签、卡纸、瓶盖、油泥、勺子、抽纸、生鸡蛋、手工彩纸、剪刀。

游戏玩法：

1. 准备一个新鲜的生鸡蛋，请宝宝先用七彩小画笔给蛋宝宝画上一件新衣服，打造属于自己的秋分彩蛋（图5-11-1）。

2. 尝试用不同方法轻轻地将鸡蛋竖起在桌上。

(1)

(2)

图 5-11-1

家庭教育指导建议

1. 在竖蛋前家长可以让宝宝进行创意活动，设计蛋面。

2. 在用手挑战成功竖蛋后，家长可以鼓励宝宝尝试利用不同的工具竖蛋。

3. 竖蛋成功后，家长和宝宝记录竖起鸡蛋的过程和方法，遇到了哪些问题，又得到了哪些游戏经验。

4. 竖蛋小技巧：

立蛋方向——立蛋时将大头朝下，这样重心比较低，就像不倒翁一样，鸡蛋容易竖起来。

手稳心细——由于生鸡蛋里的蛋黄位置会影响鸡蛋的竖立情况，所以竖蛋的手尽量保持不动，让蛋黄可以慢慢沉淀到鸡蛋底部。

寻找支持面——鸡蛋在玻璃、光滑的金属或胶片上不容易竖立，建议用一小撮盐增加摩擦力，然后对着吸管吹气，将蛋四周的盐吹走，蛋就立起来了。

（二）亲子美食：制作秋梨膏

游戏价值：

1. 通过制作秋梨膏的过程，了解中国的传统文化。

2. 学习简单制作秋梨膏的方法。

3. 锻炼动手操作能力，提高生活技能，体验劳动的乐趣。

游戏准备（图5-11-2）：

1. 食材准备：雪梨、罗汉果、红枣、生姜、黄冰糖、麦芽糖或蜂蜜适量。

图 5-11-2

2. 工具准备：模具、纸棍、包装袋。

游戏玩法：

1. 介绍食材：初步了解制作秋梨膏需要的食材以及制作方法。

2. 洗切食材：将雪梨洗干净并削去外皮，梨切成小块，将老姜洗净后切成细丝，将干红枣、罗汉果洗净备用（图5-11-3）。

3. 制作细蓉：将切好的梨放入榨汁机中，得到梨蓉和梨汁（图5-11-4）。

图5-11-3

图5-11-4

4. 熬煮：将梨蓉和梨汁放入砂锅，加入黄冰糖、红枣、老姜丝和拍碎的罗汉果，大火煮开后转小火慢熬30秒（图5-11-5）。

图5-11-5

5. 过滤：倒入纱布或者筛子过滤出锅中的梨蓉、姜丝以及罗汉果的渣（图5-11-6）。

6. 再次熬煮：将滤出的汁水倒回锅中，开盖继续用小火熬制，煮到锅中汁水开始变浓，用木铲子不断搅拌，直到汁水变得浓稠有厚度，有黏黏的感觉即可关火。

7. 冷却：离火晾至温热，加入蜂蜜搅拌均匀，装入密封的容器或者模具中保存（图5-11-7）。

图5-11-6

图5-11-7

家庭教育指导建议

1. 在小火熬煮梨汁的后期，要时刻留意，以防糊底。

2. 进行美食制作前家长请和宝宝一起洗好小手，注意提示宝宝正确的洗手方法。

3. 不要害怕宝宝会弄脏小手、小脸。宝宝在揉捏时，指尖会有独特的感官刺激，在使用工具的时候能共同用到小肌肉、大肌肉。

4. 不同年龄段的宝宝能力不同，家长要根据宝宝自身发展情况进行指导和提供帮助。

5. 家长最后要请宝宝将劳动成果分享给家人，体验制作喜悦的同时一起享受劳动成果。

（三）亲子手工：对称剪纸

游戏价值：

1. 通过折叠剪出对称图形，了解秋分的"分"有对称的含义，体验对称的美感。

2. 用剪刀沿线剪纸。

3. 提高手指协调能力，发展手部精细动作。

游戏准备：

彩色手工纸、剪刀、水彩笔。

游戏玩法：

1. 选择彩色手工纸两张（图5-11-8）。

2. 将一张纸两边对折，注意两边对称（图5-11-9）。

3. 在对折相连的部位画出想要剪出图案的一半（图5-11-10）。

4. 沿线将画好的图案裁剪下来（图5-11-11）。

5. 粘贴在另一张纸上，涂上喜欢的颜色进行装饰（图5-11-12）。

图5-11-8

图 5-11-9

图 5-11-10

图 5-11-11

图 5-11-12

家庭教育指导建议

1. 在进行游戏时，家长需要关注宝宝使用剪刀的姿势，并适时提醒其使用剪刀的安全。

2. 宝宝可以先画出对称图形，了解对称图形的构成，然后沿边线剪下。

3. 家长鼓励宝宝根据裁剪的对称图形进行创意绘画。

（四）亲子阅读：秋分的故事

游戏价值：

1. 了解秋分的由来、习俗和气候特征等知识。

2. 通过观察、倾听和思考理解故事内容。

3. 萌发亲近自然，热爱传统文化的情感。

游戏准备：

1. 关于秋分的图画书《秋分的故事》《这就是二十四节气——秋》《秋分》。

2. 宽敞、明亮、温馨的阅读环境。

游戏玩法：

1. 共建书屋：在家里设立一个温馨、舒适的书屋或者图书角，添置好书，并定期更新。

2. 共定计划：一起制订亲子阅读计划，让阅读安排更加合理。

3. 共同阅读：家长和宝宝坚持每天15分钟的亲子阅读，并拍摄照片进行分享。通过共读加深理解，增进感情。在阅读过程中家长帮助宝宝，提取书中的重要信息，并引发宝宝思考。

家庭教育指导建议

1. 给宝宝创设自主阅读的氛围。家长在家里给宝宝创设良好的阅读环境，如图书角、阅读书架等，鼓励宝宝养成自主阅读的好习惯。

2. 鼓励宝宝学会通过观察图画进行阅读。家长可以引导宝宝学会观察，对图画中的人物、动物的表情、对话、心理活动进行猜想，尽情想象图中的内容和情节发展，然后将猜想讲述出来。随着宝宝认字量的增加，家长可以借助文字帮助宝宝解读故事。

3. 在情感互动中进行亲子阅读。图画书具有情感教育的功能，很多图画书都蕴含着一定的情感色彩，给人留有想象、思考的空间，家长可以利用图画书与宝宝进行情感交流，产生情感共鸣。

4. 建立阅读档案。以文字记录为主，家长用写日记的方式记录今天与宝宝共同阅读了什么内容，宝宝对阅读的兴趣及在阅读中提出的问题和对故事的感受；以影像资料为辅，记录下宝宝的想法和需求等信息，从而了解宝宝的个别需求，并且在时间允许的情况下，给予宝宝反馈。

5. 活动延伸：家长陪伴宝宝到户外寻找秋分的痕迹。

宝宝成长评价参照表

评价领域	评价要素	一般	良好	优秀
健康	1. 表达情绪的方式比较适度，不乱发脾气			
	2. 愿意把自己的情绪告诉亲近的人，一起分享快乐或求得安慰			
	3. 能沿轮廓线剪出由曲线构成的简单图形，边线吻合且平滑			
	4. 能主动保护眼睛。不在光线过强或过暗的地方看书，连续看电子产品不超过30分钟			
语言	1. 能有意识地听家长讲故事			
	2. 能基本完整地讲述所看或所听到的故事			

续表

评价领域	评价要素	一般	良好	优秀
语言	3. 能结合情境感受到不同语气、语调所表达的不同意思			
	4. 能根据故事的部分情节或图书画面的线索猜想故事情节的发展，或续编、创编故事			
	5. 愿意用图画和符号表现事物或故事			
社会	1. 有自己的好朋友，也喜欢结交新朋友			
	2. 知道别人的想法有时和自己不一样，能倾听和接受别人的意见，不能接受时会说明理由			
	3. 能自己的事情自己做，尽量不依赖别人			
	4. 能关注别人的情绪和需要，并给予力所能及的帮助			
	5. 知道自己的民族，知道中国是一个多民族的大家庭，各民族之间要互相尊重，团结友爱			
	6. 敢于尝试有一定难度的活动和任务			
科学	1. 喜欢接触新事物，经常问一些与新事物有关的问题			
	2. 能用数字、图画、图表或其他符号记录所见所闻			
	3. 能体会动植物的外形特征、习性与生存环境的适应关系			
	4. 能发现事物简单的排列规律，并尝试创造新的排列规律			
艺术	1. 愿意和别人分享、交流自己喜爱的艺术作品和美感体验			
	2. 能用多种工具、材料或不同的表现手法表达自己的感受和想象			
	3. 用绘画、捏泥手工制作等多种方式表现自己的所见所想			

注：请根据幼儿的实际情况在表中打√。

12. 粥果飘香过"腊八"

主题说明

　　俗话说，过了腊八就是年。腊八节是春节的前奏曲，更是具有丰富节日美食与特色的中国传统节日。对孩子来说，一碗精心熬制的腊八粥，一家人围坐一桌的仪式感，传递给他们的不仅仅是味蕾上的甜蜜，更是一个家庭对美好生活的向往。

　　《指南》指出：幼儿的学习是以直接经验为基础，在游戏和日常生活中进行的。要珍视游戏和生活的独特价值。腊八粥、腊八蒜取自生活中常见的食材且制作方法简单，易于宝宝观察与学习。除此之外，宝宝喜欢美食，更渴望参与动手制作美食。因此，本主题的选择是从宝宝的生活经验与兴趣出发的。

　　在本主题下，宝宝将在亲子制作传统美食"腊八粥""腊八蒜"，亲子手工制作"腊梅花"，亲子游戏"好玩的豆宝宝"，亲子运动"炒黄豆"的活动过程中，多方面了解腊八节的习俗和饮食习惯，在直接感知、亲身体验、实际操作中，发展初步的探究能力，小肌肉与大肌肉的灵活与运动能力，发现美、感受美、创造美的艺术表现能力等多种能力，在亲子互动中增进亲子感情，在寒冷的冬天，感受家庭节日活动带来的温暖和快乐。

主题课程

（一）亲子美食：腊八粥

游戏价值：

1. 通过观察比较，认识生活中常见的米、豆、果干。
2. 知道腊八粥是具有一定营养价值的传统美食。
3. 在制作、品尝腊八粥中感受浓浓的节日氛围。

游戏材料：

1. 食材：红豆、小米、玉米、薏米、红枣、莲子、花生、桂圆。
2. 工具：放大镜、盆、锅、勺子、透明碗。
3. 其他：红豆、玉米、莲子提前浸泡3～4小时。

游戏玩法：

1. 请宝宝观察食材，说说每种食材的外形特征，了解食材的名称。
2. 与宝宝一起将食材混合洗净。
3. 将所有食材混合放入锅内，加足量水，烧开小火熬成粥即可。
4. 与家人一同围坐品尝腊八粥。

家庭教育指导建议

1. 家长应让宝宝一同参与准备各种米、豆、果干等，在这个过程中多和宝宝对话，使用形容大小、形状、颜色、数量等词语描述观察与比较后的发现。

2. 家长可引导宝宝了解各种粗粮谷物的营养价值，养成不挑食的健康饮食习惯。

3. 在共同品尝环节，家长可以跟宝宝说一说腊八节的故事，邀请宝宝试着讲出故事的主要内容。

（二）亲子美食：腊八蒜

游戏价值：

1. 认识大蒜，并且了解大蒜的营养价值，知道大蒜具有杀菌等作用。

2. 通过动手剥蒜锻炼手部肌肉，促进精细动作发展。

3. 通过用观察日记、拍照等方式持续观察大蒜的变化，培养探究能力。

游戏材料：

1. 食材：大蒜若干头，米醋。

2. 工具：干净的可密封容器（最好是透明玻璃瓶，方便观察）、儿童刀具。

3. 其他：记录用的空白本、记录笔。

游戏玩法：

1. 家长和宝宝一同剥大蒜（先将大蒜分成几个部分，然后从大蒜的根部将蒜瓣一瓣一瓣地掰下来，再将蒜皮剥去），在剥蒜的过程中认识大蒜的表皮和蒜瓣，并和宝宝说说大蒜的营养价值。

2. 将蒜瓣儿放到密封罐子中，倒入醋，用盖子密封，放到温度较低（0～8℃为宜）的地方腌制。

3. 家长邀请宝宝每天观察大蒜的变化，尝试用观察日记、拍照等方式持续进行记录，使用观察日记表（表5-12-1）记录时应标注记录的时间，在下方对应的记录栏用彩笔画出蒜瓣的颜色变化。

表5-12-1　腊八蒜观察日记

观察者：

日期			……
变化			

4. 腌制10天左右，蒜呈翠绿色即可品尝。

家庭教育指导建议

1. 如果干蒜不易剥皮，可将干蒜去掉最外层表皮，一瓣一瓣分开放入水盆浸泡一小时。泡过的大蒜内层表皮变软，很容易剥掉。将剥好的蒜清洗干净自然晾干，或者用厨房纸吸干表面水分备用。

2. 在观察腊八蒜变化的过程中，家长要引导宝宝每日进行观察，培养宝宝坚持的学习品质。与此同时，家长可依据宝宝的实际能力水平引导宝宝使用不同的观察工具，如拍照、提供表格记录单或空白记录单，使用空白记录单时注意引导宝宝填写观察时间。

3. 在品尝环节，家长可邀请宝宝将腌制好的腊八蒜分享给家中其他成员，以此培养宝宝懂得分享的好习惯。

（三）亲子游戏：腊梅花

游戏价值：

1. 知道梅花在冬天开放。

2. 用吹画、手指点画、彩笔添画等多种方式表现梅花的特征。

3. 在生活中欣赏腊梅冬日盛放的美，共同体验艺术创作的快乐，增进亲子关系。

游戏材料：

水粉纸，调色盘，黑色、棕色、红色、黄色颜料，吸管，毛笔，腊梅（实物或图片），湿毛巾，小纸球，棉签，棉球，各种美工类工具和辅助材料。

游戏玩法：

1. 吹花枝：先用毛笔蘸黑色的颜料，滴在纸的下半部分，然后用吸管对着颜料向前吹气（图5-12-1）。改变方向吹气，慢慢吹出树干树枝的形状来。吹气时要用相应的力度，想要主干粗，吹气时就用力大一些；想要树枝细，吹气时就用力小一些。

2. 点梅花：用右手小拇指（也可选用棉签、棉球等材料）蘸黄色颜料，在树枝的适当位置点出腊梅花的花蕊（图5-12-2）。

3. 换红色颜料，在花蕊周围点出花瓣（图5-12-3）。

图5-12-1   图5-12-2   图5-12-3

4. 将腊梅画布置在家庭窗台或墙面上装饰家庭环境。

家庭教育指导建议

1. 游戏前，家长可以带领宝宝到周边植物园、公园欣赏腊梅，为游戏的开展铺垫经验。欣赏时家长应注意引导宝宝观察梅花枝干与花瓣的颜色、形态等外形特征，可以拍摄照片作为游戏前的参考。

2. 游戏时，家长应重点指导宝宝点画前先看好位置，花瓣在排列上要注意层次、美观；点画后提醒宝宝及时擦手，注意卫生。

3. 游戏后，家长可以和宝宝继续收集材料制作冬日蜡梅，创造更多富有创意的腊梅作品来装饰家庭环境，如收集树枝、黏土、彩色面团、毛绒球等多样化材料，创意制作立体腊梅作品。

（四）亲子游戏：好玩的豆宝宝

游戏价值：

1. 知道"过了腊八就是年"，了解传统习俗。

2. 通过使用筷子、夹子夹豆子锻炼手部肌肉力量，促进眼手协调发展，同时提高观察比较能力与数学统计能力。

3. 在哼唱中感受亲子游戏的快乐，增强音乐节奏感知力、表现力和创造力。

游戏材料：

红豆、绿豆、黄豆等豆子若干，透明矿泉水瓶两个，夹子、筷子、大小相同的容器若干（数量与豆子种类相同），盘子一个。

游戏玩法：

1. 豆子火车。豆子混合放置在盘子中，将大小相同的容器排成一列变成"小火车"。家长邀请宝宝用夹子或筷子将不同的豆子分类分别夹至不同的"车厢"。说一说"什么豆子在第几节车厢"。分类之后统计各个"车厢"的"豆子乘客"的数量，比较哪个"车厢"里"豆子乘客"最多。

2. 豆子响筒。分三次往矿泉水瓶中加入不同数量的豆子，盖上瓶盖，摇晃豆子响筒，家长引导宝宝听一听响筒声音的变化，感受声音大小与豆子数量、力度的关系。家长和宝宝一起有节奏地说《腊八歌》，亲子一同尝试用豆子响筒为儿歌伴奏，重点指导节奏，可采用上下、左右摇晃或碰撞响筒的形式，通过分句伴奏、分段伴奏进行儿歌表演。在熟悉儿歌后，家长可鼓励宝宝尝试创造新的节奏为儿歌伴奏。

腊 八 歌

小孩/小孩/你别馋,

过了/腊八/就是年,

哩哩/啦啦/二十三,

二十三/糖瓜粘,

二十四/扫房日,

二十五/买豆腐,

二十六/买斤肉,

二十七/宰只鸡,

二十八/把面发,

二十九/蒸馒头,

三十/晚上/熬一宿,

除夕的/饺子/年年有。

家庭教育指导建议

1. 家长可为宝宝提供点数统计的纸张,引导宝宝用符号、数字等方式尝试记录点数数据,鼓励宝宝通过数数,比较"豆子乘客"的多少。

2. 在准备制作响筒的材料时,可以增添沙子、石子、棉花等多样化的生活材料,家长可以引导宝宝将不同的材料放入瓶子中倾听声音的变化,尝试模仿响筒发出的声音,感知声音的不同。

3. 家长应为宝宝提供儿歌表演展示的机会,鼓励宝宝在家人和朋友面前进行表演。

4. 夹子和筷子的选择可依据宝宝的实际能力和发展水平,如选择儿童用的筷子,较小的夹子,能力较弱的宝宝也可采用大拇指和食指两指捏的方式。

(五) 亲子运动:炒黄豆

游戏价值:

1. 能边说儿歌边做动作。

2. 掌握侧身翻的技巧,发展动作的灵活性和协调性。

3. 共同体验传统民间游戏带来的快乐。

游戏材料:

1. 宽阔平整的场地。

2. 游戏前学习炒黄豆儿歌:"炒,炒,炒黄豆,炒完黄豆翻跟斗。"

游戏玩法:

1. 家长蹲下来和宝宝保持同一高度,手牵手。

2. 亲子边说儿歌边左右摇摆手臂炒黄豆,说到"炒完黄豆翻跟斗"时亲子同时从同一侧翻过。

3. 两位家长牵手，边说儿歌边左右摇摆手臂炒黄豆，说到"炒完黄豆翻跟斗"时同时从同一侧翻过，宝宝从家长举起的双手下方穿过。

家庭教育指导建议

1. 如果家长与宝宝身差过大，可使用纱巾作为连接，家长和宝宝一人拿一头进行游戏。还可进一步提高游戏难度，如在纱巾上放置一个布球，翻身时不让布球掉落。

2. 在游戏前家长应带领宝宝进行充分的热身活动，游戏后带领宝宝进行拉伸以避免运动伤害，如肩部伸展、转体、关节环绕运动等。

宝宝成长评价参照表

评价领域	评价要素	一般	良好	优秀
健康	1. 愿意把自己的情绪告诉亲近的人，一起分享快乐或求得安慰			
	2. 不偏食、挑食，不暴饮暴食，喜欢吃粗粮、瓜果、蔬菜等食品			
	3. 运动时能主动躲避危险，保证自己的安全			
	4. 能掌握侧身翻的技巧，手眼协调地使用筷子或夹子			
语言	1. 愿意与他人交谈，喜欢谈论自己感兴趣的话题，讲述比较连贯			
	2. 能大体说出故事的主要内容			
	3. 在家长的提醒下，保持正确的写画姿势			
社会	1. 喜欢和家长交谈，愿意接受家长的意见或建议			
	2. 敢于尝试有一定难度的活动和任务			
	3. 愿意并主动参加家庭活动			
	4. 在提醒下能节约粮食			
	5. 喜欢中国传统节日			
科学	1. 喜欢动手动脑探索物体和材料，并乐在其中			
	2. 能对事物进行观察、比较，发现相同与不同			
	3. 能用图画或其他符号进行记录			
	4. 能感知和发现简单物理现象，如力度与响瓶声音大小的关系，并用语言描述			
	5. 会用数词描述食物的排列顺序和位置			

续表

评价领域	评价要素	一般	良好	优秀
艺术	1. 在欣赏自然界中的腊梅以及自制的腊梅作品时，关注其色彩、形态等特征			
	2. 感知声音的长短、强弱的变化			
	3. 经常用绘画、捏泥、手工制作等多种方式表现自己的所见所想			
	4. 能用拍打身体、敲击物品等方式打节拍和基本节奏			

注：请根据幼儿的实际情况在表中打√。

13. 月儿圆　饼儿甜

主题说明

　　历史悠久的中华文化孕育了多姿多彩的传统节日，这些内涵丰富的节日是中华文化的重要组成部分。逢年过节，传统节日氛围浓厚，民俗活动丰富，深受孩子们的喜爱。为了让宝宝能够深度体验节日的乐趣，感受传统文化的魅力，本主题侧重在对中秋节的了解的基础上，通过对节日活动内容的展现、丰富与拓展，帮助宝宝积累真实的过节经验，感受团圆与爱的温暖。

　　宝宝发展最有效的途径是体验，体验强调个体的亲身经历，强调对事物的直接感知，强调亲自参与活动和积累经验。在这一理念下本主题共设计了亲子赏月、共做月饼、欣赏乐曲、制作灯笼、亲子运动等多类活动，涵盖科学启蒙、生活技能、艺术表现、手工创作、体育技能等多项内容。

　　家长可以创造良好的条件帮助宝宝积累真实的节日经验，和宝宝共同收集图文资料，为宝宝讲解关于节日、关于团圆的各种信息。本主题活动也能让家长感受到传统文化教育和体验式活动对宝宝社会性发展的意义及价值，感受亲情传递的魅力，感受爱与温暖。

主题课程

（一）亲子生活：亲子赏月

游戏价值：

1. 能通过连续观察发现月亮的变化，并能用语言描述出来。

2. 完成"我的月相观察日记"记录单（图5-13-1），记录月亮阴晴圆缺的变化。

3. 知道上弦月、下弦月和满月所代表的不同含义。

游戏材料：

"我的月相观察日记"记录单，图画书《嫦娥奔月》《月亮的味道》《小兔子的月球之旅》等。

游戏玩法：

1. 亲子共读。

家长和宝宝共同阅读图画书，了解图画书中有关月亮的描述。在传统故事《嫦娥奔月》中了解神话里有关月亮的传说，创想故事《月亮的味道》，让宝宝对月亮的味道展开奇妙的想象，科普故事《小兔子的月球之旅》可以让宝宝了解月亮的变化及名称等。

2. 月亮观察日记。

家长与宝宝一起制订赏月计划，观察并画出月亮的变化，并完成记录单"我的月相观察日记"。

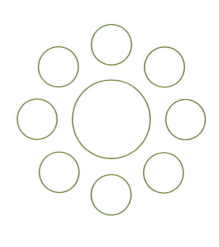

每晚检查月相时间：晚9点		记录时间：农历六月初一至农历七月初一		
记录人：				
六月初一	六月初二	六月初三	六月初四	六月初五
六月初六	六月初七	六月初八	六月初九	六月初十
六月十一	六月十二	六月十三	六月十四	六月十五
六月十六	六月十七	六月十八	六月十九	六月二十
六月廿一	六月廿二	六月廿三	六月廿四	六月廿五
六月廿六	六月廿七	六月廿八	六月廿九	七月初一

图5-13-1 我的月相观察日记

家庭教育指导建议

1. 家长可以提前和宝宝列出有关"月亮"的图画书，简单向宝宝介绍书中内容，让他们根据需求选择购买。

2. 家长可以利用碎片时间与宝宝讨论有关月亮的知识，增加宝宝对月亮的认识。

3. 家长可以鼓励宝宝制作与图画书有关的主题内容，如制作《月亮的味道》小动物指偶、月亮等进行表演；根据《小兔子的月球之旅》，鼓励宝宝绘画月相变化，了解其名称。

4. 有条件的家长可给宝宝准备望远镜，方便观察月亮的变化，或去有关月亮的自然馆、博物馆等，开拓宝宝的眼界。

（二）亲子美食：冰皮月饼

游戏价值：

1. 知道中秋节是中国传统的节日，有赏月、吃月饼等习俗。

2. 尝试用搓、揉、团、压的方法制作月饼，掌握印花按压的力度。

3. 体验制作、品尝月饼的快乐。

游戏材料：

1. 食材：水、彩色预拌粉、蛋黄馅料。

2. 工具：月饼模具、菜板、碗。

游戏玩法：

1. 将水和预拌粉按照1∶1的比例进行调和，并搅拌均匀（图5-13-2）。

图5-13-2

2. 将搅拌好的预拌粉搓成圆团，分成若干50 g左右的小圆团（图5-13-3）。

3. 把馅料分成合适大小，粉团压扁备用（图5-13-4）。

(1)

(2)

图 5-13-3

(1)

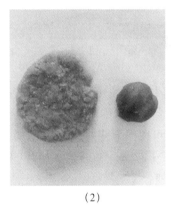
(2)

图 5-13-4

4. 把馅料包进饼皮里，然后放进月饼模具里，挤出（图 5-13-5）。

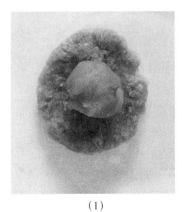
(1)

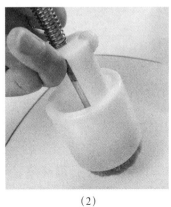
(2)

图 5-13-5

5. 将月饼放在盘子里，放进冰箱冷藏半小时就可以品尝了（图5-13-6）。

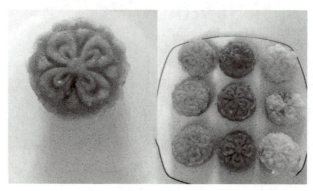

图5-13-6

家庭教育指导建议

1. 制作前，家长可以先向宝宝介绍所需要的材料及用途，提高宝宝对食材的认识。

2. 制作中，家长可以给宝宝准备电子秤，请宝宝称量每种食材所需要的克数，让宝宝在生活中学习称重，感受数量的用处。

3. 家长可以给宝宝提供多种馅料供其选择，如豆沙、绿豆、黑芝麻等。

（三）亲子游戏：爷爷为我打月饼

游戏价值：

1. 熟悉《爷爷为我打月饼》的旋律及歌词内容，学习用不同物品为乐曲伴奏。

2. 能和家人一起倾听和演奏乐曲，增进亲子关系。

3. 通过与家人交流了解"爷爷"以前的生活，感受"爷爷"对"我"的爱。

游戏材料：

乐曲《爷爷为我打月饼》、瓶子、筷子、小盆等。

游戏玩法：

1. 播放乐曲《爷爷为我打月饼》，家长和宝宝一起讨论：歌曲里都唱了什么？什么叫"老红军"？

2. 家长向宝宝介绍"爷爷"的生活史，解释何为"红军"，帮助宝宝建构对以前社会的认识与了解，提高对"爷爷"的崇敬之情。

3. 再次倾听乐曲，家长可以鼓励宝宝尝试以拍手的方式进行打节奏。

4. 从家中寻找可以充当打击乐的物品，如玻璃瓶、小碗、筷子、塑料盆

等，尝试进行敲打，感受节奏。

5. 多次播放歌曲，家长与宝宝一起跟随歌曲律动进行打击乐游戏。

6. 家长和宝宝共同设计简易图谱，根据图谱进行游戏（图5-13-7）。

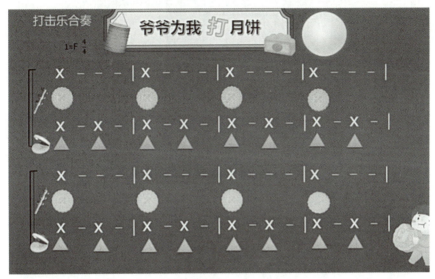

图5-13-7

家庭教育指导建议

1. 可以邀请爷爷、奶奶一起参与到打击乐的游戏中，感受阖家团圆、其乐融融的家庭氛围。

2. 家长鼓励宝宝为爷爷、奶奶做一些力所能及的家务，如擦桌子、扫地、洗碗等，让宝宝感受照顾亲人、享受亲情的快乐。

3. 游戏后，家长可与宝宝寻找更多不同材质的物品，感受不同物品带来的听觉感受。

（四）亲子手工：古风灯笼

游戏价值：

1. 用废旧材料制作古风灯笼，感受中秋节挑灯赏月的节日氛围。

2. 能用粘贴、绘画、线绳缠绕等多种方式进行手工制作，体验艺术创作的魅力。

3. 喜欢进行手工活动，感受亲子手工的乐趣。

游戏材料：

一次性筷子8双，洗脸巾4张，水彩笔、水、笔刷、胶枪、绳子、小灯。

游戏玩法：

1. 将两根一次性筷子两头各裁掉四分之一，与未裁的两根一次筷子粘贴在一起，并粘在洗脸巾上，将边框外多余的洗脸巾剪掉（图5-13-8）。

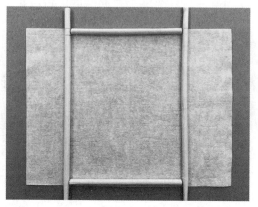

图5-13-8

2. 用水彩笔在洗脸巾上画各种颜色的圆圈，再用笔刷蘸水将圆圈轻轻晕开，变成一朵朵花（图5-13-9）。

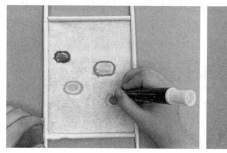 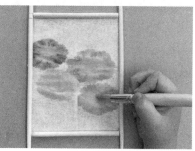

图5-13-9

3. 为花朵画上叶子和花蕊进行装饰（图5-13-10）。
4. 按照以上同样的方法做四个（图5-13-11）。

 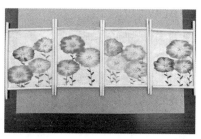

图5-13-10　　　　　　　图5-13-11

5. 将四个面围成立方体，用胶枪粘好，并在连接处扎上绳子，灯笼就做好了（图5-13-12）。

图5-13-12

1. 活动前，家长可以为宝宝介绍为什么中秋节要制作灯笼。灯笼的起源及一般样式。

2. 家长准备儿童版的猜灯谜游戏和宝宝共同进行活动，感受灯谜的趣味。

3. 家长为宝宝准备汉服、自制灯笼等参加社区中秋游园会，感受节日的氛围，体会古人游园、赏月、猜灯谜、品尝月饼等风俗习惯。

4. 家长鼓励宝宝制作不同造型的灯笼，感受灯笼的多样性。

5. 使用胶枪时家长给宝宝准备手套以免被烫伤。

（五）亲子运动：玉兔套圈

游戏价值：

1. 提高投掷能力。

2. 锻炼手臂肌肉力量。

3. 体验体育游戏的快乐。

游戏材料：

兔子头饰，各种小玩具，宽阔的场地，套圈。

游戏玩法：

1. 家长准备一个宽阔的场地，设置套圈区和一条起始线，鼓励宝宝自己将小玩具摆到套圈区（图5-13-13）。

2. 宝宝扮演小兔子在起始线前站好，投掷圆圈，套住哪个玩具就把哪个玩具拿走。

图5-13-13

3. 将起始线后移，加长套圈距离，宝宝与家长比赛，看看谁套的玩具多（图5-13-14）。

图5-13-14

家庭教育指导建议

1. 家长鼓励宝宝自己完成场地布置及玩具收放，提高宝宝游戏策划力及执行力。

2. 家长可以鼓励宝宝在社区与同伴进行套圈游戏，提高宝宝的社交能力和组织能力。

3. 在活动中，家长可以根据游戏情况提高难度，如按口令套指定的玩具，或更换玩具大小、增加距离等。

宝宝成长评价参照表

评价领域	评价要素	一般	良好	优秀
健康	1. 能保持愉快的心情，遇到问题愿意与亲近的人沟通			
	2. 能使用简单的劳动工具或用具			
	3. 能制订并遵守游戏规则			
	4. 能够用剪刀剪出自己想要的图形			
	5. 喜欢参加体育活动，动作协调、灵敏			
语言	1. 喜欢阅读图书，愿意在图书中寻找答案			
	2. 能用自己的语言讲述故事、传说、游戏规则			
	3. 能注意听家人讲话，并能积极回应，听不懂或有疑问时能主动提问，懂得按次序说话			
	4. 能根据故事情节猜想故事的发展，或创编续编故事			
	5. 对图书和生活情境中的文字符号感兴趣，知道文字表示一定的意义			
社会	1. 喜欢和家人表达自己的想法			
	2. 能向同伴介绍游戏规则及玩法，敢于在陌生人面前展示自己			
	3. 愿意做力所能及的家务活动，不怕困难，有初步的责任感			
	4. 理解并遵守日常生活中的基本行为规则			
	5. 喜欢参加各项节日活动，能融入节日中			
	6. 热爱自己的家庭和祖国，为自己是中国人而骄傲			
科学	1. 能对自己感兴趣的问题刨根问底，经常动手动脑寻找问题的答案			
	2. 愿意观察周围事物的变化，并用文字或绘画的方式进行表征记录			

续表

评价领域	评价要素	一般	良好	优秀
科学	3. 能通过观察、比较与分析，发现并描述不同种类物体的特征或某个事物前后的变化			
	4. 能用常见的几何图形进行有创意的拼搭			
艺术	1. 喜欢参加艺术创作活动，能大胆表现自己的情感和体验			
	2. 能用揉、搓、按、压、画、剪、粘贴等多种技能进行艺术创作			
	3. 喜欢听音乐，能根据音乐节奏进行打击乐游戏			

注：请根据幼儿的实际情况在表中打√。